城市智能交通设计与实践技术丛书

城市智能交通集成系统

谢 侃 谢振东 编著

内 容 提 要

本书分 4 部分，第 1 部分介绍智能交通系统的发展状况及智能交通体系框架的相关知识；第 2 部分介绍智能交通系统中的感知层、网络层和应用层的关键技术及其实现；第 3 部分介绍一些应用于智能交通中的新技术；第 4 部分附录，通过 5 个具体实例介绍城市智能交通集成系统解决方案。

图书在版编目(CIP)数据

城市智能交通集成系统 / 谢侃，谢振东编著.—北京：人民交通出版社股份有限公司，2019.3

ISBN 978-7-114-15352-5

Ⅰ.①城… Ⅱ.①谢… ②谢… Ⅲ.①城市交通系统—智能系统 Ⅳ.①U491.2

中国版本图书馆 CIP 数据核字(2019)第 016582 号

书　　名：城市智能交通集成系统
著 作 者：谢　侃　谢振东
责任编辑：刘永芬
责任校对：刘　芹
责任印制：张　凯
出版发行：人民交通出版社股份有限公司
地　　址：(100011)北京市朝阳区安定门外外馆斜街 3 号
网　　址：http://www.ccpress.com.cn
销售电话：(010)59757973
总 经 销：人民交通出版社股份有限公司发行部
经　　销：各地新华书店
印　　刷：北京鑫正大印刷有限公司
开　　本：720×960　1/16
印　　张：13
字　　数：239 千
版　　次：2019 年 3 月　第 1 版
印　　次：2019 年 3 月　第 1 次印刷
书　　号：ISBN 978-7-114-15352-5
定　　价：52.00 元

前　言

智能交通是将传感器技术、网络通信与信息技术、中心控制技术等有效地集成运用于交通管理系统中,从而建立一个覆盖范围广,能够及时、高效、便捷发挥作用的智能交通运输管理系统。

近几年来,我国智能交通建设已经进入了快车道,物联网、云计算、大数据的兴起与发展有助于提高交通运输的管理水平与信息化水平,提升交通运输质量,缓解交通运输压力,提高服务水平。物联网技术的高度发展为城市智能交通发展起到了巨大的推动作用,物联网技术在智能交通中的深度运用,将推动我国交通运输业飞速发展。

本书内容可分为4部分:第1部分(第1~2章),介绍智能交通系统的发展状况以及智能交通体系框架的相关知识;第2部分(第3~7章),介绍智能交通系统中的感知层、网络层和应用层的关键技术及其实现,使读者能够具体了解智能交通系统中这三个技术层面的相关知识;第3部分(第8章),介绍一些应用于智能交通系统中主要的新技术;第4部分(附录),通过5个具体实例介绍城市智能交通集成系统解决方案。

本书适合物联网等专业的本科生以及对智能交通和物联网感兴趣的人士阅读;并可作为智能交通及相关课程的教学参考书。

本书的编写过程中,李浩、张俊秀、甘维德、傅广智、江志斌、蔡梓超、何仕晔、杨健、谢宝钢、程梦琪和张绪升等做了大量编辑工作,在此表示衷心的感谢!

本书参考借鉴了大量文献资料,在此对他们一并表示衷心感谢。

由于编者水平有限,书中尚有很多不足之处,敬请读者批评指正。

目　录

第1章　智能交通系统发展现状分析

本章对智能交通的定义和发展由来、智能交通国内外的发展现状以及智能交通发展的关键问题进行简要描述。

1.1　智能交通系统的简介

1.1.1　智能交通系统的定义

智能交通系统(或称智能运输系统,Intelligent Transportation System,ITS)目前尚无统一的定义。一方面是由于各国在研究智能交通系统时出发点不同,对其理解各异;另一方面是由于智能交通系统本身是一系列新兴的技术集成和服务形式,并且正处于快速发展的时期,其内涵和外延都处于不断发展和变化中。美国运输部对于智能交通系统的定义:智能交通系统将广泛的以无线和有线通信为基础的信息、控制和电子技术集成到运输系统基础设施上,这些技术可以缓解交通拥堵,提高行车的安全性和增强美国的生产力。欧洲对智能对交通系统定义:智能交通系统是信息和通信技术与交通基础设施、车辆和用户的集成。通过共享交通信息,智能交通系统使人们在交通出行中获得更高的安全性和产生更小的环境影响。同时,出行者、车辆和基础设施之间自由的信息交换,可以最大限度的利用交通网络的通行能力。日本对智能交通系统定义:智能交通系统提供了诸如交通事故、交通拥堵以及环境污染等一系列交通问题的基本解决方案。在解决上述问题时,智能交通系统应用了最先进的通信和控制技术在出行者、道路、交通工具之间传递信息。在创造一个良好的交通环境的同时,智能交通系统可以减少交通事故、缓解交通拥堵、节省能源和保护环境。从应用范围来看,智能交通系统不仅仅需要公路智能化,同时也需要铁路、航空、水运等其他交通方式的智能化。我国对智能交通系统的定义是:将先进的信息技术、数据通信传输技术、电子传感技术、控制技术及计算机技术等有效地集成运用于整个地面交通管理系统而建立的一种在大范围内、全方位发挥作用的,实时、准确、高效的综合交通运输管理系统。

智能交通系统的含义有狭义和广义之分:狭义的智能交通系统指交通运输系统的运营管理与生产组织的智能化;广义的智能交通系统是指整个交通运输系统的规划、设计和运营管理的智能化。可以将这种在交通运输的整个领域,涉及交通运输的各个环节、整合交通运输的全部相关系统、提供全方位、多功能的综合服务的智能交通系统称之为“广义的智能交通系统”。

1.1.2 智能交通系统的特点

智能交通系统具有以下两个特点:一是着眼于交通信息的广泛应用与服务,二是着眼于提高既有交通设施的运行效率。

与一般技术系统相比,智能交通系统建设过程中的整体性要求更加严格。这种整体性体现在:

(1)跨行业特点。智能交通系统建设涉及众多行业领域,是社会广泛参与的复杂巨型系统工程,从而造成复杂的行业间协调问题。

(2)技术领域特点。智能交通系统综合了交通工程、信息工程、控制工程、通信技术、计算机技术等众多科学领域的成果,需要众多领域的技术人员共同协作。

(3)政府、企业、科研单位及高等院校共同参与,恰当的角色定位和任务分担是系统有效展开的重要前提条件。

(4)智能交通系统将主要由移动通信、宽带网、RFID、传感器、云计算等新一代信息技术作支撑,更符合人的应用需求,可信任程度提高并变得“无处不在”[1]。

1.1.3 智能交通系统的研究内容

智能交通系统的研究内容如图 1-1 所示。

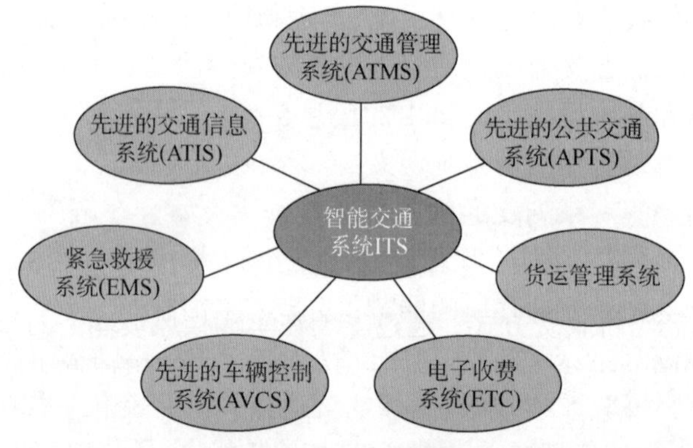

图 1-1 ITS 研究内容

1.先进的交通信息系统(ATIS)

ATIS 是建立在完善的信息网络基础上的。交通参与者通过装备在道路上、车上、换乘站上、停车场上以及气象中心的传感器和传输设备,向交通信息中心提供各地的实时交通信息;ATIS 得到这些信息并通过处理后,实时向交通参与者提供道路交通信息、公共交通信息、换乘信息、交通气象信息、停车场信息以及与出行相关的其他信息;出行者根据这些信息确定自己的出行方式、选择路线。更进一步,当车上装备了自动定位和导航系统时,该系统可以帮助驾驶员自动选择行驶路线[1]。

2.先进的交通管理系统(ATMS)

ATMS 有一部分与 ATIS 共用信息采集、处理和传输系统,但是 ATMS 主要是给交通管理者使用的,用于检测控制和管理公路交通,在道路、车辆和驾驶员之间提供通信联系。它将对道路系统中的交通状况、交通事故、气象状况和交通环境进行实时的监视,依靠先进的车辆检测技术和计算机信息处理技术,获得有关交通状况的信息,并根据收集到的信息对交通进行控制,如信号灯、发布诱导信息、道路管制、事故处理与救援等[1]。

3.先进的公共交通系统(APTS)

APTS 的主要目的是采用各种智能技术促进公共运输业的发展,使公交系统实现安全便捷、经济、运量大的目标。如通过个人计算机、闭路电视等向公众就出行方式和事件、路线及车次选择等提供咨询,在公交车站通过显示器向候车者提供车辆的实时运行信息。在公交车辆管理中心,根据车辆的实时状态合理安排发车、收车等计划,提高工作效率和服务质量[1]。

4.先进的车辆控制系统(AVCS)

AVCS 的目的是开发帮助驾驶员实行车辆控制的各种技术,从而使汽车行驶安全、高效。AVCS 包括对驾驶员的警告和帮助,障碍物避免等自动驾驶技术[1]。

5.货运管理系统

这里指以高速道路网和信息管理系统为基础,利用物流理论进行管理的智能化的物流管理系统。综合利用卫星定位、地理信息系统、物流信息及网络技术有效组织货物运输,提高货运效率[1]。

6.电子收费系统(ETC)

ETC 是高速公路桥收费方式。通过安装在车辆挡风玻璃上的车载器与在收费站 ETC 车道上的微波天线之间的微波专用短程通信,利用计算机联网技术与银行进行后台结算处理,从而达到车辆通过路桥收费站不需停车而能缴纳路桥费的目的,且所交纳的费用经过后台处理后清分给相关的收益业主。在现有的车道上安装电子不停车收费系统,可以使车道的通行能力提高 3~5 倍[1]。

7.紧急救援系统(EMS)

EMS 是一个特殊的系统,它的基础是 ATIS、ATMS 和有关的救援机构和设施,通过 ATIS 和 ATMS 将交通监控中心与职业的救援机构联成有机的整体,为道路使用者提供车辆故障现场紧急处置、拖车、现场救护、排除事故车辆等服务。具体包括:车主可通过电话、短信、翼卡车联网三种方式了解车辆具体位置和行驶轨迹等信息;车辆失盗处理:此系统可对被盗车辆进行远程断油锁电操作并追踪车辆位置;车辆故障处理:接通救援专线,协助救援机构展开援助工作;交通意外处理:此系统会在10秒钟后自动发出求救信号,通知救援机构进行救援[1]。

1.2 智能交通系统兴起的背景

ITS作为一个概念性名词出现于20世纪90年代初,但其技术雏形可以追溯到20世纪60年代出现在美国的静态路径诱导、计算机交通控制等技术,不过当时其重要性并不明显。然而进入20世纪90年代以来,ITS突然以惊人的速度发展起来,许多发达国家竞相投以巨资进行ITS的研究与开发,目前世界上每年对于ITS的总投入超过20亿美元,国际ITS领域已形成美国、欧洲和日本三强鼎立的局面。ITS的快速发展主要有以下几个方面的背景动因[1]。

1.2.1 汽车社会化

工业化国家在市场经济的指导下,大都经历了经济的发展促进汽车的发展,而汽车产业的发展又刺激经济发展的过程,从而这些国家超前实现了汽车化的时代。汽车化带来的诸如交通阻塞、交通事故、能源消费和环境污染等社会问题日趋恶化,交通阻塞造成的经济损失巨大,使道路设施十分发达的美国、日本等也不得不从以往只靠供给来满足需求的思维模式转向采取供、需两方面共同管理的技术和方法来改善日益尖锐的交通问题;这些建立在汽车轮子上的工业国家在探索既要维护汽车化,又要缓解交通拥挤问题的办法中,旨在借助现代化科技改善交通状况达到“保障安全,提高效率、改善环境、节约能源”的目的ITS概念便逐步形成[1]。

1.2.2 环境可持续化

工业化国家在工业化、城市化发展的进程中面临着日益严重的资源短缺与环境恶化问题,这一问题在发展中国家同样存在,20世纪50年代以来,生存与发展问题成为人类社会面临的最紧迫的任务,1972年联合国人类环境会议上通过了《人类环境宣言》。城市化生产力发展的一个必然结果,按世界经济发展的规律,城市化水平达到30%以上,将出现经济的飞速发展阶段。美国、日本、英国等发达国家,在1990年城市化水平达到了75%、77%、89%,这些国家针对交通发展对资源和环境的影响,逐步调整交通运输体系与结构。这些国家都经历了为满足车辆发展的需求,而大力开发建设交通基础设施(如美国1944年规划的7万km高速公路规划,经过50年基本完成,但仍产生拥挤和阻塞)的阶段,在大量土地、燃油等资源占用和消耗的同时,不但交通需求没有完全满足,而且由于汽车尾气排放量剧增,不仅经济造成巨大损失,而且给环境带来恶劣影响[1]。

20 世纪六七十年代以来,由于石油危机及环境恶化,工业化国家开始采取以提高效益和节约能源为目的的交通系统管理(TSM)和交通需求管理(TDM),同时大力发展大运量轨道及实施公交优先政策,在社会可持续化发展的目标下调整运输结构,建立对能源均衡利用和环境保护最优化的交通运输体系。随着信息技术的迅速发展,ITS 作为综合解决交通问题,保护社会经济可持续发展和与环境相协调的新一代交通运输系统,在发达国家得以孕育发展,90 年代以后,成为世界范围内的重要发展趋势[1]。

1.2.3　信息技术智能化

交通管理的科学化、现代化,一直是人们综合治理、解决交通问题而追寻的目标,早期的交通信号控制系统装置采用了电子、传感、传输等技术实现科学管理。随着科学技术的发展,尤其是计算机技术科学以及 GPS、信息通信的普及和应用,交通监视控制系统、交通诱导系统、信息采集系统等在交通管理中发挥了很大作用,但这些技术单纯是对车辆或道路实施科学化管理,范围单一,有局限性,系统性不强[1]。

20 世纪 80 年代后期,世界范围内的冷战结束,工业化国家用于军事和国防领域的卫星导航系统、信息采集与提供系统、计算机控制与管理系统、电子与电子通信技术等高新技术转向民用化,军事上的投入也大部分转移到民用技术的开发和应用上。与此同时,包括我国在内的广大发展中国家借助和平、稳定的国际环境加快本国的经济发展,发展中国家经济的迅速发展促进了世界范围内产业结构发生巨大的变化。工业化国家的传统工业领域由于劳动力密集型的产业向发展中国家转移而失去明显竞争优势,开始酝酿开辟高新技术含量的产业市场。在这种国际环境背景下,代表一场信息革命到来的信号,引起全球的极大关注,这就是“信息高速公路”得到飞速发展,尤其是国际信息网络“internet”的建立,加快了全球经济一体化的进程;1994 年开始,世界经济逐步进入信息革命阶段[1]。

ITS 以信息技术为先导,融合其他相关技术应用到交通运输智能管理上,其市场广大,工业化国家和民营企业纷纷投入到这一新兴的产业。美国政府于 1991 年开始投资对 ITS 的开发研究,仅美国高速公路安全局 1993 年的投资预算就达 2010 万美元;欧洲 19 个国家投资 50 亿美元到 EUREKA 项目[1]。

1.3　国外智能交通系统的发展现状

面对当今世界全球化、信息化发展趋势,传统的交通技术和手段已不适应经济社会发展的要求。智能交通系统是交通事业发展的必然选择,是交通事业的一场革命。通过先进的信息技术、通信技术、控制技术、传感技术、计算机技术和系统综合技术有效的集成和应用,使人、车、路之间的相互作用关系以新的方式呈现,从而实现实时、准确、高效、安全、节能的目标[1]。

美、欧、日是世界上智能交通系统开发应用最好的国家和地区,从它们发展情况看,智能交通系统的发展,已不限于解决交通拥堵、交通事故、交通污染等问题。经30余年发展,ITS的开发应用已取得巨大成就。美、欧、日等发达国家基本上完成了ITS体系框架,在重点发展领域大规模应用。可以说,科学技术的进步极大推动了交通的发展,而ITS的提出及实施,又为高新技术发展提供了广阔的发展空间[1]。

1.3.1 美国智能交通系统的发展概况

美国是智能交通大国,不仅研究使用早,而且应用广泛。目前智能交通在美国的应用已经超过80%,而且相关产品技术先进。不过美国在智能交通的研究中也经历了一段摸索过程。从20世纪60年代末期到70年代,美国致力于发展电子道路导航系统(EGRS),运用道路与车辆间的双向通信来提供道路导航[2]。

1990年成立了美国车辆和道路协会(IVHS America),成员单位数百个,为政府出谋划策,并直接组织协调活动。1991年又制定了综合提高陆上交通效率化法(ISTEA),把开发研究IVHS作为国策并给予充足的财力支持,从此美国的IVHS研究、开发进入了系统、全面的发展阶段。从1992年起大幅度提高投资额度,仅系统体系结构的研究就耗资达2000多万美元[2]。

1994年9月,美国运输部将IVHS America更名为ITS America(美国智能交通协会)。1995年3月美国制定了"国家智能交通系统项目规划",明确规定了智能交通系统的7大领域和30个用户服务功能,并确定了2005年的年度开发计划。7大领域是出行和交通管理系统、出行需求管理系统、公交运营系统、商务车辆运营系统、电子收费系统、应急管理系统、先进的车辆控制和安全系统[2]。

为了加速ITS的发展,2001年4月,美国召开了一次由ITS行业260名专家和有关人员参加的全国高层讨论会。会后制定了新世纪前10年ITS发展规划,勾勒了未来ITS的使命和发展目标,明确了今后为实现ITS的发展目标所必须采取的行动。计划规定建立一个代表政府有关公共机构、私营企业和学术团体的协调委员会,就10年计划的实施进行组织和协调,制定一系列综合性发展政策,确定和启动一系列建设和研究项目,包括必要的机构转换,以促进ITS技术的应用,使未来的地面交通运输系统通过ITS而逐步转换成一个管理高效和经济适用的先进系统;这个系统将被真正地赋予安全、有效和经济地输送人员和物资的基本功能,从而能在极大程度上满足用户的各种需求,并具有与自然环境的良好相容性[2]。

2009 年 12 月,美国运输部(U.S.DOT)发布了《ITS 战略研究计划:2010—2014》为 2010—2014 年的 5 年中的 ITS 研究项目提供战略指导。该计划的核心智能驾驶(Intellidrive),在车辆、控制中心与驾驶者三者之间建立无线关联的网络,通过实施监控和预测及时沟通信息、缓解交通堵塞、减少撞车事故、降低废气排放,实现安全、灵活和对环境的友好性。在 2010—2014 年的 5 年内,每年 ITS 研究项目获得 1 亿美元的资助,开展多领域的研究,如 Intellidrive 的研究内容包括:车辆与车辆(V2V)通信的安全性、车辆与基础设施(V2I)通信的安全性、实时数据的采集和管理、动态移动应用等。除此之外,5 年计划还支持主动交通管理、国际国境、电子支付、海上应用、智能交通领域的技术转让、知识技能研发以及相关技术标准制定[2]。

2014 年,美国运输部与美国智能交通系统联合项目办公室共同提出《ITS 战略计划 2015—2019》,为美国未来 5 年的在智能交通领域的发展明确了方向,该战略计划的核心是汽车的智能化、网联化。该战略计划主要针对目前交通系统存在的安全性、机动性、环境友好性等社会问题,并提出了使车辆和道路更安全、加强机动性、降低环境影响、促进改革创新、支持交通系统信息共享等 5 项发展战略目标。其讨论主题分为三大类:一是使车辆连接更加成熟;二是试点和部署准备;三是与更广泛的环境整合。

2016 年随着车联网技术的逐渐成熟以及无人驾驶关键技术的突破,美国运输部提出新阶段 ITS 的发展应该与智慧城市的构建相结合。ITS 的应用除了解决城市交通中存在的安全、效率以及环境问题,同时应该能够无缝对接到城市的其他智能设施中,从而加速智慧城市的实现[2]。

美国作为车联网发展的先行者,如今在该方面的技术已经较为成熟,形成了一个车辆、速度、路线等信息整合在一起的巨大交互网络,能够及时安排车辆的最佳路线、汇报路况和信号灯周期,保证车辆安全驾驶。

图 1-2 是加州无人驾驶路测许可名单,无人驾驶汽车是通过车载传感系统感知道路环境,自动规划行车路线并控制车辆到达预定目标的智能汽车。它是利用车载传感器来感知车辆周围环境,并根据感知所获得的道路、车辆位置和障碍物信息,控制车辆的转向和速度,从而使车辆能够安全、可靠地在道路上行驶。由图可以看出,美国各公司对无人驾驶的热衷。

图 1-3 为 Mcity 试验场,Mcity 试验场是由美国密歇根大学主导、密歇根州交通部支持建设的无人驾驶虚拟之城,位于美国密歇根州安娜堡市,占地约 13 万平方米,斥资 1000 万美元,于 2015 年正式投入运营,是世界上第一座针对测试无人驾驶汽车技术而打造的模拟小镇。

图 1-2　加州无人驾驶路测许可名单

图 1-3　Mcity 试验场

图 1-4 是西雅图智慧停车诱导系统。智慧停车诱导系统是指通过智能探测技术,与分散在各处的停车场实现智能联网数据上传,实现对各个停车场停车数据进行实时发布,引导驾驶员实现便捷停车,解决城市停车难问题的智能系统。车主可以通过诱导显示屏得到全方位的停车诱导信息服务(包括停车场分布情况、开启状态、实时停车泊位信息、空满比例、收费方式、费率、系统设备工作状态等)。

图 1-4　西雅图智慧停车诱导系统

1.3.2 欧洲智能交通系统的发展概况

在欧洲,德、英、法等国于 20 世纪 80 年代初期先后各自研究路径诱导系统。欧洲的国家大部分都很小,而各国的诱导系统互不相容,这对过境车辆和道路交通管理带来了不便。经济合作与发展组织(OECD)决定努力促进 ITS 的发展并协调全欧进行有效的国际合作,并将 ITS 纳入了始于 1986 年的"尤里卡"计划,旨在建立跨欧的智能化道路网。欧洲的 ITS 推进组织是成立于 1991 年的欧洲道路运输通信技术实用化促进组织 ERITCO,它的目的是协调和支持全欧洲的 ITS 活动。在该组织的积极参与下,欧盟自 1988 年以来在 ITS 领域相继实施了 5 个骨干计划,具体计划中包括许多项目,其中主要的项目分成两条战线[3]。一是由欧盟组织的为完善道路设施、提高运输服务水平的 DRIVE 计划和 T-TAP 计划,二是由民间企业为主导的为提高欧洲汽车竞争力的 PROME-HEUS 计划和改善欧洲运输机动性的 PROMOTE 计划。这些计划的共同特点是它们都是跨国合作的大项目,其中的子项目有全欧联合的、局部地区联合的和单个国家或城市的,大多数子项目由下而上通过公开征集确定。从欧盟 20 世纪 90 年代中期以来先后实施的两个 ITS 骨干计划来看,均是包括道路交通运输、航空运输、铁路和水路运输及多式联合运输的综合性研究开发计划,表现出比日本、美国更重视综合运输的 ITS 项目。由此可见,强调国际(主要是洲际)合作和标准化、强调综合运输系统智能化是欧洲 ITS 发展的主要特点[3]。

近年来,欧洲各国在 ITS 的发展也非常迅猛。最近几年,欧洲智能交通协会无论从政策支持方面还是从技术方面都取得了较大的进展,主要体现在 5 个方面:

(1)利用政治措施加强 ITS 的实施和应用。欧洲智能交通协会表达了强烈的政治意愿,其工作重点放在建设实时交通信息、安全停车、eCll 和合作系统方面,以实现欧洲统一有效的智能交通系统;还通过采取一些政治措施来进一步加强 ITS 技术的实施和应用,欧盟委员会通过"欧洲合作式智能交通系统战略",目标是到 2019 年在欧盟国家道路上大规模配置合作式智能交通系统,实现汽车与汽车之间汽车与道路设施之间的"智能沟通",为智能应用的全面实施奠定基础[2]。

(2)车联网和标准化建设完善。车联网系统将车辆和基础设施相连接,欧洲花费较大精力在车联网建设方面,前几年进行了大量标准化制定工作,经过逐步完善已经得到 CEN、ETSI、ISO 和其他标准认证机构认可,并且进行了建设推广[2]。

(3)应用型项目比重上升且更加具体。整个欧洲在智能交通系统的部署和发展方面已经做得较好,许多道路、交通管理中心、物流公司、车辆等都已经应用智能交通技术,产生了较多积极的影响,例如:帮助人们尽快找到目的地、避开交通拥堵、避免交通事故等[2]。

2014 年 2 月,欧盟标准化机构 ETSI 和 CEN 确认,已经根据要求完成车辆信息互联基本标准的制订。该标准将确保不同企业生产的交通工具之间能够相互沟通,并能与道路基础设施沟通。据悉,欧盟投资 1.8 亿欧元用于合作交通系统(Cooperative Transport Systems)的研究项目,并成功研发出该标准[4]。

2016 年,欧洲智能交通系统在生态出行、智能出行和安全出行三方面均取得了较大进展,项目数量较往年有所提高。而且项目更加具体和 2015 年相比,项目更加注重细节的实际应用(图 1-5),例如:导航、信息平台建立、重型车辆减排研究等[2]。

图 1-5 合作式智能交通系统

(4)更加注重发挥对民众的科普教育作用。欧洲智能交通协会不但通过一系列具体的智能交通项目让这些项目走进普通民众的生活,更是设计了一些科普类型项目,如 ITS observatory 项目等,公众可以对智能交通的发展情况、项目开展以及项目细节进行查询,为智能交通应用的全面实施奠定了舆论基础。

(5)跨区域、跨平台合作趋势显著。ERTICO 支持各国之间的合作,如 ITS Directive 项目在欧盟各成员国执行,为各成员国提供一个合作的平台,共同探讨国家 ITS 行动方案,努力解决交通共同问题、实现共同利益;同时,还积极加强与中国、美国、日本等国家的合作,如 EUTRAIN 项目集成了美国、日本、中国、澳大利亚等国家的分块研究成果;欧洲智能交通协会以一个中立平台的身份把行业内的企业、政府、组织等联系起来,开展各项合作,目前在全球已有 100 多家合作单位,会员单位已达 400 余家;此外还开展了各式各样的活动和各种专题演讲以及技术展示活动,在全面合作和广泛活动的基础上,促进和支持 ITS 在整个欧洲的应用,共同创建一个成功的欧洲 ITS 大市场[2]。

目前欧洲各国正在进行 Telemetric 的全面应用开发工作,计划在全欧洲建立专门的交通(以道路交通为主)无线数据通信网,正在开发先进的出行信息服务系统

(ATIS)、先进的车辆控制系统(AVCS)、先进的商业车辆运行系统(ACVO)和先进的电子收费系统等[5]。

在英国南汉普敦实施的智能交通试验项目ROMANSE汇总由各种检测技术为基础的系统提供的交通信息。通过市政府交通管理中心,实现三个地区统一进行交通管理,强制通过广播提供路况信息(车辆在进入高速公路后不管收听那个频道的广播节目,在定点时间都会强制收到道路情况的广播)。整个项目由欧盟和英国政府共同投资、地区政府负责系统的维护。在交通控制中心里设有BBC广播公司的人员,高峰时每半小时发布一次道路情况,平时一个小时发布一次路况[6]。

瑞典斯德哥尔摩是全球智能交通的典范城市,采用了IBM的技术方案。由于在城市绿色发展方面的出色表现,2010年2月,斯德哥尔摩被欧盟委员会评为首个欧洲绿色首都[7]。

1.3.3 日本智能交通系统的发展概况

日本为了推动先进的IT普及社会,1995年制定了发展ITS的基本国策。1996年,IT战略本部连同四个省(国土交通省、警察厅、总务省及经济产业省),具体制定日本ITS发展战略,清楚列出ITS的国家功能、长远发展方向和ITS的系统架构[2]。

日本的智能交通系统主要集中在以下几个发展领域。

1.道路交通情报通信系统VICS(Vehicle Information and Communication System)

政府、产业界、学界合作推出VICS计划始于20世纪90年代初期。1995年,在民间企业的捐助下,成立了主要负责VICS管理和推进相关技术标准化"VICS中心",1996年,从首都圈开始提供VICS信息。自那以后,随着汽车导航技术在日本的普及,安装VICS接收功能的车载装置的车辆销售量开始增加。现在,搭载VICS车载装置的车辆,达到日本行驶车辆的一半,约3000万辆。虽然世界上有各种各样的道路交通信息服务,但是像VICS这样,向大多数人提供详细的道路交通信息的例子还没有先例[2]。

VICS系统遍及日本全国,它通过收集、处理、提供和使用道路交通信息四个环节来达到为交通客户服务的目的。在日本,都道府县的警察机构和道路管理者先把有关的道路交通信息传送到道路交通信息中心,然后再传送到VICS中心(24小时全天候工作),其他方面的信息也被汇集到VICS中心,由VICS中心处理加工成便于利用的形式提供给用户[2]。

目前被采用的信息方式主要有电波信标、光信标和FM多路广播三种。其中电波信标用于高速公路,可以为驾驶员提供200km范围的道路信息;光信标主要用于交通主干道,可以覆盖行驶前方 30km 的范围;FM 多路广播以某个特定区域为对象进行大范围的服务。用户通常可以得到三种形式的信息:文字显示、简易图形显示和地图显示。汽车用户通过安装在汽车上面的 VICS 车载装置来接收 VICS 中心所提供的实时交通信息(包括广泛区域的交通堵塞信息和驾驶所需时间,广泛区域内的交通事故道路施工以及车速、车道限制信息,停车场位置和车位空置状况信息等)。VICS 所提供的信息可以使驾驶员明确掌握各种情况,减少迷路、选择最短路线、分散交通流、顺利找到停车泊位,可使用户的驾驶情绪得以稳定,相应缩短交通所花时间,缓解和解除交通堵塞[2]。

对于社会来讲,VICS 系统的意义在于提高交通的安全性、使交通得以畅通、环境得到保护、提高整个社会的效率。与非 VICS 车辆相比,VICS 车辆可以缩短 15% 的驾驶时间。VICS 系统原理图如图 1-6 所示。

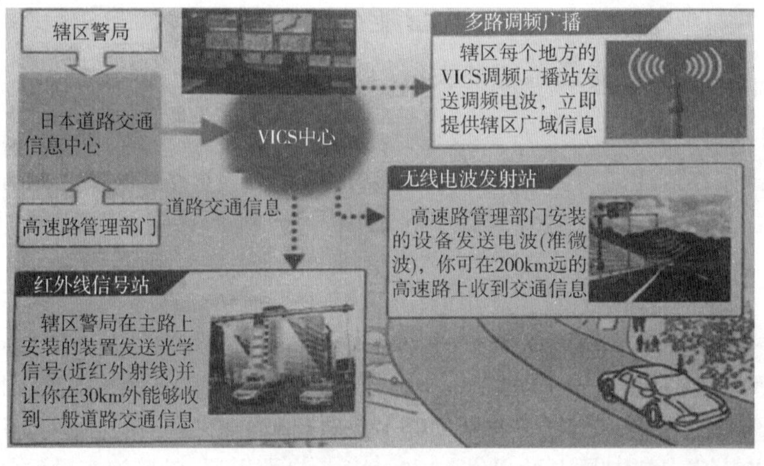

图 1-6　VICS 系统原理

2.不停车电子收费系统 ETC2.0

ETC 系统在世界各国都有广泛应用,但至今没有任何一个国家或地区,利用 ETC 的车辆数量有日本这么多。ETC 在日本如此普及的理由之一是日本 ETC 的规格全国统一。日本有众多的收费道路公司,但只要在车上安装 ETC 车载器,插入 ETC 卡,那么就能够适用几乎全日本所有的收费高速公路。另外,只要企业能够保证基本的安全性,那么这一企业就能够开展 ETC 车载器及 ETC 卡的业务,通过自由竞争来实现低价格化,也促进了 ETC 的普及。日本的 ETC,由车载器和 ETC 卡构成[2]。这种方式,可以区分车(车载器)的拥有者和 ETC 费用的支付者(ETC 卡)。也就是说,用 ETC 支付费用,并不一定必须是车的拥有者。只要持有 ETC 卡,那么就可以在租赁车等非本人拥有车辆的车载器上使用 ETC 卡。

2016年以来日本在部分地区对以往使用的ETC电子收费系统进行了升级，出现了ETC2.0；ETC2.0是世界上第一个I2V协作系统，通过安装在高速公路旁边的智能天线提供的驾驶支持服务。ETC2.0能为驾驶员提供有价值信息的服务，如交通拥堵避免、安全驾驶辅助、交通事故救援以及原有的ETC高速公路收费。此外，它还促进城市停车场费用的多用途化，并对未来车辆收货管理方面有更大的用处。在ETC2.0的支持下，可更加有效地利用道路网络的资源。日本ETC电子收费系统如图1-7所示[2]。

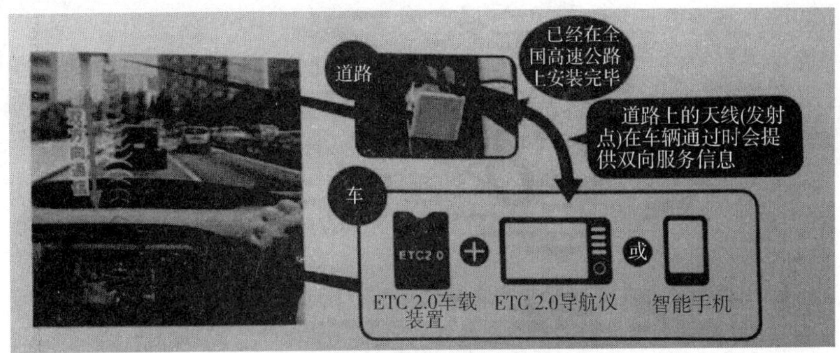

图1-7　日本ETC电子收费系统

1.4　国内智能交通系统的发展现状

我国ITS的发展始于20世纪70年代末进行的城市交通信号控制试验研究，但真正迅速发展起来是在20世纪90年代中期以后，交通部门开始研究ITS发展战略和地理信息系统、全球定位系统、电子数据交换等在交通中的应用，这些均已取得明显的进展。为了推进我国ITS的加快发展，1998年1月，经交通部批准，以交通部公路科学研究所为依托，成立了国家智能交通系统工程研究中心。国内一些高校也相继建立了ITS研究机构，如清华大学、同济大学、东南大学、北京交通大学和武汉理工大学等。近年来，我国在智能交通系统的发展非常迅速，在智能交通系统的各个方面都取得了很大的进步。本节首先将国内主要交通行业的信息化与智能化发展现状进行简单的阐述，然后举例说明广州市的智能交通系统的发展现状[3]。

1.4.1　主要行业信息化与智能化发展综述

1.公路运输信息化和智能化发展

完善了公路网运行监测和信息传输体系建设。截至2016年12月，我国高速公路交通量参数监测设施总规模达2万套，平均布设密度达10~15公里套；路段沿线视频监测设施总规模达4.8万套,平均布设密度达5公里套;国、省干线公路网超过40%的重点路段、特大桥梁和特长隧道实现了运行状况的动态监测。高速公路专用光纤通信网络已基本实现全国联网[2]。

2.全国ETC联网

2015年9月28日,全国29个省(自治区、直辖市)成功实现高速公路电子不停车收费联网(海南、西藏无收费公路)。截至目前,全国ETC联网系统已安全、平稳运行几年,日常清分结算、争议交易协调工作有序开展,资金归集、划拨及时率100%,准确率100%。截至2016年12月底,29省(自治区、直辖市)累计建成收费站7898个,ETC专用车道13938条,MTC车道51093条,混合车道2434条,主线收费站ETC车道覆盖率约为98.78%,匝道收费站ETC车道覆盖率约为91.73%,建成自营服务网点1108个,合作代理网点36017个,各类服务终端30145个,累计发展ETC用户约4520.62万个,其中当月新增用户约174.68万个,环比增长约4.02%[2]。

3.铁路运输信息化和智能化发展

近年来,随着社会智能化趋势浪潮,"中国制造2025"和网络强国战略、大数据战略、"互联网+"行动计划等国家战略的强力推进,云计算、物联网、大数据、机器人、BIM等新技术的快速发展和日臻成熟,为提高铁路智能化建设和发展水平创造了有利条件。无论在技术应用层面上,还是在总体布局层面上,智能铁路都受到广泛关注[2]。

目前,基于BIM技术的铁路工程管理平台已经覆盖铁路总公司所有在建铁路项目,基于云计算与大数据技术的大数据分析平台提供了面向全数据类型的数据接入、数据存储及计算能力、数据综合分析能力,物联网技术在运输生产客货营销、铁路建设和安全监控四个领域已拥有一批典型应用,客服机器人在部分车站开始试运行[2]。

4.中国民航信息化和智能化发展

由中国民航信息网络股份有限公司打造的航旅纵横移动服务软件,基于深厚的民航业务功底和数据挖掘能力,在海量数据的基础上对航空公司、机场、分销渠道等信息进行了最大化整合,实现了对全球673389个航班的正点查询功能,打通了各个渠道信息孤岛。并以移动互联网为载体,引入微博、微信等自媒体工具,利用云计算技术得到航班的预计起飞和到达时间,实现了对海量航班数据的实时快速整合,并分析提炼出有用结果反馈给用户,体现了良好的交互性和数据处理的实时性。利用及时、全面、权威的民航信息服务,形成覆盖旅客出行全流程的信息服务,打造了航班动态、行程自动提取、前序航班、出票提醒、机票验真、前序航班查询、手机值机、航班跟踪、电子登机、同道中人、行程记录、社交网络行李限额、航班预警等多个基础功能,为旅客构筑了一条便捷获取自身信息的权威通道,利用信息化与智能化手段成功实现了"行业信息的社会化"[2]。

我国海南国际航空公司打造的"海航云"以海航聚合生态、产业背景、资本运作大核心优势为依托,着手重点发展"云+""智慧+"和大数据、物联网等业务,建立了南方航空运输数据处理中心、南方救灾储备中心、北方数据中心等多个高等级的云数据存储中心,形成了物理分散、逻辑统一、拥有自主知识产权的鲁棒、稳定、安全、易用的综合性大数据云存储计算服务平台,为航空系统所掌控的海量数据提供云基础、云平台、云应用、云安全及云运维等一体化服务。

5.水路运输信息化和智能化发展

水路运输作为我国主要的交通运输方式之一,其效率、效益、安全、环保等指标自然受到广泛关注。随着技术的发展,水路运输的信息化与智能化顺应了发展的要求,更重要的是,现代信息技术和人工智能技术的发展也极大地促进了水路运输的发展[2]。

随着先进的传感识别、通信网络、智能计算、智能控制、深度学习、人工智能等高新技术的深入应用,船舶智能化、航道智能化、港口智能化、海事监管智能化的发展速度明显加速,具体体现在:

(1)智能船舶技术在2016年开始进入实质性的进展阶段,智能船舶逐渐从概念走向实质性的研发和测试。

(2)大数据技术已经在港口智慧物流、数字航道、海事智慧监管中得到了深入而广泛的应用,并收到了良好的效果。

(3)无线通信、宽带卫星通信技术在水路运输中的应用日益深入,对推动水路运输信息化、智能化发展起到了重要的助推作用。

(4)物联网与船联网的快速发展对网络安全提出了挑战,网络安全技术将成为未来水路运输信息化与智能化发展的关键技术之一。

(5)实用化、智能化、芯片化、生态化的发展趋势使得人工智能技术与现代水路运输技术的结合越来越紧密,为水路运输的智能化奠定了良好的发展基础和空间[2]。

6.地面公交信息化和智能化发展

近年来,各地加快了城市公交基础设施建设和车辆装备改造更新的步伐,在公交车辆保有量、运营线路长度、客运量、运营里程不断增长的同时,智能化装备与系统水平也在不断提高。截至2016年底,全国拥有公共汽电车60.86万辆、折合68.73万标台,其中已安装车载卫星定位终端的公共汽电车运营车辆为49.95万辆,占全部运营车辆的82.10%;公交运营线路52789条,总长度98.12万公里,其中BRT运营线路长度3433.5公里、无轨电车运营线路长度9240公里;公共汽电车运营里程358.32亿公里;2016年公共汽电车客运量745.35亿人次,使用公共交通一卡通的公共汽电车客运量为351.03亿人次[2]。

部分城市已建成了涵盖公交电子站牌、门户网站、微信公众号、手机APP等在内的综合出行信息服务系统,可为公众提供多渠道、丰富化、个性化的公交出行信息服务,包含车辆到站预报等动态信息,降低了公众出行时间成本,提高了公交系统综合服务效率和品质,提升了公交出行乘客满意度。广州行讯通、深圳交通在手、济南369出行、杭州交通等APP风起云涌,非常活跃,为市民出行所喜爱。部分城市(北京、郑州、广州、昆明、保定、贵阳等)开展了基于"互联网+"的定制公交服务[2]。

1.4.2 广州市智能交通系统发展现状

广州是全国性综合交通枢纽,近年来广州市智能交通系统的建设取得了飞速的发展。按照"一个中心、三大平台"的体系格局,全面推进广州市智能交通建设工作[2]。

1.框架体系——奠定智能交通建设发展格局

以《广州市交通委员会信息化发展"十三五"规划》为纲领性文件,按照"一个中心、三大平台"四层一体(智能交通大数据中心、城市交通智慧感知平台、智能交通综合业务平台、互联网+智能交通服务平台)的框架体系,推进智能交通行业智慧感知智慧分析—智慧应用—智慧服务的一体化发展(图1-8)[2]。

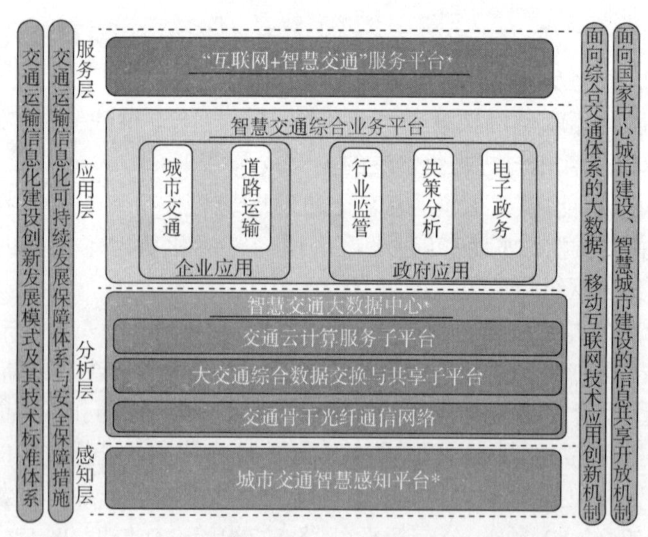

图1-8 广州市交通信息化"十三五"发展战略框架

2.数据驱动——搭建共享平台、创新数据应用

(1)广州市交通行业数据共享和分析平台

构建广州市交通行业数据标准规范、数据资源目录、数据资源共享和基础应用服务等核心体系,统筹管理广州市交通行业数据资源。实现与公安局、气象局、环保局、机场、地铁等跨部门数据共享,推进15大行业业务、30多个系统共356类数据的共建共享,统筹协调交通业务相关100多项数据共享,日均处理数据交换约8.7亿条(GPS约占7亿条),日均交换量140G,综合运用分布式计算技术、数据仓库技术、数据交换技术等,按照统一规范标准实施数据交换、预处理,为数据共享分析提供支撑。广州市交通行业数据共享和分析平台如图1-9所示[2]。

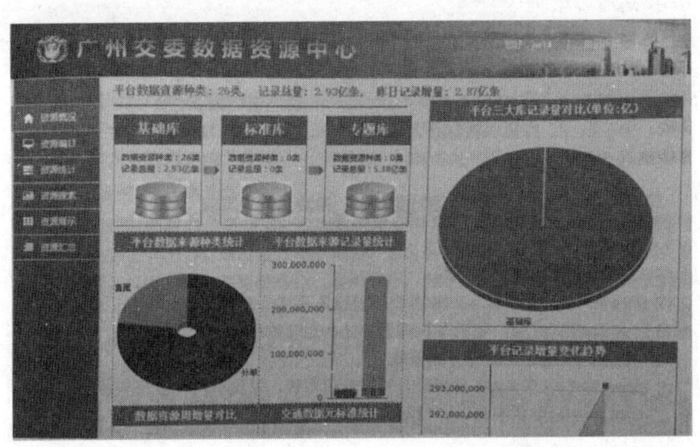

图1-9 广州市交通行业数据共享和分析平台

(2)交通运行综合监测与融合管理平台

平台将广州交通的主要业务数据融合、管理分析,实现信息监测指标管理、多维专题分析(包括综合交通、公共交通、道路运输、城市交通治理等多个业务)监测预警管理、集中指挥调度等功能,通过交通信息指挥大厅大屏幕进行全方位管理和交互,最终达到提高管理水平目的[2]。

(3)综合客运枢纽疏运组织决策分析系统

综合运用了移动通信大数据技术、基于机器视觉的高精度监测技术、覆盖公交出租客运的综合数据采集技术等,在火车站现场安装部署110套高精度客流监测设备,实现了对重点区域客流情况的实时监测;充分挖掘公交、出租车、客运、地铁、铁路、卡口等各类交通运输数据,综合利用手机网络信令采集和海量数据分析技术等研究建立数学模型,分析综合客运枢纽的人群聚集、人群疏散及人群逗留特征,预测枢纽人数变化情况并给出措施建议,评估各种疏运组织措施的预计效果,有力地支持春运指挥、决策和春运安全保障工作[2]。

(4)网约车业务查询系统及综合业务管理平台

建成网约车业务查询系统及综合业务管理平台,与多部门对接与数据共享,实现并联审核、电子监察。应用大数据技术分析客流起讫、网约车与巡游车竞补关系等,为行业管理提供分析[2]。

3.技术引领——深化交通行业改革、推动全行业发展

(1)助力公交优先

①BRT 全线客流采集系统

在 BRT40 个主要站台上安装客流检测设备及拥挤度检测装置,动态采集全线客流,根据站台客流饱和程度,辅助车辆调度和站台运营秩序保障。

②CAN 总线综合管理分析系统

在 2000 辆车应用 CAN 总线综合管理分析系统,采集车辆设备状态数据、驾驶行为数据、车辆故障报警等车辆 CAN 数据,建立了数据分析标准,对驾驶行为、车辆状态、故障信息、违章行车等进行分析,通过多维度、精细化、高关联的数据分析,全方位掌握车辆的状态,及时发现车辆存在的隐患,提高行车的安全性,提高行业管理营运水平[2]。

③公交调度系统优化升级

利用新型公交智能终端的蓝牙传输、惯性导航、精确定位等功能,实时收集客流、车流、路况数据,应用大数据、人工智能手段实现公交优化调度。

④建设公交交互平台

运用蓝牙技术实现信息交互应用,通过手机摇一摇等实现公交线路、实时到站信息查询等信息互动查询功能,提升乘客出行查询便利性,提升公交出行体验。

⑤推出珠江新城新型旅游公交服务

联结以花城广场为核心的各个旅游观光景点,围绕旅游出行需求,通过试点一键叫车、人脸识别、分级指挥与实时通话、公交车厢客流检测、乘客信息交互服务等新技术应用,构建新型旅游公交信息化体系,体现旅游公交线路特色,打造新型智慧公交窗口。

(2)构建水巴信息体系

水巴是广州的第四套公交体系,日均承担客流约 5 万,为保障安全运输,建设水巴调度管理与安全监管平台。通过建立电子海图,实时获取珠江所有船舶所在位置、航标位置、水深等动态数据,实现船舶避让、防撞预警。通过船载航行数据记录仪采集部分发动机、发电柴油机、舵系统、艉轴等设备运行状态数据并深化分析应用,实现一键紧急报警、偏航提示、超速预警等功能。

(3)探索安全驾驶营运

探索营运车辆安全驾驶监管分析,在 130 多辆营运车辆建设车辆防碰撞系统

(监测车辆速度、距离、车道偏离、行人监测等车辆行驶外界环境)、驾驶员分析安全辅助驾驶系统(监测驾驶员目光状态、手离转向盘、猛踩加速踏板等异常驾驶行为),在客运车辆联网联控的基础上,向车载主机和驾驶员发出异常行为告警信息,为降低安全风险、规范驾驶行为及事故追查管理提供依据[2]。

(4)创新交通定制服务

①交通综合信息服务

2016年行讯通接入环保、旅游等信息,并新增步行导航、到站时间预测等功能,用户量达680万人。

②"如约"交通定制服务体系

打造独具特色的信息化交通服务平台,在交通大数据应用分析基础上推进"如约"品牌信息化建设,建设全方位交通定制服务平台,通过定制交通服务的创新发展,满足市民多层次、差异化的出行需求。"如约"系列用户总数约60万人。"如约"系列品牌如图1-10所示[2]。

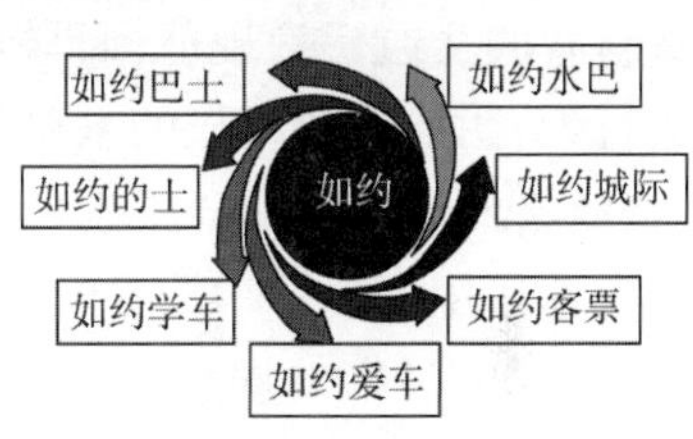

图1-10 如约系列品牌

(5)推进交通执法现代化

①无人机监控系统

通过组建交通系统无人机机长、驾驶员队伍,开展航道执法、路政开挖检查的高空巡查拍摄、数据分析,作为交通监管与执法的补充,实施执法100多宗,为执法检查工作提供了便利。

②交通视频监控体系

建成覆盖广州市主要干道、专用道、内环路、客运站、治超站、水巴码头等区域的高清视频监控,共享接入市公安局、广铁集团、机场集团等外部单位的视频资源,打造覆盖全面、应用高效、清晰实时的交通视频监控体系。实现一键视频智能化分析等特色功能。2016年执法局电子执法1800多宗;指挥中心发布路况信息2300余条。同时编制了新一轮广州市公交站视频系统规划,通过市政府审查,为新一轮交通视频建设奠定了良好的基础[2]。

③电子执法应用

利用视频智能分析技术开展电子执法:一是以点带面,拓宽监控覆盖范围;二是试点跨职能部门联动执法。2016年,天河客运站周边投诉率环比下降52%,白云机场地区同比降低45%,电子执法成效显著[2]。

1.5 智能交通系统发展的关键问题

城市智能交通系统是智慧城市建设的重要组成部分，是综合解决城市交通问题的重要对策，为实现绿色交通建设安全顺畅且环保节能的交通系统做出贡献。智能交通系统的发展应注重如下关键问题[8]：

(1)建设智能交通系统时，交通基础设施和交通工程设施要先行。优化、完善交通基础设施和交通工程设施是智能交通系统发挥作用的前提条件。智能交通系统的作用是提高现有设施的使用效率。没有完善的交通基础设施，则无法实现智能交通系统的建设目标。同时，智能交通系统充分发挥作用的基本环境条件是交通参与者的交通行为规范，而科学的交通组织和完善的交通工程设施是规范人的交通行为、明确交通路权的基础性设施。很多智能交通系统项目只关注智能系统本身，忽略或不重视交通工程的系统设计、改造和同步实施，则智能交通系统无法充分发挥作用[8]。

(2)按照城市发展战略和交通规划调整交通供求关系是智能交通系统的根本使命。智能交通系统是实现城市发展战略和交通规划的技术手段之一，因此智能交通系统的发展目标和系统功能的确定必须充分理解和考虑城市发展战略和城市综合交通规划。在交通规划指导下，智能交通系统要服务于紧凑型城市建设和混合土地使用等交通需求特性调整、绿色交通优先等交通结构优化，以及大范围的优化交通组织管理，并要有助于规范交通参与者的交通行为[8]。

(3)保证智能交通系统健康发展的其他关键问题。

①高度重视系统的顶层设计。

目前国内智能交通系统建设存在重硬件、轻软件，重建设、轻规划，重形式、轻实效的严重倾向，这将会直接导致投资浪费和决策失误。有的城市投资几亿建设系统，却舍不得拿出几百万元的规划设计费；有的城市直接委托建设承包单位粗糙设计，而不经过充分论证，这些均会导致投资效率的降低，甚至无法达到系统建设的目的。智能交通系统顶层设计对系统资源共享、系统整体能力发挥、系统功能要求的可续性以及系统采用产品性价比的控制等，均是最关键的环节，对实现“1+1>2”效应将起到关键作用。因此，制定智能交通系统的顶层设计对构筑统一高效、功能强大、先进实用的智能交通系统，服务智慧城市建设显得尤为重要[8]。

②充分实现资源共享。

智能交通领域涉及的主要部门包括：交通、公安、城管、国土等多个职能部门和各交通运输企业，各部门负责各自领域内的智能交通应用系统建设。但是，缺乏充分沟通的智能交通规划设计，条块分割现象严重，交通资源分散，信息孤岛现象严重。解决上述问题的途径就是在规划设计环节进行充分的分析论证,可以共享的信息要充分共享。当然,不同子系统有不同的信息采集目的和采集内容要求,有时无法兼顾众多目的。这种情况下,也不能追求形式上的共享,而弱化系统功能。智能交通系统是一个复杂的系统工程。因此,在管理机制上,应建立多部门的行业协调机制;从技术的层面上,应建立一个集成多部门、多业务、跨平台的开放的信息系统[8]。

③不但应重视智能交通系统的硬件建设,更应注重软件的开发与功能提升。

就交通管理系统自身而言,硬件系统只是实现系统功能的条件,软件系统则是实现系统功能的保证。任何系统在没有充分的信息采集和分析、没有系统软件的指挥下的功能,只是毫无智能,甚至毫无用处的摆设而已。因此,智能交通系统的规划设计及系统的软件开发应该作为一个独立阶段得到高度重视、认真落实、充分投入,这样才能真正实现智能系统建设的初衷。从信息采集与应用的角度,我们应高度重视3S技术、通信技术及数据融合与挖掘技术的应用,重视软件系统的设计与开发[8]。

④建立并实施智能交通系统项目的验收程序,建立系统后评价制度。

目前智能交通系统项目的验收方式没有真正关于系统功能、系统运行效果的实际检测、细致的验收评价,有时只是形式上的验收,缺乏系统后评价标准和要求。建议根据目前情况,建立完善的智能交通系统建设项目的验收制度与验收程序,由独立第三方进行项目的验收审核[8]。

⑤加强智能交通复合型人才培养。

智能交通技术是交通技术和信息技术结合的产物,智能交通需要的人才既要懂交通技术也要懂信息技术,因此需建立行之有效的培养机制,提供复合型人才成长的环境条件。否则,既无法有效使用系统,更无法扩展系统功能,导致无法实现系统建设的预期目标[8]。

⑥加强相关标准与规范的制订。

智能交通系统是一个庞大的系统,系统的规划设计需要统一标准和技术规范。避免城市智能交通系统由于缺少规范、标准,而缺乏衔接与配合,水平参差不齐,不能发挥作用。因此,应尽快完善与制定相关规范与详细技术标准,出台相关政策,如智能交通系统规划技术规范或技术指南、系统设计规范或指南、行业发展政策等[8]。

⑦突破关键技术,开发自主知识产权的产品。

目前国内城市交通信号控制系统的主流产品是国外产品,缺少紧密结合我国混合交通流特点的具有自主知识产权的国产技术和产品。为提供适合我国交通特点的新一代智能交通控制技术和产品,亟需加大我国自己的信号控制系统等智能交通相关系统的研发力度与应用支持[8]。

⑧加强产学研结合。

产学研结合对于智能交通系统从技术水平到实际应用程度都有至关重要的意义。“十一五”期间,我国智能交通没有形成相应的产业,国家资助的智能交通领域的相关项目形成产业化并实际应用的不多,目前没有形成智能交通系统相关的产业链[8]。

第 2 章　智能交通体系框架

在研究开发智能交通体系的过程中,开展系统体系框架的研究工作是系统全面发展必不可少的基础研究。体系框架是发展智能交通系统的指导性框架,主要用于明确智能交通系统的开发目标,为标准研究工作提供参考,避免重复研究和无计划开发,便于研究成果的大范围应用和智能交通系统技术的发展以及产业化的实现。

科技人员可利用该框架来设计、研制和管理智能交通系统,根据实际需求提出新的服务功能。

智能交通系统体系框架为政府机关制订发展规划提供基本原则,为建设实施者提供实施依据,为规划提供支持,为综合的智能交通系统项目提供基本原理。

本章中,以美日欧以及我国所形成的体系框架为范例进行介绍。其中,美国、中国的体系框架开发以面向过程方法为指导,欧盟采用的结构分析方法也属于面向过程方法,而日本则采用面向对象的建模方法对逻辑框架、物理框架进行了设计。各国所开发的体系框架在结构上看,是大体相似的,都包含了用户服务、逻辑框架、物理框架等部分,但是从各个结构部分的具体内容来看,却又各有不同。

2.1　ITS 体系框架内容概述

智能交通系统(ITS)是一个跨行业、跨部门、多主体、由互相连通的多个应用系统组成的复杂大系统,全面建成需要一个长期的过程,“统筹规划、分步实施、重点突出、全面推进”是建设实施 ITS 的必然选择。因为在 ITS 建设中,迫切需要一个纲领性和宏观指导性的技术文件,以保证 ITS 各阶段的建设内容能够在统一的框架下有效集成,使得 ITS 的各个组成部分之间、乃至不同地区的 ITS 间能够互联互通、信息共享。应对 ITS 体系框架逐步产生的需求,世界各国提出并制定了 ITS 体系框架的具体解决方案。

2.1.1　智能交通系统体系框架概念

ITS 体系框架(也称为构架、框架结构)是一个系统的体系和规格说明,它决定系统如何构成,确定功能模块以及模块间进行通信和协同的协议和接口。它包含实现用户服务功能的全部子系统的设计。通过集成若干智能交通系统子系统的功能可以实现一个或多个用户服务功能。

体系框架不是一个简单的设计文档,也不是一个技术性的说明,更不是ITS本身的研究发展过程,而是一个贯穿于ITS结构和标准研究制定过程的指导性框架,它提供一个检查系统构成和标准的遗漏、重叠以及是否不一致的依据。基于逻辑框架和物理框架的标准需求,我国提出了制定标准的出发点和衡量结果的工具。科技人员可以利用制定的标准来设计、研制和管理ITS,同时根据实际需求提出新的用户服务功能,促进ITS体系框架和国家标准的完善。

2.1.2 ITS体系框架主要组成

ITS体系框架主要由以下部分组成:用户服务、逻辑框架、物理框架、通信体系结构、ITS标准化、费用效益评价和实施措施。

1.用户服务

从用户的角度来描述ITS的系统功能,对用户要求进一步细化。用户主体是服务面对的主要对象,也是在某服务领域指定需求的承受主体;服务主体是指服务的提供商,与用户主体是服务与被服务的关系。

用户服务是ITS体系框架开发的基础,用户服务需求是ITS标准结构的基本需求。

2.逻辑框架

逻辑框架也称功能体系框架,定义和确定为满足用户需求ITS所必需提供的一系列功能。详细描述ITS各个子系统的逻辑体系结构,定义了子系统的功能及他们之间的数据流。

通常以一系列功能领域的方式描述逻辑体系结构,每个功能领域都定义了功能及数据库,数据库通过数据流与终端相联系。逻辑体系框架为每个功能领域开发了数据流图,显示各功能如何通过数据流相互联系在一起,又如何与不同的数据库联系在一起以及如何与终端联系在一起。

3.物理框架

物理框架是ITS的物理视图,是制定系统具体实时策略的基础,是将逻辑框架中的功能实体化、模型化,把功能结构相近的实体(物理模型)归结为直观的系统和子系统,这些系统将由硬件或软硬件来承载。

还需对服务端加以明确。服务端是指存在于系统之外,但与系统有信息交互关系的实体,通常被划分为三种类型:用户型、系统性和环境型。

子系统间及子系统与服务端间的信息传递关系由框架流表示,每条框架流一般对应于逻辑结构中的一条或若干条数据流。

4.通信体系框架

描述支持在不同系统部分之间进行信息交换的机制。信息交换包括两部分:

(1)可以使数据从一个点传到另一个点的机制及从费用、标准率和延误方面考虑的适应性；

(2)确保正确地解释从另外一个点传来的信息。通信体系框架也描述了用户的通信需求。

5.标准化

负责提出ITS所需关键技术的标准需求。“标准”是指已被认可的、能够用来指导数据传输的技术规定或准则的文件。

物理体系框架中所定义的子系统之间是相互独立的，为了确保子系统间的整合性，就必须使接口标准化，推荐目前成熟的技术标准或提出标准需求。

6.费用效益分析评价

对ITS项目实施进行效益分析评价是ITS研究和应用中的关键组成部分之一。通过对项目的经济合理性、技术可行性、经济效益、社会与环境影响以及项目风险做出评价，为ITS项目的可行性研究、方案比选、实施效果分析以及为已有的系统运行优化和未来项目的投资提供科学依据。

7.实施措施及策略

目前交通运输的组织管理部门众多，在管制体系上存在一定的弊端，为确保系统的顺利实施，必须在体系框架中包括ITS建设的组织体系和发展策略，作为以后实施时的建议或参考。

2.2　国外ITS体系框架

最早从1993年开始，美、日、欧开始了ITS体系框架的研究工作，到1999年为止这些国家和地区都形成了各自的ITS体系框架，对ITS的发展起到了很好的指导和促进作用。

随后，世界上很多国家和地区都进行了各自的ITS体系框架研究工作，如新加坡、韩国、澳大利亚等，并且在其指导下进行ITS研究工作。接下来主要对美、日、欧各自的体系框架进行讲解。

2.2.1　美国ITS体系框架

美国ITS体系框架分为三个层次，分别是制度层、运输层和通信层。

制度层包括保证ITS有效实施、操作和维护所需要的机构、政策、融资机制和流程，是体系框架的底层，良好的制度支持和有效的决策是ITS项目顺利进行的先决条件。

运输层定义了运输服务的子系统、接口以及每个子系统的基础功能和数据，是体系框架的核心层。

通信层从整体上描述了 ITS 的通信服务和技术支持，为各系统之间的集成提供有效的通信保障。

美国 ITS 体系框架主要包括 7 部分，分别是用户服务、逻辑框架、物理框架、安全、服务组件、标准和体系应用，相应的结构如图 2-1 所示。

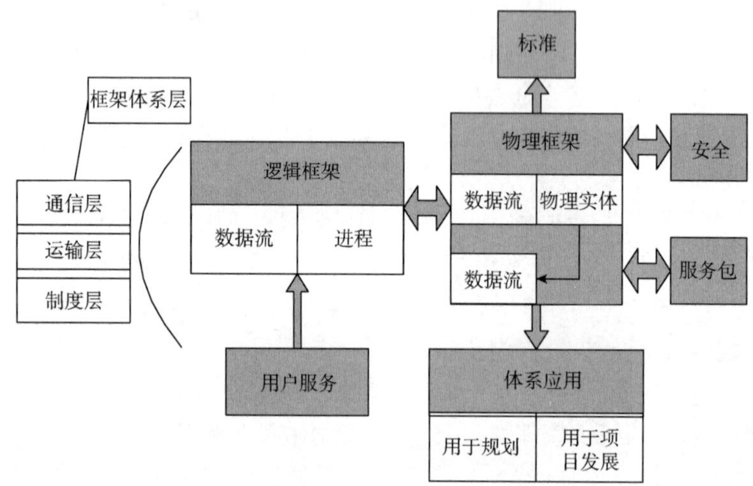

图 2-1 美国 ITS 体系结构视图

1.用户服务（User Services）

已经确定用户服务内容共有 8 个领域，36 项用户服务。8 个领域分别是：出行信息与交通管理、公共交通管理、电子支付、商业车辆运营、紧急事件管理、先进的车辆安全系统、信息管理、维护和建设管理。服务领域与服务名称的对应关系见表 2-1。

服务领域与服务名称对应表 表 2-1

开 发 领 域	用 户 服 务
先进的导航系统	路线导航信息提供
	目的地信息提供
电子收费系统	电子自动收费
辅助安全驾驶	驾驶与道路信息提供
	危险预警
	辅助驾驶
	自动化高速公路系统

续上表

开 发 领 域	用 户 服 务
交通管理优化	交通流优化
	交通事故管制信息提供
提高道路管理效率	维护管理水平提高
	特许商用车辆管理
	道路危险信息提供
公交支持	公共交通信息提供
	公交运行与运行管理支持
提高商用车辆运营效率	商用车辆运行管理
	商用车辆自动跟车行驶
行人支持	人行道线路引导
	车辆行人事故预防
应急车辆运行支持	应急车辆运行支持
	应急车辆诱导与紧急救援支持
	现金信息与通信系统

2.逻辑框架(Logical Architecture)

美国ITS体系逻辑框架如图2-2所示。

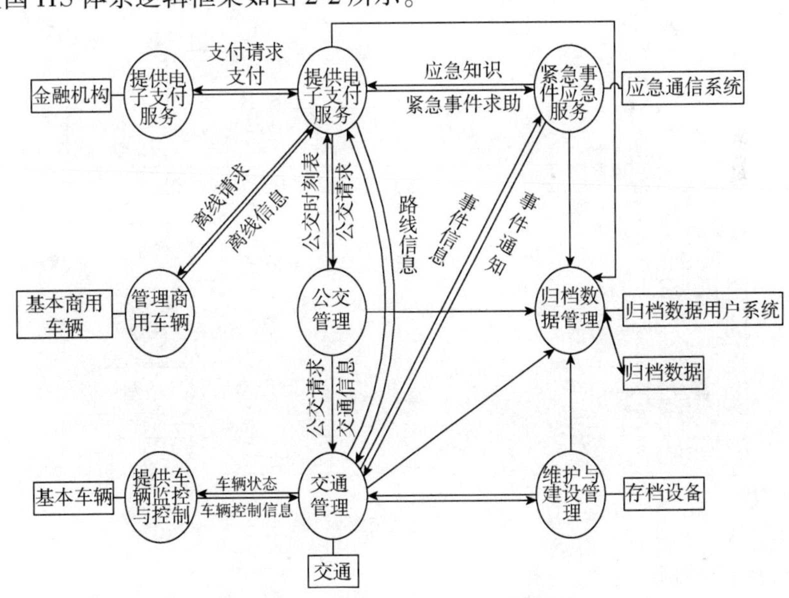

图2-2 美国ITS体系框架逻辑框架顶层图

3.物理框架(Physical Architecture)

物理框架将ITS划分为19个子系统。鉴于各个子系统在应用及管理上的特性,将其划分为4类:

(1)中心型子系统:空间独立性,空间位置选择不受交通基础设施的制约。与其他子系统联络通常依赖于有线通信。

(2)外场设备子系统:通常需要进入路边的某些具体位置来安装或维护诸如检测器、信号灯、可程控信息板等设备。一般要与一个或多个中心型子系统以有线方式连接,同时还需要与通过其部署路段的车辆进行信息交互。

(3)出行者子系统:以旅行者或旅行服务业经营者为服务对象,运用ITS有关功能实现对多式联运旅行的有效支持。

(4)车载子系统:安装在车辆上。可根据需要与中心型子系统、外场设备子系统及出行者子系统进行无线通信,也可与其他载体车辆进行车辆间通信。

每种类型的子系统通常共享通信单元。作为子系统间信息渠道的一个构成部分,通信单元所起的作用仅仅是传递信息,不参与智能交通系统的信息加工和处理。

子系统间通过三种通信方式相互连接以便于数据和信息的交换,包括有线通信、广域无线通信和短程无线通信。顶层物理框架如图2-3所示。

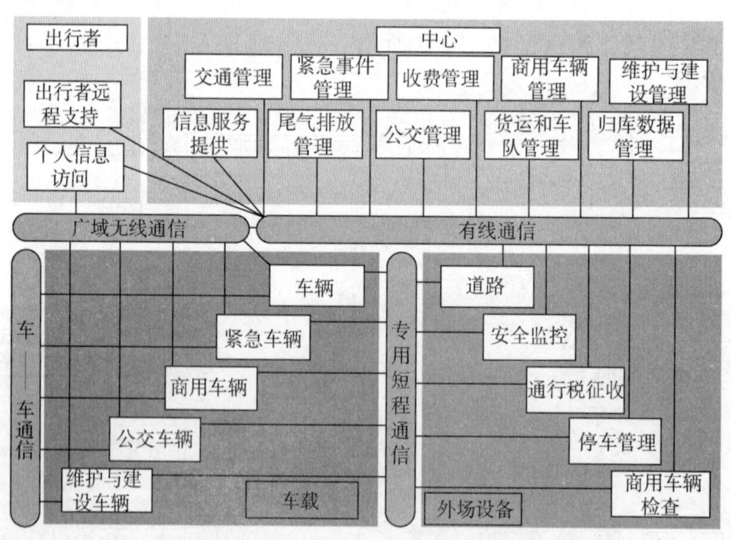

图2-3 美国ITS顶层物理框架示意图

4.安全(Security)

系统不应对操作者和使用者造成损害,例如ITS中最常见的信息服务,就需要保证不能提供不确定的信息或错误信息,防止使用者的利益受损。

还要保障系统自身的安全,包括数据安全、设备安全、供电安全等。

5.服务包(Service Packages)

完成特定服务的物理框架中多个组成部分的集成,例如交通控制服务包。服务包将不同的子系统、设备包、终端、信息流等组合到一起,提供特定的服务。

每个服务包都有各自的理论支持,对每个组件如何提供服务进行了描述。

6.应用领域(Application Areas)

为了协助工程人员选择与其计划进行部署的ITS服务最相关的ITS标准,需对标准进行分类,分成的类别被称为应用领域。

由于每个应用领域区域地址对应一个接口类型,工程人员经常是组合多个应用程序来提供一个ITS服务。

2.2.2 日本ITS体系框架

日本于1998年1月着手开发国家ITS体系框架,并于1999年11月完成。关于ITS体系框架的研究,日本主张:高效地发展一个完整的智能交通系统,保证各子系统之间协同工作,同时帮助发展国家ITS标准和国际ITS标准。其最大的特点是强调ITS信息的交互和共享,整个ITS建设是社会信息化的一部分。

日本采用面向对象的方法来建立ITS体系的逻辑框架与物理框架,通过对ITS的抽象,建立信息模型描述ITS涉及的各对象间的信息关系(如继承等关系),建立控制模型,实现各项用户服务。

日本在进行智能交通系统体系框架开发的过程中,主要遵循四个步骤:定义用户服务、建立逻辑框架、建立物理框架和系统标准化。

1.用户服务

在最新的框架中,共9个开发领域,划分成21项用户服务,56项特定用户服务,172项子服务。

开发领域包括:先进的导航系统、电子收费系统、辅助安全驾驶、交通管理优化、提高道路管理效率、公交支持、提高商用车辆运营效率、行人支持、应急车辆运行支持(表2-2)。

开发领域与用户服务 表2-2

开发领域	用户服务
先进的导航系统	路线导航信息提供
	目的地信息提供
电子收费系统	电子自动收费

续上表

开 发 领 域	用 户 服 务
辅助安全驾驶	驾驶与道路信息提供
	危险预警
辅助安全驾驶	自动化高速公路系统
交通管理优化	交通事故管制信息提供
	交通流优化
提高道路管理效率	维护管理水平提高
	特许商用车辆管理
	道路危险信息提供
公交支持	公共交通信息提供
	公交运行与运行管理支持
提高商用车辆运营效率	商用车辆运行管理
	商用车辆自动跟车行驶
行人支持	人行道线路引导
	车辆行人事故预防
应急车辆运行支持	应急车辆运行支持
	应急车辆诱导与紧急救援支持
	现金信息与通信系统

2.逻辑框架

建立详细的对象模型,包括整体模型(针对整体 ITS 或者几个服务领域共有的内容而言)、详细模型(针对单个服务而言),其中分别从总体和动态两个视角进行分析,给出对应于整体模型和详细模型的核心模型、细节模型。

核心模型(总体)给出服务中涉及的对象类间的关系,细节模型(总体)针对核心模型中对象类分别进行详细分析,给出每种对象类的对象间属性的继承等关系。细节模型是对核心模型中对象类的深化。

核心模型(动态)建立有动态信息需求的对象类间的信息交互模型,细节模型(动态)是针对核心模型中对象类的深化。

3.物理框架

包括:高层子系统、子系统、底层子系统、单个独立的物理模型、整体物理模型以及框架流。

高层子系统以领域为划分标准;底层子系统以逻辑框架中的控制模型为基础,针对每一个控制模型给出一个独立的底层子系统。通过方法选择完成 ITS 体系框架中 172 项子服务所对应的逻辑功能并实现领域的匹配,即完成底层子系统在高层子系统中的定位。物理模型是针对用户服务提出的,由底层子系统为基本单位组合而成。高层子系统和框架流一起组合成整体物理模型,底层子系统和框架流一起组合成单个独立的物理模型。

2.2.3 欧盟 ITS 体系框架

欧盟于 1998 年 4 月开始代号为 KAREN(Keystone Architecture Required for European Networks)的项目,奠定了开发欧盟 ITS 体系框架的基础。

1998 年 8 月和 10 月,先后完成了逻辑框架和物理框架,此后陆续补充完成其他部分的内容,形成了欧盟整体的 ITS 框架。

与包罗万象、内容覆盖全面的美国 ITS 体系框架相比,欧盟 ITS 体系框架在内容上选取典型系统进行详细分析,并非以“全”为目的。

采用了面向过程的开发方法,遵循以下步骤:建立 ITS 系统用户需求、模型开发、系统接口开发、逻辑框架开发、物理框架开发、通信体系框架开发、组织体系框架开发、实施策略研究和费用效益研究以及风险分析。

与美国相似,主要由用户需求、逻辑体系结构、物理体系结构、通信体系结构和标准化 5 部分组成。

1.用户需求

覆盖框架体系结构和最终 ITS 运行效果的不同方面:

(1)对框架体系结构的需求。必须独立于目前的其他技术,以便适应未来的技术发展;必须从全欧洲的角度出发而不应局限于一个组织或一个地区;必须便于标准系统的建立,适用于各种服务商的服务和制造商的设备。

(2)对 ITS 设施和服务的兼容性、质量以及安全性的需求。信息、设备和基础设施的兼容性;服务在时间和空间上的连续性;避免不必要的费用;系统的可维护性和扩展性;系统的安全性;用户友好性等。

(3)对 ITS 功能的需求。用户需求的主体部分,基础设施的规划和维护、法律约束、财政管理、紧急事件服务、旅行信息和导航、交通需求、事故需求管理、智能汽车系统、商务车和车队管理、公共交通管理。

2.逻辑体系结构

描述用户需求的功能及这些功能如何与外部时间联系起来,特别是与 ITS 使用者之间的联系,也描述了欧盟 ITS 中使用的数据。

逻辑体系结构模块由一系列功能领域构成,分别是:提供电子支付,提供安全和紧急情况处理、交通管理、公共交通运营管理,提供先进的驾驶便利,提供出行者旅行辅助,为法律保障提供支持,货物管理和车队调度。

所有逻辑结构模块都与用户需求紧紧联系在一起,它提供了功能模块与用户需求之间的通道。

3.物理体系结构

物理体系结构定义的子系统领域：电子付费、安全和紧急情况处理、综合交通管理、公共交通运营、更方便的驾驶、出行者出行帮助、法律约束、货物管理和车队调度，与逻辑体系结构中的功能领域是相一致的。物理体系结构的一个范例系统：通信体系。

通信体系描述了支持在不同系统部分之间进行信息交换的机制。通信体系结构定义了系统的通信需求和用户的通信需求。欧盟 ITS 通信体系物理结构范例系统如图 2-4 所示。

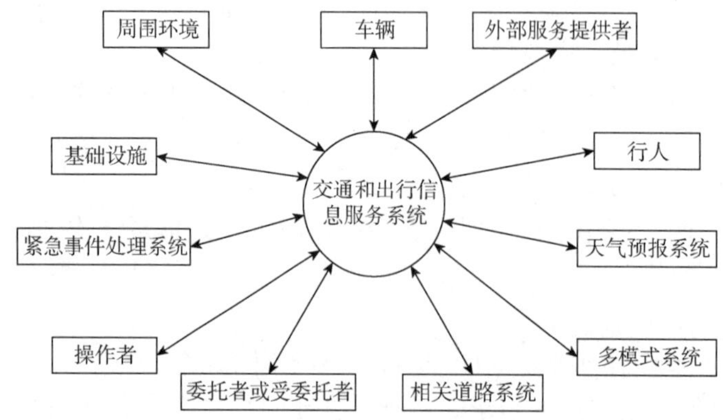

图 2-4　欧盟 ITS 通信体系物理结构范例示意图

2.3　我国 ITS 体系框架

在我国交通运输领域中，ITS 是一个提供交通运输服务的系统，ITS 体系框架是一个服务体系框架，是一个提供服务的功能性框架，用户服务是 ITS 的主线。研究 ITS 和 ITS 体系框架，本质就是要解答 ITS 能够提供什么服务？用户服务是怎样组织的？怎样提供服务？谁为谁提供服务等一系列与用户服务相关的问题。因此，我国研究 ITS 体系框架的主要目的如下：

(1)明确我国 ITS 的总体需求，在基础设施建设，交通运输系统的运营管理上，从制造业、第三方产业的带动、用户服务等诸多方面，全面了解整个商品化社会中的用户对 ITS 的需求，对用户需求进行分类汇总。

(2)明确我国 ITS 体系框架，以用户需求和用户服务为基础，分析我国 ITS 的总体框架结构，提出系统的基本构成和各构成部分的基本相互关系。

(3)分析影响我国 ITS 发展的技术和经济因素。

国家科技部于 2000 年 3 月组织全国交通运输领域的专家组成专家组，针对

“九五”国家科技攻关项目“中国 ITS 体系框架研究”，采用面向过程的方法，起草了我国智能运输系统体系框架，体系框架研究的主要步骤如图 2-5 所示。

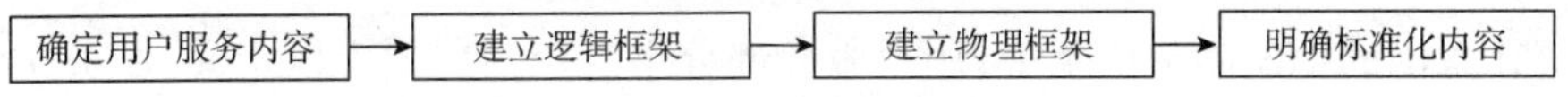

图 2-5 体系框架研究的主要步骤

1.确定用户服务内容

通过对政府部门科技主管和 ITS 领域专家进行咨询，以咨询结果为依据，划分服务领域，然后提出用户对 ITS 的需求，按照我国实际的需求定义用户服务和子服务，赋予用户服务中国化的含义。

2.建立逻辑框架

分析用户服务，确定系统应该具有的主要功能，并将功能划分为系统功能、过程、子过程几个层次；分析 ITS 的逻辑结构和各个功能之间的关系，明确功能和过程之间交互的主要信息，并以数据流的形式对交互信息进行定义。

3.建立物理框架

从物理系统的角度分析实际的 ITS 系统应该具有的结构，按照系统、子系统、模块等层次对系统进行结构分析；分析物理系统之间的交互信息，以框架流的形式对此信息进行定义，明确系统对功能的实现关系和框架流对数据流的包含关系，根本上反映物理框架和逻辑框架之间的关系。

4.明确标准化内容

主要确定与 ITS 相关的技术(如通信技术等)标准、ITS 相关的设备接口标准、ITS 各子系统之间的接口标准及 ITS 体系框架内部连接的图表等。

我国 ITS 体系框架主要由以下几个方面组成：用户主体、服务主体、用户服务、系统功能、逻辑框架、物理框架、ITS 标准、经济技术评价。表 2-3 列出了 ITS 体系框架各组成部分与服务的关系。

ITS 体系框架各组成部分和服务关系 表 2-3

组成部分名称	作　用
用户主体	谁将是被服务的对象，明确了服务中的一方
服务主体	谁将提供服务，明确服务中的另一方，它与用户主体和特定的用户服务组成了系统基本的运行方式
用户服务	明确系统能提供什么样的服务
系统功能	将服务转化成系统特定的目标
逻辑框架	服务的组织化
物理框架	服务怎样具体提供
ITS 标准和经济技术评价	其他经济技术因素

2.3.1 用户服务

在我国的ITS体系框架中,用户服务部分主要包括用户主体定义、服务主体定义、终端定义、用户服务层次表、服务元素描述表等。

(1)用户主体定义:道路使用者、道路建设者、交通管理者、运营管理者、公共安全保障部门和相关机构。每一类又分为若干子类。

(2)服务主体定义:交通管理中心、旅客运输部门、交通信息服务提供者、紧急事件管理部门、基础设施管理部门、货物运输服务提供者、产品/设备提供商、产品/服务提供商和政府执法部门。每一大类下又划分出若干子类。

(3)终端定义:道路使用者、道路及交通、交通管理中心、运营管理者、公共安全保障部门、规划部门、车辆、公共交通运营部门、信息服务提供者、紧急事件管理部门、基础设施管理部门等26类。

在2001年完成的"九五"攻关项目《中国ITS体系框架研究》中,正式推出"中国智能运输系统体系框架(第一版)",提出我国ITS的8大领域,34项服务和138个子服务。

在2002年正式启动的国家"十五"科技攻关计划专项中,设立了《智能运输系统体系框架及支持系统开发》项目。由国家智能运输系统工程技术研究中心承担。

在第二版中,用户服务修订为9个服务领域、47项服务和179项子服务。服务领域分别为:交通管理、电子收费、交通信息服务、智能公路与安全辅助驾驶、交通运输安全、运营管理、综合运输、交通基础设施管理和ITS数据管理。用户服务领域与用户服务如表2-4所示。

服务领域与用户服务　　表2-4

用户服务领域	用户服务
交通管理	交通动态信息监测
	交通执法
	交通控制
	需求管理
	交通事件管理
	交通环境状况监测与控制
	勤务管理
	停车管理

续上表

用户服务领域	用 户 服 务
智能公路与安全辅助驾驶	智能公路与车辆信息收集
	安全辅助驾驶
	自动驾驶
	车队自动运行
交通运输安全	紧急事件救援管理
	运输安全管理
	非机动车及行人安全管理
	交叉口安全管理
运营管理	运政管理
	公交规划
	公交运营管理
	长途客运运营管理
	轨道交通运营管理
	出租车运营管理
	一般货物运输管理
	特种运输管理
综合运输	客货运联运管理
	旅客联运服务
	货物联运
交通基础设施管理	交通基础设施维护
	路政管理
	施工区管理
ITS 数据管理	数据接入与存储
	数据融合与处理
	数据交换与共享
	数据应用支持
电子收费	电子收费
交通信息服务	出行前信息服务
	行驶中驾驶员信息服务
	途中公共交通信息服务
	途中出行者其他信息服务
	路径诱导及导航
	个性化信息服务

2.3.2 逻辑框架

逻辑框架是对系统功能的一种分类,我国的智能交通系统逻辑框架分为几个层次:功能域,基本上和服务领域等同;系统功能,基本上和服务等同但进行了功能的重新组合;过程,基本上和子服务等同;子过程,基本的逻辑单元。

逻辑框架主要由逻辑功能层次表、逻辑功能元素定义、数据流图和数据流描述(数据字典)组成,包含 10 个功能领域、57 项功能、101 项子功能、406 个过程和 161 张数据流图。最主要的内容就是描述系统功能和系统功能之间的数据流。我国 ITS 逻辑框架顶层结构如图 2-6 所示。

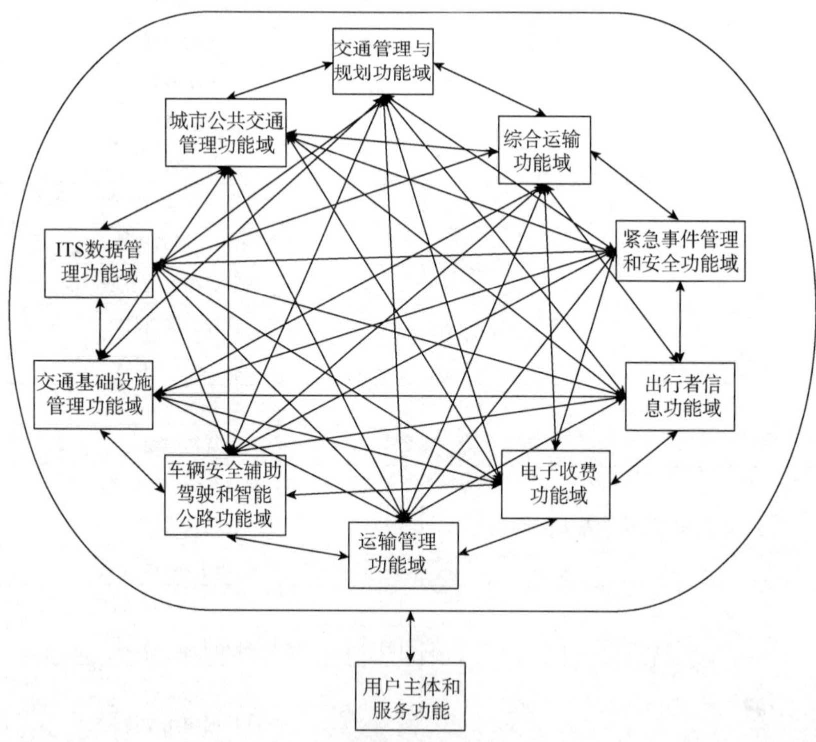

图 2-6 ITS 逻辑框架顶层结构

(1)逻辑功能层次表:以层次列表的形式列出 ITS 由功能域功能和过程组成的三层体系,直观表示逻辑元素间的层次关系。

(2)逻辑功能元素定义:对每一个逻辑功能元素(功能域功能、过程)进行概要的描述说明,明确界定各逻辑功能元素所要实现的内容。

(3)数据流图:说明逻辑元素之间的数据交互关系,描述了信息在系统中的流动和处理情况。

(4)数据流描述表:以列表的形式对每一条数据流进行了定义,包括数据流名称、起点、终点和数据流描述。

2.3.3　物理框架

物理框架是逻辑框架的具体实现。物理框架是一些系统和子系统连接构成的,系统和子系统基本上是按交通系统的习惯和职能进行划分的,图2-7和图2-8分别是两种不同的物理顶层结构,基本可以适应目前我国城市中不同的管理体制。

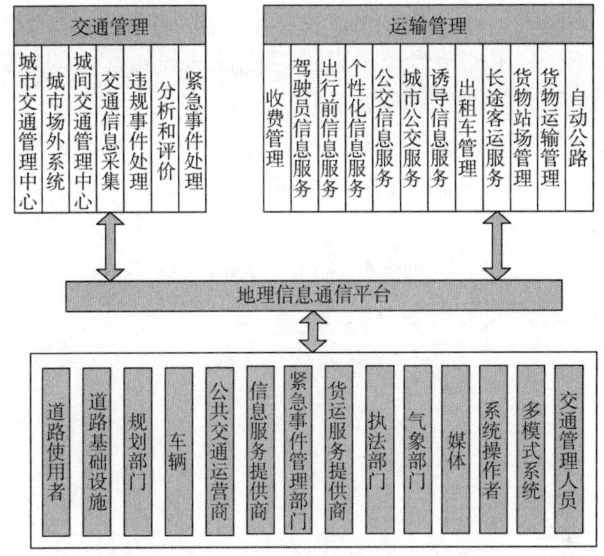

图2-7　物理顶层结构一

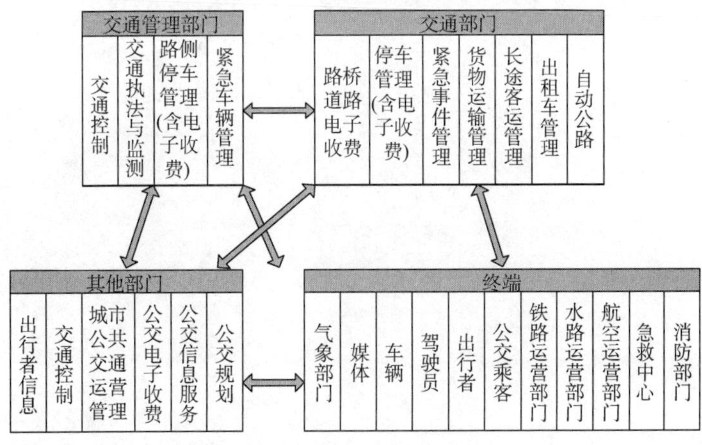

图2-8　物理顶层结构二

物理框架主要描述物理系统的功能和系统之间交换的框架流。物理框架中还涉及了通信和信息交换平台的内容。

物理框架主要由物理系统层次表、物理元素描述表、物理框架流图和物理框架流描述表组成,包含 10 个系统、38 个子系统、150 个系统模块和 51 张物理框架流图。

(1)物理系统层次表:物理框架的物理元素分为系统、子系统、系统模块三个层次,共划分 10 个物理系统。

(2)物理元素描述表:以列表的形式,对所有的物理元素(包括系统、子系统、系统模块)进行描述说明,明确界定各物理元素所要实现的功能。

(3)物理框架流图:用框架流图来直观表述各物理元素间的数据交互关系,每一个框架流图由物理元素和物理框架流组成。

(4)物理框架流描述表:物理框架流描述物理系统元素间的联系,给出不同物理实体间的交互界面。框架流是在逻辑数据流的基础上得到的,是逻辑数据流的组合。

物理框架流描述表以列表的形式,对每一条物理框架流进行了规范化定义,内容包括:名称、起点、终点、描述、包含的逻辑数据流等。

第3章　智能交通系统感知层组成与关键技术

感知层是智能交通系统的重要组成部分,能够采集交通道路的动态信息。目前交通信息采集技术主要指对动态交通信息的采集技术。随着电子技术和交通监测技术的发展,车辆检测设备采用了大规模集成电路、微处理机技术及多功能综合技术。它不但能检测车辆,对车辆进行计数,还能检测车辆的存在及一些主要动态交通参数。目前交通信息采集技术主要分为以下几类:一是基于射频识别技术的交通信息采集技术;二是基于卫星定位技术的交通信息采集技术,如利用美国的GPS、我国的“北斗系统”、俄罗斯的GLONASS、欧洲的“伽利略”等进行移动位置信息采集的技术;三是基于传感器的交通信息采集技术,如通过安装在道路上或路侧的环形感应线圈、微波发射装置等进行采集。此外,蓝牙、手机、遥感技术、基于视频的交通信息采集技术等近年来在交通信息采集中的应用也越来越广泛[35]。

本章对各类智能交通的关键技术进行介绍。

3.1　前端采集和前端处理

交通信息是城市交通规划和交通管理的重要基础信息,通过全面的、丰富的、实时的交通信息,不但可以把握城市道路交通的发展状况,而且可以对未来发展进行预测,为城市交通规划和交通管理部门的正确决策提供科学依据。同时,交通信息服务也是智能交通系统的一个重要方面,实时交通信息是ITS最基本的信息源之一,只有对实时交通信息有了准确的掌握,才能有效地实施和发挥诸如交通诱导之类的ITS功能。因此,交通信息采集技术无论对交通规划、路网建设、交通管理,还是对智能交通系统的实现都是非常重要的[36]。

3.2　关键技术

3.2.1　RFID技术

射频识别(Radio Frequency Identification,RFID技术是一种非接触式的自动识别技术,它通过射频信号自动识别目标对象并获取相关数据信息,识别无须人工干预,可以工作于各种恶劣环境。射频识别技术可识别高速运动物体,并可同时识别多个目标对象,操作快捷方便[37]。RFID技术具有防水、防磁、耐高温、使用寿命长、读取距离远、标签上数据可以加密、存储数据容量大等优点，其应用为智能交通管理带来了革命性变化[38]。

1.RFID 系统组成及工作原理

RFID 是一种简单的无线系统，主要用于控制、检测和跟踪物体，实现对载体的非接触和数据信息交换。系统由安装在载体（车辆、设备或人员）上的射频卡（标签）、阅读器和天线三大部分组成，如图 3-1 所示。其中标签包含一个用于存储其 ID 号码的微芯片和一个用于接收与反射的天线；阅读器包括一套单片机系统和一个用于信号发射与接收的天线的 RF 模块；天线根据信号接收的距离在形状及大小上有很大的区别。按工作频率的不同，RFID 技术主要分为低频（LF）、高频（HF）、超高频（UHF）以及微波（MW）频段。按标签的电源供应情况，又可分为主动式与被动式标签。主动式标签采用电池供电，被动式标签不需要电池供电[39]。

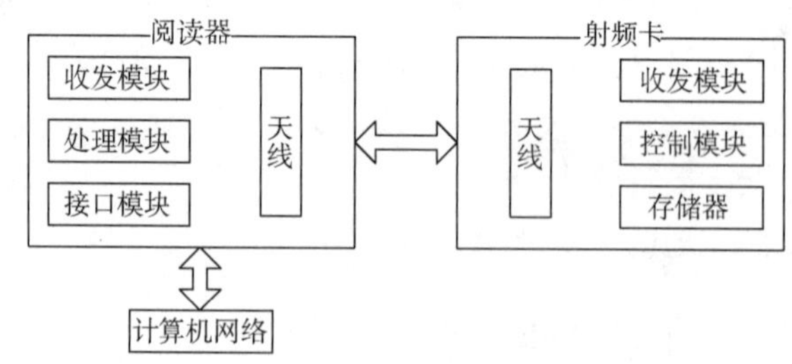

图 3-1　RFID 系统组成

RFID 技术的基本工作原理是：RFID 标签进入磁场后，接收阅读器发出的射频信号，凭借感应电流所获得的能量发送出存储在芯片中的产品信息，或者主动发送某一频率的信号；阅读器读取信息并解码后，送至中央信息系统进行有关数据处理。

2.RFID 智能交通信息采集系统

利用 RFID 技术大规模的采集道路交通信息。在实现上需要在道路上安装 RFID 阅读器，在车辆上安装 RFID 标签。将每辆车的 RFID 卡的 ID 号作为关键字段建立数据库。将标签 ID 号与车牌号关联可以建立车辆有关参数数据库。

RFID 阅读器可以安装在道路上方或者道路两旁。一个 RFID 阅读器可以连接多条天线，并且阅读器可以从逻辑上区分某个 RFID 标签是被哪条天线所读到。一个阅读器连同多条天线可以满足对每条行车线上的车辆流动情况进行监控。

RFID 系统有能力准确地确认任何一辆汽车，无论何时何地、静止或移动及全天候下（先前使用影像车牌辨识方法，容易受大雨、浓雾及污损车牌影响）均可工作。每一电子车牌含有唯一且加密的 ID 数字，读取器可以在时速 300km 及 100m

远的条件下,同时读取多个电子车牌的 ID[40]。

3.RFID 技术在智能交通系统中的应用

近年来,RFID 这项被公认为是很有发展前途的信息技术,已经在工业自动化、商业自动化、物流管理等众多社会领域开始应用,并被 RFID 产业界大力推入交通运输领域,扩展该技术在交通运输领域的应用。

RFID 技术较为广泛的应用于智能交通的管理、指挥,为交通领域做出了贡献。

(1)城市公交管理。RFID 阅读器实时定点采集公交车辆通过站点的时间以及车内信息,确定公交车辆所处位置;调度中心和站牌可以显示公交车在线运行动态信息(车辆位置、拥挤程度等),便于灵活调度车辆和方便候车;提高车辆到达站的准时性。

(2)智能交通信号灯控制。通过安装在路口的 RFID 阅读器可以探测并计算出某两个红绿灯区间的车辆数目,从而智能地计算红灯或绿灯的分配时间。在距离十字路口 30~50m 的位置安装 RFID 阅读器,在公交车等特殊车辆通过时,提供给信号灯控制系统一个信号,可以实现其优先通过的交通信号控制。

(3)交通流量控制。在城市中心区路段,通过安装的 RFID 阅读器在入口处读取车辆信息,在出口可以对进入中心区的车辆按行驶距离不停车地进行收费,以缓解中心区的交通压力[40]。

(4)高速公路或各种停车场的不停车收费。高速公路不停车收费系统是 RFID 技术最成功的应用之一。将阅读器、天线架设在收费口道路上方,当车辆经过天线时,车上的电子标签被天线唤醒,发出车辆身份信息,如发卡商(发卡银行)编号、车牌号、车类参数、电子标签号等识别信息,阅读器接收到信息后,传送到车道控制器(后台计算机),对进入收费车道的车辆进行电子标签的合法性检验,分析出车辆的相关信息,并进行通行费用计算和自动扣费[41],最后用指示灯和蜂鸣器告诉驾驶员收费是否完成,不用停车就可以通过了。例如,全国联网的不停车收费系统等,都是 RFID 技术在交通管理中的成功应用。

(5)车辆证照管理。交通稽查人员通过手持阅读器读取车辆信息,通过无线数据通信与远程数据库比对,实现车辆信息的自动核查。实现车辆年检管理、套牌车识别、重点车辆查控等功能。

(6)实时流量统计。根据两阅读器区间的车辆通过数量,可以实时进行某路段的车辆流量统计,给交通控制中心提供交通流量信息。并可以统计车辆类型,计算某段道路上的平均车速,提供给公众参考[40]。

随着 RFID 技术的日渐成熟和日趋完善,传统的交通管理将向着智能化和自动化的方向发展。

3.2.2 卫星定位技术

卫星定位是指利用卫星和接收机的双向通信来确定接收机的位置,可以实现全球范围内实时为用户提供准确的位置坐标及相关的属性特征。如果采用差分技术,其精度甚至可以达到米级。其基本原理是:围绕地球运转的人造卫星连续向地球表面发射经过编码调制的连续波无线电信号,编码中载有卫星准确的发射信号以及不同时间卫星在空间的准确位置(星历)。载于海陆空各类运载体上的卫星导航接收机在接收到卫星发出的无线电信号后,如果它们有与卫星钟准确同步的时钟,便能测量出信号的到达时间,从而能算出信号在空间的传播时间。再用这个传播时间乘以信号在空间的传播速度,便能求出接收机与卫星之间的距离[42]。

目前基于卫星定位技术的交通信息采集技术,如利用美国的 GPS、我国的"北斗系统"、俄罗斯的 GLONASS、欧洲的"伽利略"等进行移动位置信息采集的技术。下面主要介绍 GPS 技术和北斗导航系统。

1.GPS 技术

(1)GPS 简介

GPS(Global Positioning Systems,全球定位系统)是一个能够实现全方位、实时定位与导航功能的卫星系统。美国从 20 世纪 70 年代开始研制,历时 20 年,耗资 200 亿美元,于 1994 年全面建成,具有在海、陆、空进行全方位实时三维导航与定位能力,其已经在军事和民用等众多领域得到了成功的应用。在动态交通流检测方面,主要有基于 GPS 的动态交通信息检测技术[35]。

GPS 由三大子系统构成:空间卫星系统、地面监控系统和用户接收系统。

①空间卫星系统

卫星上的核心设备是高精度铯原子钟,具有抗辐射性能,它发射标准频率信号,为 GPS 定位提供高精度的时间标准。GPS 卫星的主要功能是:向用户发送定位信息;接收并存储地面监控站发来的导航信息;必要的数据处理;接收并执行监控站指令,调节卫星姿态和轨道修正,或启用备用卫星[43]。

空间卫星系统由均匀分布在 6 个轨道平面上的 24 颗轨道工作卫星构成,如图 3-2 所示。各轨道平面相对于赤道平面的倾角为 55°,各轨道平面升交点的赤经相差 60°,在相邻轨道上的卫星要叉开 30°,以保证全球均匀覆盖。事实上,空间卫星系统的卫星数量要超过 24 颗,以便及时更换老化或损坏的卫星,保障系统正常工作。该卫星能够保证在地球的任一地点向使用者提供 4 颗以上可视卫星。空间系统的每颗卫星每 12 小时沿近圆形轨道绕地球一周,向全球的用户接收系统连续地播发 GPS 导航信号。GPS 工作卫星组网保障全球任一时刻、任一地点都可对 4 颗以上的卫星进行观测(最多可达11颗),实现连续、实时地导航和定位[39]。

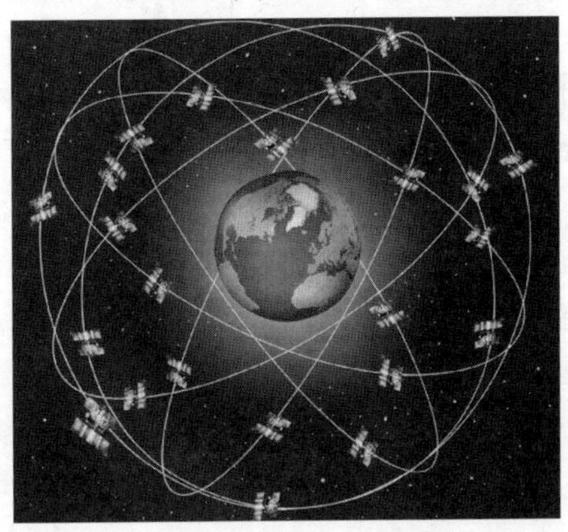

图3-2　GPS空间卫星系统

②地面监控系统[39]

地面监控系统由均匀分布在美国本土和三大洋的美军基地上的1个主控站、5个监测站和3个注入站构成。

GPS的主控站位于美国科罗拉多州普林斯附近的佛肯空军基地。主控站除协调和管理所有地面监控系统的工作外,其主要任务是:采集数据,推算编制导航电文;提供全球定位系统时间基准;诊断所有地面支撑系统的天空卫星的健康状况,并加以编码向用户指示,使得整个系统正常工作;调整卫星运动状态,启动备用卫星。

GPS的地面监测站共有5个,分别位于太平洋的卡瓦加兰岛、印度洋的迭戈加西亚、南大西洋的阿松森群岛、夏威夷和主控站所在地佛肯空军基地。监测站设有双频GPS接收机、高精度铯原子钟和环境数据传感器。接收器对GPS卫星进行连续观测,以采集数据和监测卫星的工作状况;原子钟提供时间标准;而环境传感器收集当地的气象数据。所有观测资料由计算机进行初步处理并存储和传送到主控站,用以确定卫星的精密轨道。

GPS的注入站共有3个,与前述三大洋的卡瓦加兰、迭戈加西亚和阿松森群岛上的监测站并置。其主要任务是主控站的控制下,将主控站推算和编制的卫星星历、钟差、导航电文和其他控制指令等注入到相应卫星的存储系统,并监测注入信息的正确性[35]。

③用户接收系统

全球定位系统的空间部分和地面监测部分,是用户广泛应用该系统进行导航和定位的基础,而用户只有通过用户接收系统(接收机),才能实现应用GPS导航和定位的目的。

用户接收系统的主要任务是接收 GPS 卫星发射的信号,以获得必要的导航和定位信息及观测量,并经数据处理而完成导航和定位工作。

用户接收机一般有 4 大部件组成,即天线、接收机、计算机及输入输出设备。GPS 信号接收机能够捕获到卫星的信号,并跟踪这些卫星的运行,对所接收到的 GPS 信号进行变换、放大和处理,以便测量出 GPS 信号从卫星到接收机天线的传播时间,通过特定的程序翻译出 GPS 卫星所发送的导航电文,实时地计算出被检测物体的三维坐标位置,甚至三维速度的动态测量。因此信号接收机实际上是个信号接收器和信号处理器的综合[44]。

GPS 的以上三个系统实际上是信号产生发出、监控整合、处理显示的三位一体的统一整体系统。

(2)GPS 的定位原理

按照被定位的物体的运动状态,GPS 分为静态定位和动态定位。

在静态定位中按定位方式,GPS 定位分为单点定位和相对定位(差分定位)。单点定位就是根据一台接收机的观测数据来确定接收机位置的方式,可用于车船等的概略导航定位。相对定位(差分定位)是根据两台以上接收机的观测数据来确定观测点之间的相对位置的方法,它相对于单点定位要精确得多[45]。这是由于 GPS 观测量中包含了卫星和接收机的时间差、大气对光速的影响、非直线路径效应等误差,在进行相对定位时大部分公共误差被抵消或削弱,因此定位精度将大大提高。

在定位观测过程中若接收机相对于地球表面运动,则称为动态定位,实际上动态定位较之于静态定位来说在智能交通领域有着更为广泛的应用。这是由于交通领域中大多是对运动着的车辆进行信息采集。动态定位的原理较之于静态定位只是深入了一步而已。在动态定位过程中实际上是运用了静态定位加上了速度测量仪的原理。在被观测的车辆运动过程中 GPS 定位系统相隔相等的时间内对车辆的信息进行采集,然后根据光速和间隔时间内车辆运动的路程就可以算出车辆的速度。当然这些都是接收机在很短时间内根据特定的程序就能计算出来的[44]。

(3)GPS 的技术特点

①全球地面连续覆盖[46]

由于 GPS 卫星的数目较多,且分布合理,所以地球上任何地点均可连续地同步观测到至少四颗卫星,从而保障了全球、全天候连续地三维定位;

②功能多,精度高[47]

GPS 可为各类用户连续地提供动态目标的三维位置、三维速度和时间信息;

③实时定位

利用全球定位系统,可以实时地确定运动目标的三维位置和速度;

④定位精度高

现已完成的大量实验表明，目前在小于 50km 的基线上，其相对定位精度可达 $1\sim2\times10^{-6}$，而在 100km 到 500km 基线上可达 $10^{-6}\sim10^{-7}$；

⑤操作简单

GPS 测量的自动化程度很高，且接收机的重量较轻、体积较小，携带和搬运都很方便[44]。

(4)基于 GPS 的交通信息采集技术

浮动车(Floating Vehicles Equipped with GPS)也称 GPS 探测车(Probe Car)，是近年来国际 ITS 中所采用的获取道路交通信息的先进技术之一，具有应用方便、经济、覆盖范围广等特点。它自由行驶在实际道路中，借助安装在车辆内的 GPS 接收机，对车辆的速度、行驶方向和位置等交通管理部门和公众提供动态、准确的交通控制、诱导信息[35]。其系统结构图如图 3-3 所示。

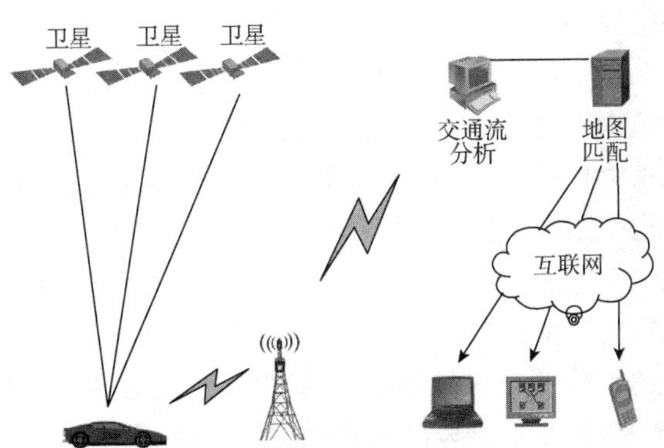

图 3-3 基于 GPS 的动态交通信息采集技术系统组成

浮动车信息采集系统主要由安装有车载设备的车辆、无线通信网络和后台处理中心 3 部分组成，无线通信网络起到承担车载终端和后台处理中心之间数据传输的作用。其信息采集的具体方法是在车辆上配备 GPS 接收装置，以一定的采样间隔记录车辆的三维位置坐标和时间数据，这些数据传入计算机后与地理信息系统(GIS)的电子地图相结合，经过重叠分析计算出车辆的平均车速及其通过特定路段的行程时间和行程速度指标。若在给定的时段内有多辆车经过特定路段，还可以得知该路段的平均行程时间和平均行程速度[39]。

虽然 GPS 系统具有全球性、连续性、定位精度较高、误差有界、成本较低等优点，可以解决车辆的导航和定位问题，但缺点是易受峡谷效应和多径效应的影响，目前商用 GPS 存在一定误差[35]。

2."北斗"导航系统

(1)"北斗"导航系统的简介

自20世纪90年代中期全球定位系统GPS进入我国并开始应用起,国内的一些学者便开始关注并研究GPS技术,而我国发展自主可控导航系统的想法也开始萌发。

进入21世纪,GPS逐渐在各个信息化领域占据了主导位置,在测绘、交通、电力、通信、渔业等诸多领域得到广泛应用,这与GPS产品技术成熟度高、价格低廉等因素是分不开的。

与此同时,我国从2000年开始独立开发北斗卫星导航系统(BDS)。此后,北斗卫星导航系统经历了从"北斗一代"到"北斗二代"的发展过程[48]。当前,北斗产品从技术、性能、成本、市场接受程度等方面与GPS还存在一定差距,但我们必须看到,随着北斗导航系统正式提供区域导航服务,北斗迎来了难得的发展机遇期,与GPS的差距正逐渐缩小。从技术发展角度看,一方面,北斗产品将掌握并突破一些为所有者封锁的关键技术,同GPS形成竞争态势;另一方面,与导航技术整体发展趋势相适应,北斗也将在一些新兴热点研究领域迎头赶上[49]。

北斗导航在国内智能交通领域的应用与北斗技术、产品的成熟度息息相关,在国家大力推广北斗民用产业化的大背景下,很多用户对现有北斗系统、技术和产品存在"不熟悉、存疑问、乱应用"的现象[50]。

"北斗"导航系统是我国自主研发、独立运行的全球卫星导航系统,是继美国全球定位系统(GPS)、俄罗斯格洛纳斯卫星导航系统(GLONASS)之后第三个成熟的卫星导航系统[51]。北斗卫星导航系统(BDS)和美国GPS、俄罗斯GLONASS、欧盟GALILEO,是联合国卫星导航委员会已认定的供应商。由空间段、地面段和用户段3部分组成。其中,空间段包括5颗静止轨道卫星和30颗非静止轨道卫星,目前在轨运行的共有5颗静止轨道卫星和11颗非静止轨道卫星,5颗地球静止轨道卫星定点位置为58.75°E、80°E、110.5°E、140°E和160°E。"北斗"系统已覆盖亚太地区,2020年左右将覆盖全球。我国正在实施北斗卫星导航系统建设,已成功发射16颗北斗导航卫星。根据系统建设总体规划,2012年左右,系统将首先具备覆盖亚太地区的定位、导航和授时以及短报文通信服务能力。2020年左右,建成覆盖全球的北斗卫星导航系统[52]。地面段包括主控站、注入站和监测站等若干个地面站;用户段包括北斗用户终端以及与其他卫星导航系统兼容的终端。

"北斗"导航系统的覆盖范围为东经约70°~140°,北纬5°~55°。北斗卫星系统已经对东南亚实现全覆盖。

下面来分别介绍一下"北斗一代"系统和"北斗二代"系统。

①“北斗一代”系统

“北斗一代”为主动有源定位方式,“北斗一代”卫星导航系统(BDS)由四个部分组成,它们分别是地面中心控制系统、空中卫星部分、标校系统和用户接收机。地面控制中心可以检验工作状态是否正确,手段是发射询问信号、监测卫星姿态,然后对用户的应答信号进行处理,对卫星信号进行中转,在定位计算的结算过程中涉及自身位置信息。标校站用来校正时差。

“北斗一代”系统的特点如下[53]:

隐蔽性。用户主动获得信息的同时也暴露了其地理位置;

实时性。系统采用双向有源定位模式,需要经过卫星与地面之间的两次转发才完成定位信息的获取,时间长,延迟大;

定位误差较大。由于定位的时候需要得到用户的高程信息数据,这就会增大计算时的误差;

用户是典型的瘦客户端。容量受到限制,只能完成应答询问信号,而其他的计算都是在地面控制端,这使得容量有限;

生存能力不高。地面控制中心为主导地位,其他部分都依赖这个中心,且表现比较明显,一旦中心出现问题就不能进行定位;

短报文通信。北斗系统用户终端具有双向报文通信功能,用户可以一次传送40~60个汉字的短报文信息。可以达到一次传送120个汉字的信息。在远洋航行中有重要的应用价值[54]。这是GPS等其他卫星导航系统所不能实现的,短报文成为了北斗卫星导航系统的优点与先进之处,是北斗导航系统特有的功能,主要应用在没有公网信号的情况下,通过与卫星通信,实现短报文信息发送和定位的功能,主要用于应急通信或救援领域。可以类比微博,北斗的短信功能一次有120字的容量。汶川地震期间,救援部队利用北斗系统短报文的优势,发送了74万条短信,为党中央及时有效获得灾区情况并制定行之有效的救援方案等提供了可靠依据,这是北斗系统在灾难面前较好的使用范例[55]。

②“北斗二代”系统

“北斗一代”系统拥有众多优点,如卫星数量少、投资小,但只可以主动定位成为了其限制条件,并且定位精度低、必须有高程信息才能定位,由于只能在地面控制中心进行计算,系统容量也有限。由于这些限制,我国基于北斗一代系统全力建设“北斗二代”系统。国家制定了北斗系统建设的三个阶段,一是“北斗一代”系统;二是在2012年底建成北斗区域卫星导航系统,可以服务于我国及亚太地区,第一、第二阶段目前已经达到建设目标;三是计划到2020年建成由35颗在轨卫星组成的覆盖全球范围的卫星导航系统[53]。

相比“北斗一代”,“北斗二代”具有如下改进:

较高的隐蔽性,这里定位方式使用被动的方法,与地方控制中心分离,不必发送上行信号;

不受限制的系统容量,这里所接受到的导航信号都是经过处理;

由于使用者接收到的信息变量大于 4 个,所以免于高程信息的辅助;

依然拥有短信通信功能。

精密授时。北斗系统具有精密授时功能,可向用户提供 20ns-100ns 时间同步精度[53]。

(2)"北斗"导航系统在在智能交通系统中的应用

目前,基于北斗卫星系统的智能交通领域的应用,还处于不断探索和完善阶段。通常,智能交通系统通常包括交通信息、车辆监控、车辆管理以及车辆控制等子系统。将北斗系统代替 GPS 应用于 ITS 后,可以建立一种新型的 ITS,基于北斗系统的 ITS 将由交通信息及通信、车辆用户终端以及交通监管等子系统组成,北斗系统将在上述各部分中具有相当广泛的应用[56]。而在感知层,主要体现在对交通信息的采集。下面来介绍一下"北斗"系统在智能交通系统的交通信息及通信子系统中的应用。

交通信息及通信子系统是基于北斗系统的智能交通系统的神经中枢,负责交通信息的采集、处理和分发工作。应包括信息采集、处理和发布分系统。上述各分系统中,利用"信息采集"分系统,不仅车辆的位置可以由北斗车载用户机准确测量并提供到智能交通信息子系统中,其他采集信息部位,只要需要结合位置信息,均可由北斗系统提供。其中,交通设施信息是智能交通管理数据的重要组成部分之一,作为交通运输的详细信息,例如交通中的红绿灯控制信息、步行街、单行道、禁止左转等信息,公路交通中的路况、车道数、限速等有关交通运输专用信息在实际中经常发生变化,随时掌握交通设施的位置及变化,对交通管理,规划出行路线等至关重要。另外,各段路况的实时采集,包括各路段车流量、拥塞程度以及道路条件等,这些实时信息可以利用雷达监测器、摄像机等实时采集,也可在采集的基础上由交管部门发布文字信息等。上述采集到的各种交通信息,除图像、视频、语音信息外,其文本信息(如位置、交通流量、道路设施变化情况等)均可应用北斗系统的通信服务传输到信息服务器。各种交通信息经"信息处理"分系统(中心)处理后,通过"信息发布"分系统(包括 3G/4G 网络、互联网、广播等)发布交通信息;但是诸如有关路段事故、急救等紧急、重要的信息在通过陆基无线/有线通信通道传输的同时,应该通过北斗系统的通信服务传输给监控中心及相关的北斗系统移动车辆用户终端,保证这些紧急、重要的交通信息在任何环境下不中断[56]。

3.2.3 传感器技术

1.感应线圈采集技术

环形线圈感应式检测技术指由环形线圈作为检测探头的一套能检测到车辆存在于检测区域的技术。使用该技术采集动态交通流信息的设备主要有环形线圈感应式检测器,自应用以来,在世界各地的城市交通控制系统中,一直是首选的车流量信息检测手段。它具有性能稳定可靠、灵敏度高、数据准确、对周围环境条件要求低等优点,而且具有较大的发展空间。

目前,环形线圈检测器主要应用于交通流数据信息采集系统、交通信号控制系统、交通诱导及停车管理系统。最初的检测需求大多是交通流量、流向、车速、车道占有率及车长、排队长度等,这些都可以通过不同的感应线圈的设置方式来实现[57]。环形线圈检测器是一种非常容易设置和安装的检测装置,其主要应用在道口收费、交通控制、停车场及车辆计数等方面。

(1)环形线圈车辆检测器工作原理

环形线圈车辆检测器是一种基于电磁感应原理的车辆检测技术。其传感器是一个埋在路面下、通过一定工作电流的环形线圈[58]。当车辆通过线圈或停在线圈上时,车辆引起线圈回路电感量的变化,检测器检测出变化量就可以检测车辆的存在[59],从而达到采集交通流信息的目的。环形线圈感应式检测器由 4 部分组成:环形线圈、传输馈线、检测处理单元及背板框架,如图 3-4 所示。

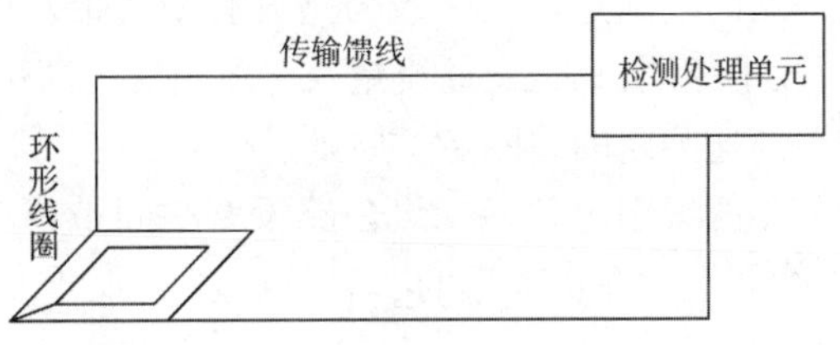

图 3-4 环形线圈感应式检测器

其基本工作原理是:由传输馈线连接的环形线圈与处理单元组成初级调谐电路,环形线圈就相当于此电路中的电感元件,检测处理单元的电容电流通过环形线圈时,在其附近形成一个磁场。当主要由铁材物质组成的车辆进入这个磁场时,车身金属中感应出涡流电流,涡流电流使磁场的磁力线减少,调谐电路中的环形线圈的电感量随之降低,引起电路调谐的频率上升,检测处理单元通过对振荡频率的反馈电路的频率改变或者相位偏移的响应,得出一个检测到车辆的输出信号[60]。

背板框架最初只是为检测处理单元提供输入/输出接口的接线。随着信息采集技术的发展和需求,背板框架还将为数据处理及传输设备,并为检测器设备信息采集的集成化提供空间。

(2)环形线圈的定位

环形线圈的定位指的是环形线圈在道路上的埋设位置,它取决于检测目的、道路条件及交通状况等。在确定线圈的最佳位置之前,需要对路口的几何尺寸和交通状况进行详细的调查,并统计好路口高、低峰段的车流量[61]。环形线圈检测器的布置如图 3-5 所示。

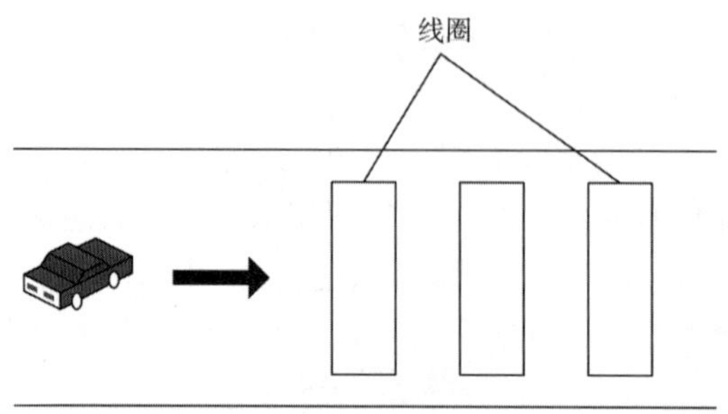

图 3-5　环形线圈检测器布置图

①汽车专用公路的线圈定位

高速公路的线圈定位。线圈设置在车道的中央,不得过分偏倚两边的车道线,不能将线圈压在车道线上。必须保证线圈与车道线之间有一定间隔(≥0.5m),该间隔以相邻车道上运行车辆不被该车道环形线圈检测器检测为依据进行选取。

汽车专用一级公路的线圈定位。一级公路设有中间带及中央分隔带,与高速公路比,在渠化方面几乎相同,只是交通流量及车道稍低于高速公路。所以一级公路的线圈定位可按照高速公路的线圈定位原则进行。

汽车专用二级公路的线圈定位。二级公路没有中间带,只在公路中央画有白色或黄色实线,所以线圈埋设在机动车的“车辆测道”上即可。

②一般公路的线圈定位

二级公路。交通流量低于汽车专用二级公路,渠化相似,所以其线圈定位与汽车专用二级公路相同。

三级公路(四级公路)。目前国内的三、四级公路普遍未渠化,处于混合交通状态,因此难以检测。

③城市道路的线圈定位

城市道路的线圈通常设置在交叉口附近,其次设置在路段上,设置方案如下。

入口设置法。把环形线圈埋设在停车线内外侧或在停车线以内约 30m 或 60m 等位置处。

出口设置法。将线圈埋设在交叉口的出口处。

检测器的合适位置是设置在路口连线的上游,即在离停车线有相当距离的地点,一般希望设在上游交叉口的出口,离下游停车线尽量远[61]。这样可减少车辆集中、制动、减速等因素造成路面受破坏的可能性,以提高线圈使用寿命和可靠性。

(3)环形线圈的应用范围

环形线圈感应式检测技术的应用之一是在电子警察系统中抓拍闯红灯,与视频采集技术相结合,如图3-6所示。其大致的工作流程如下。

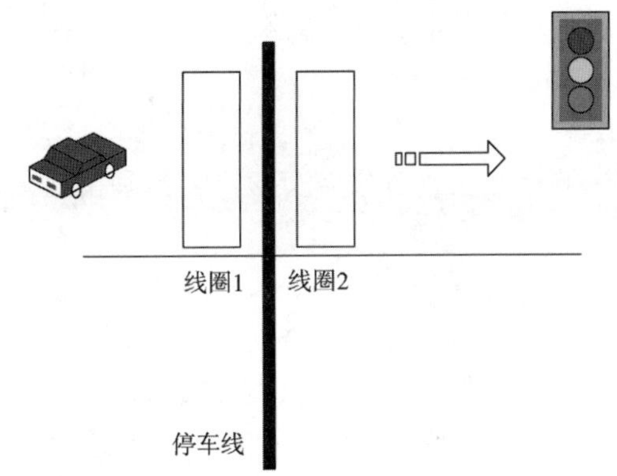

图3-6 环形线圈在电子警察系统中的应用

①无违法事件时,系统持续判断是否有车辆通过检测区域并监测信号灯状态。

②红灯亮且有车辆通过时:

车辆进入线圈1,系统开始监控,如果在此红灯周期内,此车辆并未继续前进,只是停在线圈1上而并未离开,则系统会判定车辆没有违法;

如果在此红灯周期内该车辆继续前进,当车辆离开线圈1车身压在停车线上时,系统判定违法事件发生,发生控制指令拍摄第一张过程视频照片;

当车辆进入线圈2时,拍摄第2张违法过程视频照片,同时抓拍违法细节照片。系统记录车辆离开时刻,并启动违法过程录像功能,将车辆越过停车线前2s、后3s总共5s时间段内的视频进行数字压缩,以录像资料文件形式保存,可以动态完整地再现车辆违法的全过程,进一步减少争议[58];

车辆离开线圈2时,摄像机抓拍第3张违法过程照片,从而形成完整的3张过程照片,包括车辆压到停车线、离开停车线、继续前进等3个不同位置的状态[58]。

至此,电子警察系统获得了关于此次违法事件的所有图像证据,包括3张违法过程视频照片和1张细节照片[62]。

(4)环形线圈车辆检测器的优缺点

环形线圈车辆检测器的优点:技术成熟,易于掌握,测速度和交通量计数精度较高,设备成本低;传感器简单,输出信号易分析,不需复杂计算;工作稳定性好,在初始安装调试完毕后,可长时间保持较高的检测精度;不受气象和交通环境变化的影响,真正全天候工作[63]。正是这些优点使其在欧美等国家得到广泛的应用,至今还在大量使用,并成为精度校验标准。

环形线圈车辆检测器的缺点:只能进行单车道检测,多车道情况下需多个检测器;因为需要在每条车道下埋设线圈,所以对路面有破坏作用;长期使用后,线圈易被重型车辆、路面修复等损坏,且它的维护难度大,更换线圈时工作量大,施工时需封闭车道,影响交通,还会破坏路面,影响道路寿命;感应线圈易受冰冻、路基下沉、盐碱等自然环境的影响[64]。

2.微波检测采集技术

目前比较常用的微波检测装置有微波交通检测器和雷达测速仪。下面主要介绍微波交通检测器。

微波交通检测器(Microwave Traffic Detector,MTD)利用雷达线性调频技术原理,通过向行驶的车辆发射调频微波,波束被行驶的车辆阻挡而发生反射,反射波通过多普勒效应使频率发生偏移,根据这个频率的偏移可检测出有车辆通过;经过接收、处鉴频放大后输出一个检测信号,从而达到检测道路交通信息的目的[65]。简单地说,微波交通检测器是通过对路面发射微波并接收返回的微波信号进行处理,得到车流量、速度、占有率、车型等信息的一种非接触式交通信息采集设备[57]。目前广泛应用于高速公路和城市道路管理监测系统,是一种安装成本低、探测效率高、使用寿命长的高科技产品,可安装在路旁的电线杆上,安装及维护方便,不影响交通,如图3-7所示。

图3-7 安装在路边的微波交通检测器

(1)微波交通检测器的工作原理

①多普勒效应

微波交通检测器是利用微波的多普勒效应来测定车速的。一个多普勒效应明显的例子:当鸣笛的火车迎面开过来的时候,我们听到的笛声音调是由低到高;在火车急驰而过向远离我们的方向运动时,我们听到的笛声音调由高到低。火车行驶得越快,我们听到笛声音调的高低变化也就越明显。这种音调变化实际上是由于火车与人之间的相对运动,声源(车笛)对空气介质振动的频率偏离了声源本身的振动频率所引起的[66]。它首先被澳大利亚物理学家多普勒在1842年发现,于是,人们就将这种现象按科学家的名字命名为多普勒效应。

类似这种现象在日常生活是普遍存在的。实际上,多普勒效应在电磁领域内也是存在的,并且人们早已证明。当物体相对微波信号源运动时,有下面的关系式成立:

$$f=f_0+\frac{2V_R}{C}f_0 \tag{3-1}$$

式中:f——反射信号的频率;

f_0——微波源产生的发射频率;

V_R——运动物体的径向速度分量;

C——电子波在空间的传播速度。

其中,微波源的发射频率f_0和电磁波传播的速度C是不变的,因此,可以通过上式测出目标的运动速度。

上面是假定微波源处于静止不动,而物体相对微波源移动时的情况;反之,当物体处于静止不动,而微波源相对移动物体时,上面的结果也是成立的。也就是说,只要两者之间有相对运动,多普勒效应就会发生[67]。

②微波交通检测器的工作原理

微波交通检测器就是依据多普勒效应进行测速的,它由发射天线、发射器和接收器组成。它发射一束已知频率f_0的微波,微波以恒速C传播,在其传播区域内遇到运动的物体,将有一小部分波被反射回来,即频率为f的反射波,微波检测器接收到这部分反射波,比较发射与反射两个波的频率f_0和f即可判断是否有车辆通过[68],并根据频率的变化和已知的数据f_0和f计算出运动物体的速度V_R。

微波交通检测器在工作时经常使用两种类型的波形。

连续的电磁波。这种电磁波的频率不随时间而改变。使用这种波形的检测器仅仅能够检测移动的车辆,检测不到静止的车辆。它在可视范围内应用多普勒原理检测车辆速度[35]。

连续频率制式调制波(Frequency Modulated Continuous Wave,FMCW)。这种波的形状为锯齿形,可实现对多车道交通的实时检测。

在进行车辆检测时,微波交通检测器接收到微波投影区域内各种表面连续不断的回波，如人行道、栅栏、车辆及树木等。在每个微波层面内的固定物体的回波信号将形成背景阈值，如果回波信号的强度高于该微波层面的背景阈值，则表明有车辆存在[69]。信号处理就是分辨32个检测层面上的背景和车辆。如果反射信号的阈值高于其范围段的背景阈值，则表明有车辆通过或存在。最强的回波信号来自车辆的垂直表面的反射，水平表面（如车顶）将散射微波，回波信号较弱[70]。

(2)微波交通检测器的优点

①多道性

多数检测器是单道设备，在多车道的公路应用时，需要由多个检测单元组成。因此带来高额的成本和复杂的安装，并且随着单元和布线的增加使得可靠性下降，更不便于维修。微波交通检测器能够根据车的长度检测在多达8条车道的每一条车道上的车的类型、道路占有率、车流量和速度。由于微波交通检测器的安装高度在5m左右，所以可以方便地安装在现有的立柱或灯杆上[35]。

②全天候工作

除了微波交通检测器以外，大部分检测器在不同天气变化时都会出现准确率下降。短波红外线检测设备不能在雾、大雨和雪中运行；视频检测器受昼夜转换及能见度等因素影响较大[71]。所有基于镜头工作的设备都需要时常地擦拭和维护。超声波检测器非常容易受到由风引起的震动的影响，从而产生误报。可以说，微波交通检测器是一种真正的能够全天候工作的检测设备。

③准确性

微波交通检测器是一种准确的检测器。它独一无二的区域检测能力可使它从多角度应用，而其他检测设备则很难维持这种准确性。

④侧向安装

微波交通检测器是能够在不中断交通的情况下安装在现有路侧电线杆上的离路检测器，在安装时最多需要路边围栏，因此非常方便。

⑤灵活性

微波交通检测器的数据传输有无线和有线两种方式，可以根据不同的应用情况进行灵活选择，其供电也可采用有线供电和太阳能供电两种方式，使得微波交通检测器可以灵活地适应不同的复杂应用情况[35]。

⑥升级性

微波交通检测器是可以升级的。由于它是基于软件运行的，所以更换它的软件就可以方便地更换它的工作程序。微波交通检测器软件的升级过程仅需要更换一块芯片[72]，因此比较简单。

(3)微波交通检测器的缺点

①测速精度差。经多次现场检测发现，在车流量较小、车辆行驶速度差距较大

的情况下,微波车辆检测器的单车瞬时车速测速性能差[73]。

②检测精度会受周围地地形条件的影响,需安装在路侧没有丘陵或其他障碍物的平坦路段,探头下方通过的人或物也会产生反射波,造成误差。

③容易受环境的影响,当风速达到 6 级以上时,微波产生飘逸而无法正常检测[39]。

(4)微波交通检测器的应用

微波交通检测器作为交通流信息采集设备非常适合在高等级公路及桥梁上应用,主要基于以下原因:高等级公路车流量大、车速高,需要采集设备能够易安装、易维护,微波检测器的安装无须开挖路面,路侧安装,易于维护;高等级公路通常环境条件多变,要求交通信息采集设备能够适应诸如雾、夜晚、大风等不同环境,微波交通检测器的全天候工作特性使其能够很好地满足其应用的要求[74];由于桥梁的特殊钢材结构,使用常规感应线圈进行交通信息采集时,会产生一定的精度影响,微波交通检测器的检测则可以有效避免这一影响。主要的应用在以下几个方面:高速公路路段多车道监测与管理、高速公路匝道或T形路口信号管理、多车道十字交叉口交通监测与控制、公路交通量调查及桥梁检测等[35]。

交通诱导显示屏作为交通参与者的“出行参考”,通过实时发布各种交通状态、意外事件、交通通告和相关信息,帮助驾驶员选择最佳出行路线,从而有效地对交通流进行诱导。微波交通检测器通过对车辆的准确检测,获得交通流数据,然后通过信息共享处理,交通诱导屏根据所得信息再显示到显示屏上,达到交通诱导的目的[75]。微波交通检测器在电子警察系统的违法车辆检测中还有着广泛的应用。

第4章　感知层部署实现

感知层主要是依靠传感器,在车对车自身状态的感知方面,现在的交通工具本身就是一个局域传感网系统。大量的各种传感器(包括压力传感器、加速度传感器、角速度传感器(陀螺仪)、流量传感器、气体传感器和温度传感器等),对车的各个部件以及运行状态进行实时全面监控。这一章主要是对无线传感网络节点的操作系统、车辆的信息采集、节点的部署和节点的管理进行阐述。

4.1　无线传感网络节点操作系统

4.1.1　无线传感器网络结构及其基本特征

传感器网络结构如图4-1所示,传感器网络系统通常包括传感器节点(Sensor node)、汇聚节点(Sink node)和管理节点。大量传感器节点随机部署在监测区域(Sensor node)内部或附近,能够通过自组织方式构成网络。传感器节点监测的数据沿着其他传感器节点逐跳的进行传输,在传输过程中监测数据可能被多个节点处理,经过多跳后,路由到汇聚节点,最后通过互联网或卫星到达管理节点。用户通过管理节点对传感器网络进行配置和管理,发布监测任务以及收集监测数据。

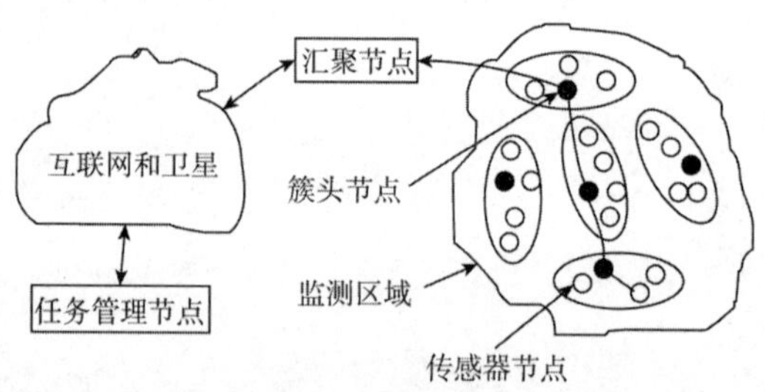

图4-1　无线传感器网络体系结构

传感器节点通常是一个微型的嵌入式系统,它的处理能力、存储能力和通信能力相对较弱,通过携带能量有限的电池供电。从网络功能上看,每个传感器节点兼顾传统网络节点的终端和路由器双重功能,除了进行本地信息收集和数据处理外,还要对其他节点转发来的数据进行存储、管理和融合等处理,同时与其他节点协作完成一些特定任务。目前传感器节点的软硬件技术是传感器网络研究的重点。

汇聚节点的处理能力、存储能力和通信能力相对比较强,它连接传感器网络与

Internet 等外部网络,实现两种协议栈之间的通信协议转换,同时发布管理节点的监测任务,并把收集的数据转发到外部网络上。汇聚节点既可以是一个具有增强功能的传感器节点,有足够的能量供给和更多的内存与计算资源,也可以是没有监测功能仅带有无线通信接口的特殊网关设备。

无线传感网络具有动态性、适应性和分布处理能力,它由以通信为中心的、大量的小型和微型数据采集设备构成。它是一种特殊的 Ad Hoc 网络,相对于传统无线网络,其特点为网络节点密度高、数据传输具有突发性和间断性、网络节点间可自组织通信、拓扑变化频繁、具备容错能力等;也是一种典型的嵌入式系统,和一般的实时系统相比,有其显著的特点,如传感器节点的存储容量小、运算能力弱、节点尺寸小、功耗低、支持并发密集型操作、有限的物理并行性和控制层次、多样化的设计和使用、操作的鲁棒性、节点的自主自治能力等。与这些网络相比,无线传感网络具有以下特点:

(1)硬件资源有限

节点由于受价格、体积和功耗的限制,其计算能力、程序空间和内存空间比普通的计算机功能要弱很多。这一点决定了在节点操作系统设计中,协议层次不能太复杂。

(2)电源容量有限

网络节点由电池供电,电池的容量一般不是很大。其特殊的应用领域决定了在使用过程中,不能给电池充电或更换电池,一旦电池能量用完,这个节点也就失去了作用。因此,在传感器网络设计过程中,任何技术和协议的使用都要以节能为前提。

(3)无中心

无线传感网络中没有严格的控制中心,所有节点地位平等,是一个对等式网络。节点可以随时加入或离开网络,任何节点的故障不会影响整个网络的运行,具有很强的抗毁性。

(4)自组织

网络的布设和展开无需依赖于任何预设的网络设施,节点通过分层协议和分布式算法协调各自的行为,节点开机后就可以快速、自动地组成一个独立的网络。

(5)多跳路由

网络中节点通信距离有限,一般在几百米范围内,节点只能与它的邻居直接通信。如果希望与其射频覆盖范围之外的节点进行通信,则需要通过中间节点进行路由。固定网络的多跳路由使用网关和路由器来实现,而无线传感网络中的多跳路由是由普通网络节点完成的,没有专门的路由设备。这样每个节点既可以是信息的发起者,也是信息的转发者。

(6)动态拓扑

无线传感网络是一个动态的网络,节点可以随处移动;一个节点可能会因为电池能量耗尽或其他故障,退出网络运行;一个节点也可能由于工作的需要而被添加到网络中。这些都会使网络的拓扑结构随时发生变化,因此,网络应该具有动态拓扑组织功能。

(7)节点数量众多,分布密集

为了对一个区域执行监测任务,往往有成千上万传感器节点空投到该区域。传感器节点分布非常密集,利用节点之间高度连接性来保证系统的容错性和抗毁性。

4.1.2 节点操作系统

无线传感网络操作系统开发的意义在于它能够方便地在节点平台上开发应用程序,为应用程序开发者提供公共服务接口,降低开发难度。在没有传感网络节点操作系统支持的情况下,每次为特定一个应用开发独立的应用程序代价过大。

无线传感网络操作系统的出现还得益于单片机硬件设备的发展。在早期的单片机硬件条件下,传感网络操作系统对于单片机而言负担过大。随着嵌入式设备功能的不断强大,传感网络节点也急需操作系统来为本身复杂的硬件设备提供好的抽象,为应用程序开发者提供良好的开发环境。

无线传感网络操作系统所应该提供的最重要的一项功能就是网络协议栈的支持功能。一个无线传感器网络中的节点,最本质的要求就是提供具有高质量保证、低能量消耗、灵活可靠的网络协议栈的服务。如果离开了网络协议栈的支持,单独的无线传感网络节点将无法实现和邻居节点的通信,因此就失去了作为无线传感器网络节点存在的最基本的意义。因此,在无线传感网络节点操作系统的几项关键技术中,网络协议栈的研究、设计和实现就变的尤其重要。

当前的传感器节点操作系统主要有 TinyOS、SOS、MantisOS、Contik 以及其他的一些处于研究中的操作系统,比如 t-kernel、LiteOS。

4.1.3 操作系统 TinyOS

TinyOS(Tiny Micro Threading Operating System)是一个开源的嵌入式操作系统,它是加州大学伯克利分校开发出来的,主要应用于无线传感器网络方面。目前在世界范围内,有超过 500 个研究小组或者公司正在 Berkeley/Crossbow 的节点上使用 TinyOS。

伯克利大学开发的 TinyOS 采用了组件的结构,它是一个基于事件的系统。其设计的主要目标是代码量小、耗能少、并发性高、鲁棒性好,可以适应不同的应用。

完整的系统由一个调度器和一些组件组成,应用程序与组件一起编译成系统。组件由下到上可分为硬件抽象组件、综合硬件组件和高层软件组件,高层组件向底层组件发出命令,底层组件向高层组件报告事件。调度器具有两层结构,第一层维护着命令和事件,它主要是在硬件中断发生时对组件的状态进行处理;第二层维护着任务(负责各种计算),只有当组件状态维护工作完成后,任务才能被调度。TinyOS的组件层次结构就如同一个网络协议栈,底层的组件负责接收和发送最原始的数据位,而高层的组件对这些位数据进行编码、解码,更高层的组件则负责数据打包、路由和传输数据。TinyOS 体系结构如图 4-2 所示。

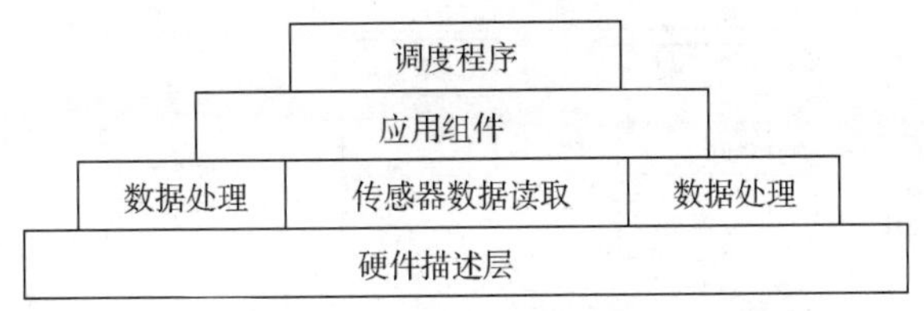

图 4-2　TinyOS 体系结构如图

TinyOS 的调度机制:TinyOS 提供任务加事件的两级调度。任务一般用于对时间要求不高的应用中,它实际上是一种延迟计算机制。任务之间互相平等,没有优先级之分,所以任务的调度采用简单的先进先出(FIFO)。任务间互不抢占,而事件(大多数情况下是中断)可抢占。即任务一旦运行,就必须执行至结束,当任务主动放弃 CPU 使用权时才能运行下一个任务,所以 TinyOS 实际上是一种不可剥夺型内核。内核主要负责管理各个任务,并决定何时执行哪个任务。任务事件的调度过程如图 4-3 所示。TinyOS 的任务队列如果为空,则进入极低功耗的 Sleep 模式。当被事件触发后,在 TinyOS 中发出信号的事件关联的所有任务被迅速处理。当这个事件和所有任务被处理完成,未被使用的 CPU 被置于睡眠状态而不是积极寻找下一个活跃的事件。

由前所述,TinyOS 调度模型有以下特点:

(1)任务单线程运行到结束,只分配单个任务栈,这对内存受限的系统很有利。

(2)没有进程管理的概念,对任务按简单的 FIFO 队列进行调度。对资源采取预先分配,且目前这个队列里最多只能有 7 个待运行的任务。

(3)FIFO 的任务调度策略是电源敏感的。当任务队列为空时,处理器休眠,随后由外部事件唤醒 CPU 进行任务调度。

(4)两级的调度结构可以实现优先执行少量同事件相关的处理,同时打断长时间运行的任务。

(5)基于事件的调度策略,只需少量空间就可获得并发性,并允许独立的组件共享单个执行上下文。同事件相关的任务集合可以很快被处理,不允许阻塞,具有高度并发性。

(6)任务之间互相平等,没有优先级的概念。

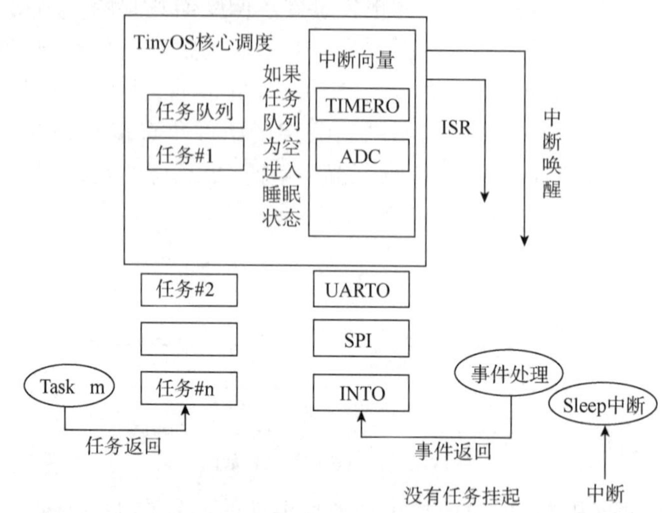

图 4-3 TinyOS 任务调度过程

4.2 信息采集

在驾驶员驾驶车辆行驶的过程中,驾驶员的行为是其中一个重要的影响因素。驾驶员的行为直接作用于对车辆的操作,决定着行车安全。影响驾驶员行为的因素较多,如驾驶员的反应能力、速度判断能力、注意能力、操纵技术能力等。同时安全驾驶还受到车、路、环境等外界因素的相互影响和作用,包括道路状况、外界环境变化以及各种紧急情况等。因此,为了更好地确保安全驾驶,在对驾驶员驾驶行为的研究中,应重点分析驾驶员在各种不同的驾驶环境下的驾驶行为,判断在驾驶过程中对驾驶员的各种影响因素。通过采集驾驶员对车辆操作行为和车辆行驶状态改变的各种信息,从中可以判断、确定驾驶员在驾驶过程中的驾驶行为。

4.2.1 车辆行驶信息采集的结构体系

1.汽车的基本行驶原理

汽车的基本行驶原理可简述为:汽车发动机正常运转之后,将转矩通过离合器传到变速器,再传到传动轴,然后分配到左右驱动轮,由驱动轮驱动车辆正常行驶,其发动机传动流程如图 4-4 所示。

2.驾驶员行为结构

在车辆行驶过程中,驾驶员根据道路状况、外部环境变化和紧急事件等实际情况,不断地改变操作策略。驾驶行为结构图如图 4-5 所示。

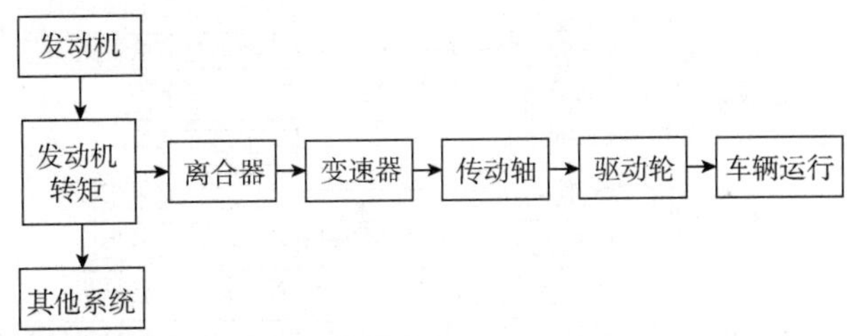

图 4-4 发动机转矩传动流程图

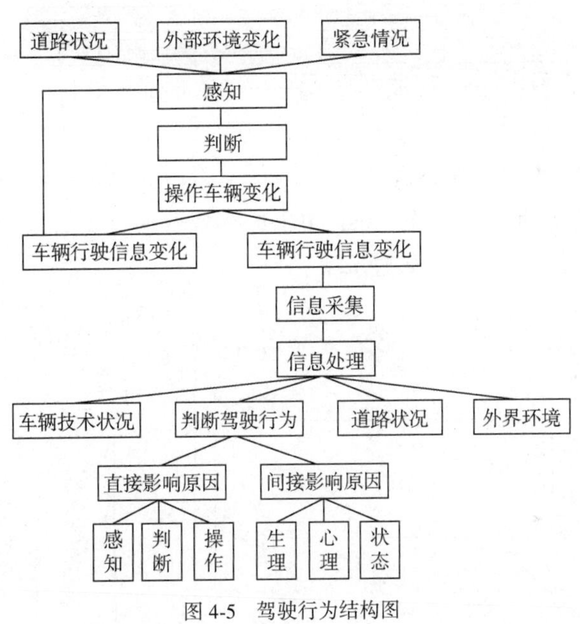

图 4-5 驾驶行为结构图

3.汽车行驶的信息采集结构

发动机通过将转矩传到驱动轮使车辆能够正常行驶。驾驶员的行为变化使得车辆的行驶状态也发生改变,由此可以采集到车辆不同部位的状态变化信息,对其进行处理后,可分析、判断驾驶员的行为。汽车行驶信息采集结构图如图 4-6 所示。

4.2.2 车辆行驶信息采集的方法

1.发动机运转信息采集

当发动机正常运转时,通过传输皮带带动发电机转动,并在发电机风扇叶与车身上安装霍尔传感器,间接地测得发动机的转速。

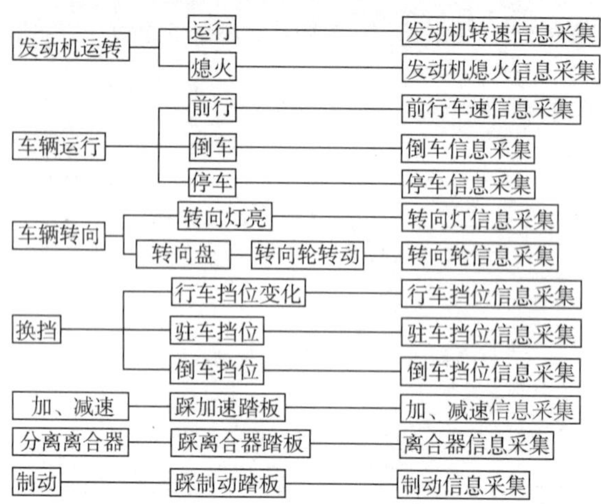

图 4-6　汽车行驶信息采集结构图

在发电机风扇叶片上固定磁铁 A,在车体上对应处固定磁感应线圈 B(图 4-7)。当发电机风扇叶转动时,每旋转一圈,霍尔传感器磁感应线圈 B 便产生一次电脉冲信号,由此可以得出发电机的转速 n_1。

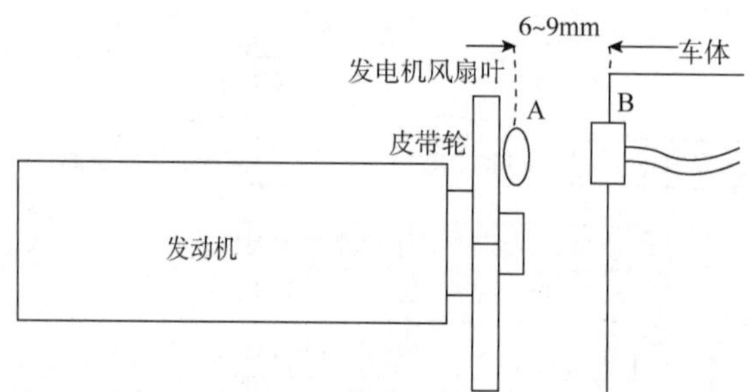

图 4-7　发电机转速传感器安装示意图

若发电机皮带轮半径为 r,则发电机皮带轮线速度为 $v_1=n_1r$。因为发电机由发动机用传输皮带传动,所以与发电机皮带轮具有相同的线速度,即 $v_2=v_1$。若发动机皮带轮半径为 R,则发动机的角速度为:

$$n_2=\frac{v_2}{R}=\frac{n_1r}{R} \tag{4-1}$$

2.车辆速度信息采集

汽车正常运行时,其行驶速度可以由汽车仪表盘上的车速表直接读出,但是精度非常低,也无法对变化的车速进行数据存储。但是可以通过在传动轴上安装霍尔传感器间接地测得汽车的行驶速度,从而采集车辆的运行信息。车辆运行状态传感器安装示意图如图 4-8 所示。

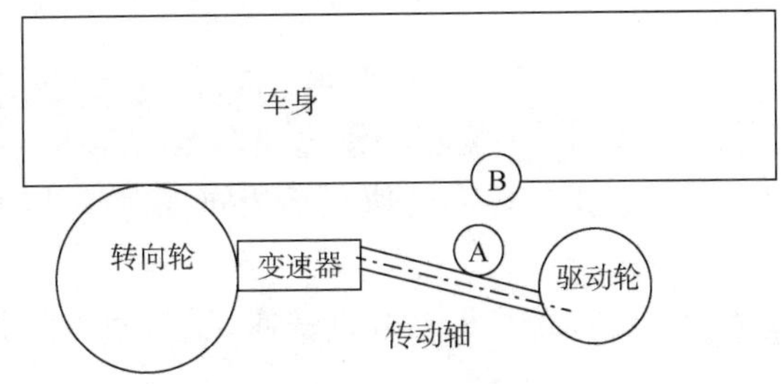

图 4-8　车辆运行状态传感器安装示意图

在传动轴上固定磁铁 A,在车身对应处固定磁感应线圈 B,传动轴每旋转一周,磁感应线圈 B 便产生一次电脉冲信号,从而得到传动轴的转速 n_3。

若传动轴直径为 d,驱动轮直径为 D,则驱动轮的转速为:

$$n_4=\frac{n_3 d}{D} \tag{4-2}$$

3.车辆转向信息采集

在汽车转向时,正确的操作方法应该是打转向灯并转动转向盘。等转向灯电路接通后,可以采集到转向灯信息。转向轮由转向销(或转向球头)与前桥相连接,转向轮的转动是由转向横拉杆推动左右轮绕转向销旋转,产生角度偏转,从而实现转向。中型、大型车一般采用转向销,小型车一般采用转向球头。在转向销处安装霍尔传感器,具体的安装示意图如图 4-9、图 4-10 所示。

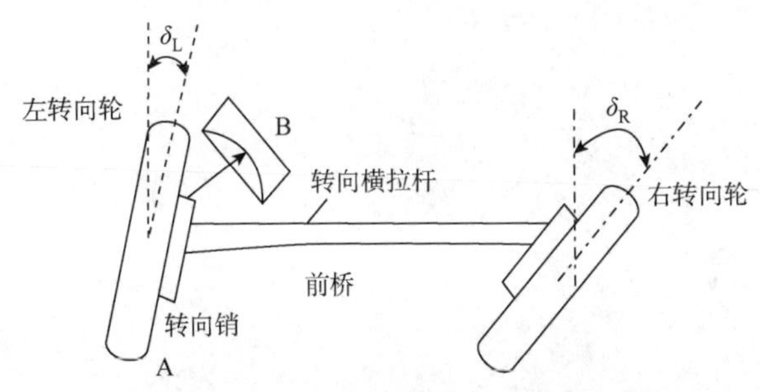

图 4-9　转向角度传感器安装示意图

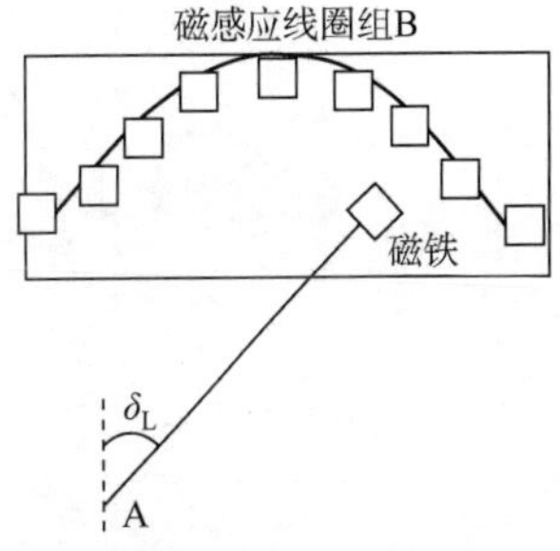

图 4-10　转向角度传感器示意图

在转向销处 A 点安装一引出点,在车身上安装一对应点 B,A 点随着车轮的偏转而旋转,但车身上的 B 点固定不动,由此可以测出前轮的偏转角度。依据此法,可以分别测出左右转向轮的偏转角,左前轮偏转角为δ_L,右前轮偏转角为δ_R,则车身的转向角为:

$$\delta=\frac{\delta_L+\delta_R}{2} \tag{4-3}$$

4.换挡信息采集

当发动机正常运转后，车辆挂上挡位即可正常行驶。变速器一般有4~5个前进挡和1个倒挡，在行驶过程中，根据实际情况变换挡位行驶。由于每一个前进挡的传动比 i 固定不变，并且各挡位传动比值互不相同，由此可以通过计算传动比来确定所处的挡位，具体如下：

(1)发动机带动发电机转动，采集发电机转速 n_1，通过计算处理后可以得到发动机的转速 n_2。

(2)发动机的转矩通过离合器传到变速器输入Ⅰ轴，由于其角速度相同，所以 $n_2=n_3$。

(3)在传动轴上采集传动轴转速，传动轴与变速器的输出轴Ⅱ转速相同，所以 $n_3=n_{\text{Ⅱ}}$。

(4)计算转速比值 n_2/n_3，由于变速器的传动比 $i=n_1/n_2$，比较 n_2/n_3 与 i 值，若 n_2/n_3 近似等于1，即可确定所处的挡位。

5.踩踏板动作信息采集

在驾驶员加速时，踩下加速踏板，有踩下力作用于加速踏板。踩下力须有一定的大小，才可以使发动机节气门(油门)的开度增加。在加速踏板上安装薄膜开关，通过对薄膜开关电路的变化值进行处理，得到节气门的开度信息，从而得到加、减速信息。加、减速信号传感器安装示意图如图4-11所示。

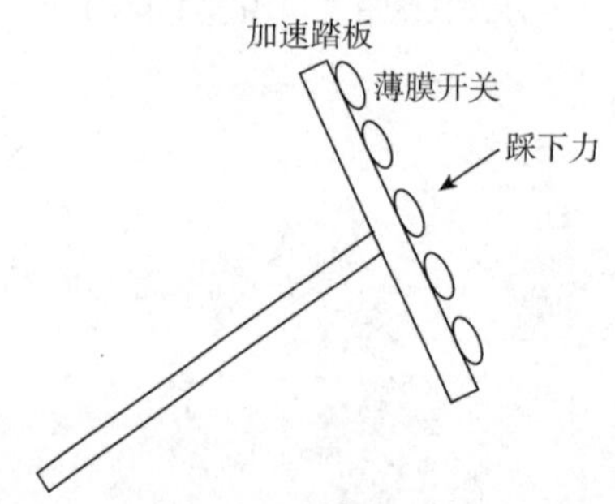

图4-11　加、减速信号传感器安装示意图

同理，踩制动踏板、踩离合器踏板也可采用此传感器安装方法。

4.3　节点部署

使用各种算法对无线传感器节点进行部署，目标是通过对无线传感器节点的合理部署提高无线传感器网络对待监测区域中目标的感知效果，同时提高对各种资源的使用效率。无线传感器网络的节点部署是无线传感器网络中各种应用的基础,无线传感器节点初始部署结果的优劣对无线传感器网络的使用时间有较大的影响,如果在待监测区域中合理部署无线传感器节点,就可以提高对目标的感知效果[100]。

4.3.1 节点部署主要内容

无线传感器节点部署问题有机结合了无线传感器网络系统前端信息采集和后端信息处理两个环节。节点部署的关键在于对传感器节点分布进行优化,对网络拓扑结构进行调整,并使目标区域覆盖需求满足的同时,设法将网络中传感器节点的部署成本降低。此外,也要考虑节点在特定应用环境下的容错处理及网络通信等要求。因此,节点部署需要解决如何根据监测需求和环境属性优化网络配置并调整节点位置,从而达到最优的监测质量[100]。

传感器节点部署主要包括两方面:一是优化配置目标区域中的传感器节点以及考虑环境状况对传感器网络配置的影响;二是优化管理传感器网络的资源,即延长网络生存期和管理节点的有效技术区域覆盖率和节点间的数据连通率。每个节点的感知范围和通信范围对区域覆盖性能往往起到决定性作用。首先保证网络覆盖,然后通过提升节点的通信半径来提高网络的连通性能。但是当通信范围受限时,连通性则需要重点关注。节点部署的网络生存期延长问题是另一个重要的部署问题,该类问题主要关注节点的位置和网络中节点的疏密程度。在一些情况下,网络生存期会受节点在网络中的位置影响[113]。例如,节点离基站的距离较近时,它的能耗速率较高,因为其承载着过多的数据转发任务;整个网络中节点密度的变化而也会造成数据通信负载的不平衡,从而导致通信出现问题。

节点部署是指在某一监测区域内,通过适当的方法,然后考虑到某种特定的需求来布置无传感器网络节点。节点部署是无线传感器网络的首要工作,网络监测信息的完整性、准确性和时效性都与其直接相关。合理的节点部署不仅可以根据应用需求的变化改变活跃节点的数目,对网络的节点密度动态调整,同时还能优化利用网络资源、提高网络工作效率。此外,新部署某些出现故障或者能量耗尽的节点,可保证网络性能不受大的影响,使网络的稳定性增强。

设计无线传感器网络的节点部署方案时必须考虑以下问题。

(1)如何完全覆盖监测区域并保证整个网络的连通。由于地形或者障碍物的存在,对监测区域的完全覆盖也一定能够保证网络是连通的,而更主要的问题是如何实现节点数量最小化的同时,还能满足完全覆盖和网络的连通。

(2)如何在减少系统能耗的同时最大化延长网络的寿命。电池供电的无线传感器网络节点,当电用完时就会直接导致节点的失效,因此,除了覆盖和连通的问题,节能也是节点部署时必须考虑的。

(3)如何对部分节点失效时的网络进行重新部署。当某些节点能源耗尽或者发生故障时,会导致部分区域失去覆盖,甚至造成网络的不连通而分割成几个子区域,这时就需要重新部署网络。此时,要考虑是对网络进行局部调整还是全局调整,有什么信息可以参考调整方式,每步调整是否影响原有的部署等[124]。

4.3.2 节点部署标准

节点部署的标准有如下6个指标,通过这些指标,可以判断节点部署的好坏。

1.节点感知区域与监测半径

节点感知区域是指节点监测数据所能代表的区域范围。节点感知区域由于受节点源的限制,因此通常较小。若将节点感知区域理想化为平面圆,R_S 为其监测半径,监测半径的大小对网络监测覆盖有着重要的影响[97]。

2.节点通信范围与通信半径

节点通信范围是指节点广播信息所能覆盖的区域,节点的广播信息只能传输到节点广播覆盖范围内的临近节点。同样,节点的通信范围由于节点资源的有限也存在一定的范围[97]。节点通信范围也可理想化为平面圆,R_C 为其通信半径。通信半径的大小对网络的连通度有着重要的影响,节点通信半径与网络的连通度成正比的关系。

此外,节点的监测半径 R_S 与节点的通信半径 R_C 是有关系的。若 $R_S \geqslant R_C$,则当网络监测区域达到完全覆盖时网络中的节点无法达到连通。当 $R_C \geqslant R_S$,并且监测区域达到完全覆盖时[97],这种情况下的网络才是连通网络。

3.监测覆盖率

监测覆盖率也可以称为覆盖率。覆盖率可以表明网络监测覆盖情况,它的值为网络内所有节点实现覆盖的区域面积总和除以被监测区域总面积,其比值越大表明覆盖效果越好[97],如式(4-4)所示。

$$\sigma = \frac{U_{k=1}^{n} A_k}{A_s} \qquad (\sigma \leqslant 1) \tag{4-4}$$

式中:σ——监测覆盖率;

n——网络节点个数;

A_k——第 k 个节点在网络中独立的覆盖面积;

A_s——整个被监测区域面积。

由于网络中节点覆盖会有所重叠,因此需计算所有节点单独覆盖面积的并集[97]。

4.覆盖效率

覆盖效率是表明网络监测区域覆盖情况的另一指标。当两个网络在同一监测区域覆盖率相等时,网络中节点的利用率与覆盖效率成正比。覆盖效率的值是网络内所有节点实现覆盖的区域面积总和除以所有节点在网络中单独覆盖面积总和[97],如式(4-5)所示。

$$\delta=\frac{U_{k=1}^{n}A_k}{\sum_{k=1}^{n}A_k}\qquad(\delta\leqslant1)\tag{4-5}$$

式中:δ——覆盖效率;

n——网络节点个数;

A_k——第 k 个节点在网络中独立的覆盖面积。

5.覆盖均匀度

覆盖均匀度通常用节点间距离标准差来表示,是网络中衡量节点分布均匀状况的一种指标。标准差值越大相应覆盖均匀度就越低,则网络中节点分布均匀状况就越差。反之则网络中节点分布较为均匀[97],如式(4-6)所示。

$$U=\frac{1}{N}\sum_{i=1}^{N}U_i\tag{4-6}$$

其中:

$$U_i=\left[\frac{1}{k_i}\sum_{j=1}^{k_i}(D_{i,j}-M_i)^2\right]^{\frac{1}{2}}$$

式中:N——需要计算的网络中节点数;

k_i——节点 i 的邻节点数;

$D_{i,j}$——节点 i,j 之间的欧氏距离;

M_i——节点 i 与其传感区域重叠节点的平均距离[97]。

6.连通度

在无线传感器网络中,连通度主要是指点连通度。无线传感器网络可抽象为个连通图,因此无线传感器网的鲁棒性可以用图的点连通度概念来衡量。若网络中的任意 $K-1$ 个节点工作不正常时,不影响网络的连通,而当有任意 K 个节点无法正常工作时,会影响网络的连通时,称这个网络为 K 连通[97]。

4.3.3　节点部署分类

节点部署是无线传感器网络正常工作的基础,将传感器节点准确地部署在目标区域,才能够进行其他的工作。传感器节点的部署算法可根据安装后节点位置是否变化,分为静态部署算法、动态部署算法和异构混合节点部署算法三大类。

1.静态部署

(1)静态部署的基本概念

静态部署是指通过人工的方式,按照事先已经规划好的位置安装传感器节点,并保持节点位置不发生变化。静态部署可分为两类问题。

部署方案利用给定节点数量进行设计，使监测区域内给定节点出现最大覆盖[99]。

部署方案利用给定监测区域进行设计，使监测区域在最少节点数量时达到全覆盖[99]。

静态部署是由画廊问题引出的，即在一个已知的环境下，使用线性规划方式部署节点位置以达到监测区域不出现监测死角的目的。静态部署可以不出现监测死角、监测空洞，而且还能使布设节点数量达到最小，实现最优化。比如最大覆盖算法与最小覆盖算法，后续节点的布设位可由之前布设的节点位置信息来启发，从而实现全局优化；多边形法则是用一定数量的规则多边形将监测区域划分，并在多边形的顶点布设节点，然后多边形大小与形状根据不同的参数来设计，从而实现最优化部署[99]。静态部署适合利用已有的经验对节点部署行优化，即应用于条件良好的室内环境，而不适合于复杂恶劣的野外环境。

(2)静态部署算法

静态部署算法可分为确定性部署和自组织部署两种部署方式。

①确定性部署

确定性部署方法是指手工部署无线传感器网络节点，数据传输和通信按照设定的路由进行。这种简单直观的方法适用于规模较小、环境状况良好以及人工可以到达的区域。若是将无线传感器网络部署在室内等封闭空间，则问题可以转化为经典的画廊问题(线性规划问题)，若是将无线传感器网络部署在室外开放空间，那么可以利用移动节点部署算法里面的基于格划分的节点部署算法或者基于矢量的节点部署算法等来解决[97]。

②组织部署

另外一种静态部署算法是不确定性部署，也称自组织部署。手工部署节点无法实现监测区域环境恶劣或存在危险时的情况。并且，当节点数量众多或分布密集时，采用手工方式部署大型无线传感器网络的节点太过烦琐。此时，通常的做法是利用飞机、炮弹等载体随机地把节点抛撒在监测区域内，节点到达地面以后自组成网。这种利用空中散播部署的方式比较方便，但它存在的问题是，在节点被散播到监测区域后的初始阶段，无法快速形成最优化的网络。比如会导致某些区域感知密度较高，某些区域感知密度低，甚至出现覆盖漏洞、部分网络不连通的问题，这就需要针对“区域问题”进行二次部署[97]。

2.动态部署

(1)动态部署的基本概念

动态部署存在于移动无线传感器网络中，节点监测区域的连通度和覆盖率的提高通过自身的移动来达到。动态部署中,网络中的所有节点可以是移动节点,当然,网络中的个别节点也可以是移动节点。另外,可以动态部署刚刚完成随机抛撒的网络,也可以部署环境或自身拓扑结构发生一定变化且已经运行一段时间的网络[97]。

动态部署的一种方式是利用虚拟力来对网络进行部署。这里的虚拟力指的是一种抽象力。假设节点之间具有某力的作用,根据具体的网络环境与要求来计算力的大小与相关性质,然后通过力的作用使节点位置发生变化来提高网络的覆盖。其他解决节点动态部署问题的方法是利用智能算法、模拟退火算法等,这些算法都是利用遗传数应,通过保留优秀基因,多次迭代计算从而得到最优解。另外,基于泰勒多边形、负载平衡图论等思想对节点部署进行优化,可以解决覆盖率、连通度等在部署当中出现的问题[97]。

(2)动态部署算法

动态无线传感器网络节点部署问题跟移动机器人的部署问题是同一类型的问题。国外的高校和科研机构针对这一问题提出了很多算法,下面在分类的基础上进行简单介绍[97]。

①增量式节点部署算法

增量式节点部署算法是逐个部署网络节点,下一个节点应该部署的位置通过已经部署的无线传感器网络节点计算,目的是达到网络的覆盖面积最大。测距和定位模块是该算法的节点必须具备的部分,并且每个节点与其他节点可视的个数不少于一个。这种算法对巷战和危险空间探测等监测区域环境未知的情况非常适用。它的优点是覆盖探测区域只需要很少的节点,但缺点是部署时间长,移动多个节点才能部署一个新节点[97]。

②基于人工势场(或虚拟力)的算法

该算法把人工势场用于移动节点的自展开问题。假设虚拟的正电荷由网络的每个节点构成,当其他节点或者边界障碍排斥某节点时,这种排斥力能够使感知网中的其他地域也充满节点,并防止节点越出边界,从而使平衡状态得以实现,即达到了感知区域的最大覆盖状态。本算法的优点是简单易用,可以使整个感知区域都布满节点,同时每个节点所移动的路径相对较短,其缺点是容易陷入局部最优解[97]。

③基于网格划分的算法

该算法通过将覆盖区域网格化,可把覆盖问题当作对网格或网格点的覆盖问题来解决,网格划分有矩形划分、菱形划分、六边形划分等。本算法的优点是对任务区域的完全覆盖可用最少的节点达到[97]。

④基于概率检测模型的算法

该算法引入了概率检测模型,传感器节点的部署优化问题可在确保网络连通的条件下解决。本算法通过寻求最少数目的节点来达到预期的覆盖需求,同时可得到具体的节点配置位置[97]。

(3)异构/混合节点部署方法

无线传感器网络技术目前主要以同构的无线传感器网络作为研究对象。同构就是指无线传感器网络的所有节点都是同一类型的。但是,一些异构的无线传感器网络在实际的应用环境中需要部署。存在于无线传感器网络节点中的小部分异构节点,相比于其他大部分廉价节点,在多个方面(比如电源、存储空间、计算能力、移动能力、传输带宽等)具有明显的优势。不过毫无疑问,这些异构节点的成本比较高。将适量的异构节点部署在无线传感器网络中,使无线传感器网络的数据传输成功率提高的同时,还能有效地延长网络的寿命[97]。

在无线传感器网络节点部署问题中,异构节点是具备移动能力的节点,而且还具有更强大功能,而其他的不具备这些功能的节点称为静止节点。普通无线传感器网络节点需要在部署异构网络时先进行部署,然后根据应用需求的不同,采用如上所述的一种静态节点的部署方法。当普通无线传感器网络节点部署好后,可由汇聚节点收集网络中普通节点的位置和路由信息,并结合系统需求,从而确定异构节点的数量和位置[97]。

4.4 节点管理

在无线传感器网络中,节点的管理与每个节点的感知模型、覆盖方式以及能量的消耗等密切相关。所以,在介绍已有的节点管理技术之前有必要对节点感知模型、节点覆盖方式、网络连接以及能量的消耗等相关基础知识和理论加以说明。

4.4.1 节点管理相关理论

1.感知模型

(1)布尔感知模型

在布尔感知模型中,节点的感知范围是一个以节点为圆心,感知距离为半径的圆形区域,其感知半径的大小由节点感知单元硬件特性决定。假设在监测区域内某节点 m 坐标为(x_m,y_m),节点的感知半径为r_n,对应的目标点 n 的坐标为(x_n,y_n),二者的距离为 $d_{(m,n)}=\sqrt{(x_m-x_n)^2+(y_m-y_n)^2}$,则节点 m 检测到点 n 处发生事件的概率为:

$$P_{r(m,n)}=\begin{cases}1 & \text{如果 } d_{(m,n)}\leqslant r_n \\ 0 & \text{其他}\end{cases} \tag{4-7}$$

(2)概率感知模型

在概率感知模型中,由于受到外部环境的干扰和自身性能的影响,节点监测到

某点所发生的事件概率不是一个量。传感器节点 m 检测到任意点 n 处发生的事件的概率为:

$$P_{r(m,n)} = e^{-\alpha d_{(m,n)}} \tag{4-8}$$

式中:$d_{(m,n)}$——节点 m 与检测点 n 之间的距离;

α——节点 m 对于检测点 n 的感知度随二者之间距离衰减情况的参数。

2.节点覆盖方式

在无线传感器网络中,对于不同的监测区域存在不同的网络覆盖要求,无线传感器网络覆盖方式大致可以分为三类:区域覆盖(Area coverage)、点覆盖(Point coverage)和栅栏覆盖(Barrier coverage),如图4-12所示。区域覆盖要求目标监测区域内的每个点至少被一个节点覆盖,即整个区域被传感器节点全覆盖,其中某些重点位置甚至要求有多个节点实施多重覆盖。点覆盖只需要完成对监测区域中若干离散目标点的监测。栅栏覆盖探讨的则是对移动目标的监测能力,考察目标在穿过无线传感器网络监测的某一区域时是否被检测到的情况。

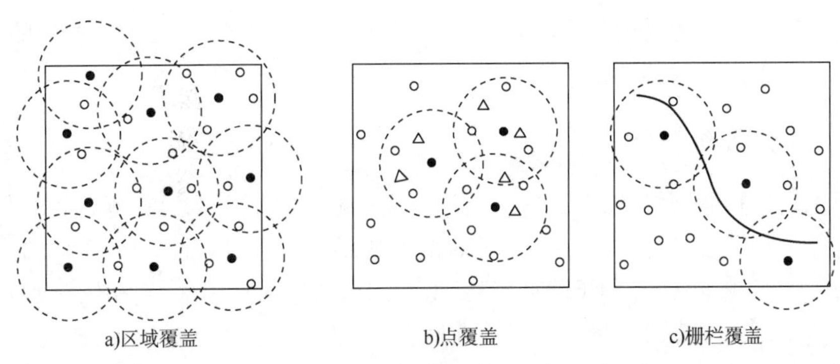

图4-12 节点覆盖方式分类

3.网络连接

在无线传感器网络中要保证节点之间信息交换的通畅,必须实现任意两个节点的双向链路通信,周边节点可直接通信,较远距离节点可通过多跳方式完成通信。通信连接和节点的部署位置、硬件结构、软件设置等密切相关。当网络节点部署完成后,节点的位置也已确定,节点之间的连接性能也基本不发生变化。网络通信是无线传感器网络运行的基础,在节点管理中要涉及网络连接的内容主要包括节点的位置、节点的发射功率、能量消耗等。

4.能量的消耗

与传统的计算网络不同,无线传感器网络中的节点通常采用的是电池供电,并且多工作于无人值守的环境中。对于具体的传感器节点一般分为四个组成部分。其中传感器模块的能量消耗与具体的使用特征和使用环境相关,采集数据信息的周期越短、精度越高,传感器模块的能耗就越大。目前普遍采用的方法是在应用允许的范围内适当地延长采集数据信息的周期,或降低采集信号的精度来节省传感器模块的能量消耗。在实际使用过程中,传感器模块的能耗比处理器模块和无线通信模块的能耗低得多,相比之下几乎可以忽略不计,故我们在研究传感器节点的能量消耗问题时通常只考虑处理器模块和无线通信模块。

(1)处理能耗

处理器模块包括中央处理器和存储器,用于对采集到的数据进行存储和预处理。传感器节点处理能耗与节点的硬件设计和计算模式密切相关。目前对能量的管理研究建立在使用低能耗硬件设备上,中央处理器中控制算法利用能量感知方式进一步减少能耗,延长节点的工作时间。

(2)无线通信能耗

无线通信模块承担着完成节点之间数据通信的重要任务,是传感器节点中能量消耗最大的部件,因此是节点能量管理中的重点内容之一。无线传感器网络的无线通信能耗与传感器中的无线收发器以及各个协议层密切相关,其能量的管理可以涉及到无线收发器的设计和网络协议设计的每一个步骤。

4.4.2 节点功率管理

在无线传感器网络中,节点的通信半径在一般情况下大于相邻节点间的距离,过大的通信距离会导致节点发送信号时的干扰距离较大,因此节点之间的通信多采用短距离多跳方式,有利于降低能耗,增大网络的空间复用率,提高网络吞吐量。但是通信半径的降低可能导致网络连通性下降,网络的鲁棒性难以保证。同时,节点之间的双向链路也可能随发射功率的降低而中断,而无线传感器网络中 MAC 通信协议都是基于节点间的双向连通的。当发射功率进一步降低,部分节点就会失去在网络中的功效,这在实际的应用中显然是无法接受的。因此在保证网络的双向连通性的条件下尽量降低节点发射功率是功率管理的基本目标。

1.动态功率管理

动态功率管理(DPM)的工作原理是,当节点周围没有其需要侦测的事件发生时,节点的部分模块将处于不工作的空闲状态,为了节省能耗则应该将这些模块关闭或使之进入更低能耗的状态(即休眠状态)。这种根据事件来驱动节点能量管理的方法可以有效地延长节点的生存周期。在动态功率管理中,由于节点状态转换需要消耗一部分能量且带有一定的延时,所以状态的管理策略十分重要。如果状态转换过程策略不合适,不仅无法节能,反而会导致能耗的增加[111]。节点在多种状态间转换时的功率变化如图 4-13 所示。

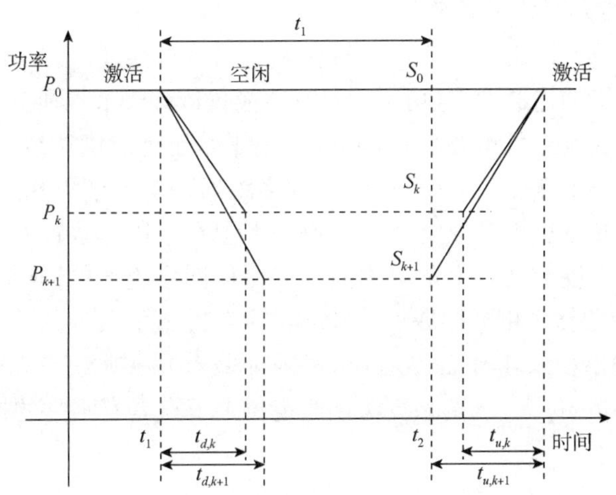

图 4-13　状态转换过程

设节点共有 N 种休眠状态 $\{S_i\}$,其中S_0状态为激活状态,首先计算节点从S_0状态转换到S_k状态时能够节省的能量。设某个节点检测到一个事件发生并在 t_1 时刻完成了相应处理,则节点从激活状态S_0转入功耗为P_k的休眠状态S_k。下一个事件发生在 $t_2=t_1+t_i$ 时刻,节点重新进入激活状态S_0。从图 4-13 可以计算出节点状态转入休眠状态S_k节省的能量$E_{save,k}$。

$$\begin{aligned} E_{save,k} &= P_0 t_i - \left(\frac{P_0+P_k}{2}\right)(\tau_{d,k}+\tau_{u,k}) - P_k(t_i-\tau_{d,k}) \\ &= (P_0-P_k)t_i - \left(\frac{P_0-P_k}{2}\right)\tau_{d,k} - \left(\frac{P_0+P_k}{2}\right)\tau_{u,k} \end{aligned} \tag{4-9}$$

很明显,只有当$E_{save,k}>0$,即节省能量大于状态转换消耗的能量,改变状态的处,才有意义。则t_i须满足:

$$T_{th,k} = \frac{1}{2}\left[\tau_{d,k} + \left(\frac{P_0 + P_k}{P_0 - P_k}\right)\tau_{u,k}\right] \tag{4-10}$$

如果$t_i<T_{th,k}$,则起不到节能的效果。每个状态,S_k对应的$T_{th,k}$由状态转换时$\tau_{d,k}$,$\tau_{u,k}$及S_k状态下的功耗P_k决定。为达到节能目的,节点状态转换应遵循的原则为:如果休眠时间t_i大于S_k状态对应的时间转换门限界,,则节点可进入S_k状态;否则不进入该状态。当节点进入完全休眠状态时,可能会导致事件的丢失,所以节点应当合理控制进入完全休眠状态的时机和时间长度。该算法采用了随机控制的方法;首先给出一个概率值,然后利用随机概率与此数值进行比较来决定是否进入完全关闭的状态,并将其和完全休眠状态的门限时间一起来决定完全休眠的时间长短[111]。

2.基于节点度的功率管理算法

降低无线传感器网络中的节点发射功率可以节省能耗,但是在功率调整的过程中必须保证网络的连通性,且功率调整算法应仅依赖于节点所获取的本地信息,这样才能使得算法具有可扩展性。Martin 提出了基于节点度调节节点发射功率的分布式算法。所谓节点度数,是指在节点的多跳通信中与节点相距一跳的邻居节点的数目。它的基本思想是限定节点度数的上限和下限,通过动态地调整节点的发射功率使得节点度数处于上下限之间。在保证网络连通的同时,使节点之间的链路具有一定的冗余性和可扩展性。Martin 等人提出了两种基于节点度的算法:本地平均算法 LMA(Local Mean Algorithm)和本地邻居平均算法 LMN(Local Mean of Neighbors algorithm)[111]。两种算法都假定每个节点具有唯一的标识符 ID,其中 LMA 算法的步骤为:

(1)设每个节点在初始阶段都具有相同的发射功率。每个节点周期性地广播一个包含其 ID 的 LifeMeg 消息[111]。

(2)当有节点接收到 LifeMeg 消息后,发送一个包含的节点 ID 的应答消息 LifeAckMeg[111]。

(3)节点在下一次发送 LifeMeg 消息之前,检查已经接收到的 LifeAckMeg 应答消息的数量,并将其作为该节点邻居节点数 N[111]。

(4)如果大于邻居节点数的上限$T_{\max}$,则该节点在本次广播 LifeMeg 将根据下式减小其发射功率[111]。

$$P=\max\{B_{\min}\cdot P_{T0},A_{dec}\cdot(1-(N-T_{\max}))\cdot P_{T0}\} \tag{4-11}$$

但功率应不小于初始发射功率P_{T0}。的$B_{\min}$倍。同理,如果小于邻居节点数的下限$T_{\max}$,则该节点在本次广播 LifeMeg 时根据式(4-12)来增大其发射功率但最大不能超过初始发射功率P_{T0}的$B_{\max}$倍[111]。

$$P=\min\{B_{\max}\cdot P_{T0},A_{\text{in}}\cdot(T_{\min}-N)\cdot P_{T0}\} \tag{4-12}$$

LMN 算法与 LMA 算法基本相同,仅有的区别在于计算邻居节点数目的方法不同,LMN 算法中,每个节点回复的 LifeAckMeg 应答消息包含有自己的邻居节点数。节点在收到所有邻居节点回复的 LifeAckMeg 应答消息后,以这些应答消息中所包含的邻居节点数的平均值即邻居节点的邻居节点数的平均值作为自己的邻居节点数。这两种算法对传感器节点的硬件要求不高,在时间的同步上也没有严格的规定,其实验仿真结果表明算法可以保证网络的连通性和收敛性[111]。

3.基于邻近图的功率管理算法

针对无线传感器网络中不同节点的发射功率不一致的问题,从邻近图的角度提出了直接相关邻近图(Directed Relative Neighborhood Graph,DRNG)和直接本地最小生成树(Direct Local Minimum Spanning Tree,DLMST)两种基于功率控制的算法。

在 DRNG 和 DLMST 算法中,设定的环境条件为:

(1)节点 u 和 v 之间的连接是非对称的。对应地,顶点 u 和 v 之间的边 (u,v) 是有向的[111]。

(2)R_u 表示节点 u 的无线通信半径,$d(u,v)$ 表示节点 u 和 v 之间的距离,N 表示节点 u 以最大无线通信半径时可达到的节点集合(即可达邻居集)。可达邻居子图 G 是指由节点 u 和 N 以及这些节点之间的边构成的图[111]。

(3)为每条边 (u,v) 赋予对应的权重函数 $\omega(u,v)$,且对于边 (u_1,v_1) 和 (u_2,v_2),其相应的权重函数 $\omega(u_1,v_1)$ 和 $\omega(u_2,v_2)$ 满足如下关系

$$\omega(u_1,v_1)>\omega(u_2,v_2)\Leftrightarrow d(u_1,v_1)>d(u_2,v_2) \tag{4-13}$$

或

$$d(u_1,v_1)=d(u_2,v_2),\text{但}\max\{ID(u_1),ID(v_1)\}>\max\{ID(u_2),ID(v_2)\} \tag{4-14}$$

或

$$d(u_1,v_1)=d(u_2,v_2),\text{且}\max\{ID(u_1),ID(v_1)\}=\max\{ID(u_2),ID(v_2)\} \tag{4-15}$$

但 $\min\{ID(u_1),ID(v_1)\}=\min\{ID(u_2),ID(v_2)\}$

在 DRNG 和 DLMST 算法中,节点需要获取有关邻居节点的一些信息来实现拓扑控制,因此在算法的初始阶段有一个邻居节点信息收集过程。在这个过程,每个节点以自己最大的发射功率广播一个 Hello 消息,该消息包含节点 ID 编号和位置信息,每个节点根据接受到的 Hello 消息确定自己的可达邻居集合 N。DRNG 算法中的邻居节点的判断标准如图 4-14 所示。如果节点 u 和 v 的距离满足条件 $d(u,v)<R_u$,并且不存在节点 p 同时满足条件:$\omega(u,p)<\omega(u,v)$,$\omega(p,v)<\omega(u,v)$,$d(u,v)<R_p$,则节点 v 为节点 u 的邻居节点[111]。

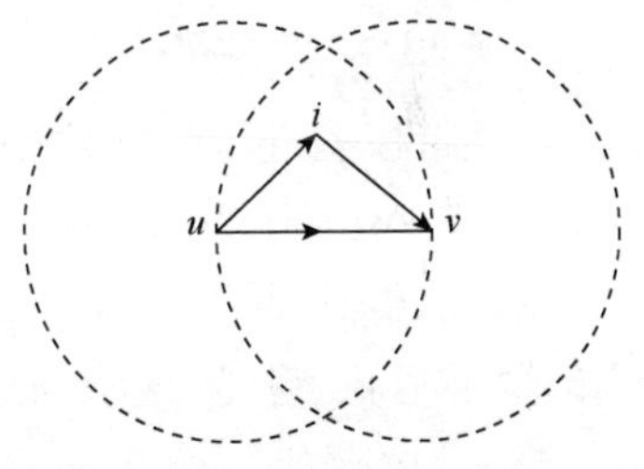

图 4-14 DRNG 算法的节点判定标准

而 DLMST 算法等价于求解可达邻居子图 G_u^R 的最小生成树,具体的方法为:首先由节点 u 确定其可达邻居子图 G_u^R;然后将 u 与所有可达邻居节点的边所对应的权重函数 $\omega(u,v)$ 按照升序排列;从小到大依次取出这些权重函数对应的边,直到 u 与 G_u^R 中每个节点都直接或间接连通;而与 u 直接连通的邻居节点构成 u 的邻居节点集。在节点 u 确定其邻居节点集后,将根据相距最远的邻居节点之间的距离

来调整自己的发射功率,即让相距最远的邻居节点恰好处于节点 u 的无线通信半径之内[111]。同时,为了保证网络的双向连通性,需要对 G_u^R 的邻近图进行必要的边的增减。

4.基于二分法的功率管理算法

无线传感器网络通常采用多跳中继的方式进行通信,网络中的中间节点不仅需要发送自身监测到的数据,还要转发其他节点的数据,数个节点的监测数据以此方式发送到汇聚节点 Sink node。在无线传感器网络中由于多跳通信和多对一的流量特征使得网络中流量分布出现失衡,越靠近汇聚节点,节点接收的数据流量越大,能耗也越大,所以汇聚节点周围的节点在某一程度上决定着网络的使用寿命。针对这一现象,研究人员提出了一种基于二分法的功率控制方法以降低网络流量的不均衡,提高了网络使用寿命[111]。

该算法首先设定了一个环带网络模型,设接收数据的汇聚节点 Sink node 位于待测区域的中心,如图 4-15 所示。节点均匀分布在待测区域内,每个节点具有相同的发射半径 r,则整个区域可以被划分为若干个相同中心的环带,每个环带的宽度为 r,Sink node 位于正中心(即第 0 环),第 $x+1$ 环上节点的数据必须经过第 x 环节点的转发才能到达第 $x-1$ 环,直至到达 Sink node 节点。在整个网络环境中,即使 Sink node 节点位于测试区域外,数据传输时仍然是以 Sink node 为中心的多环带通信,只是该环带不是一个完整的圆环,但仍然可以从类似圆形环带的角度加以分析[111]。

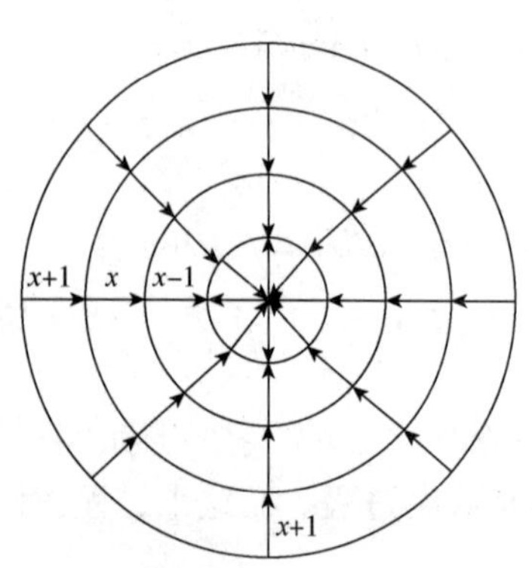

图 4-15　环带网络模型

对环带模型进行二分功率控制算法描述,设最外环为 n 环,向内分别为 $n-1$ 环,$n-2$ 环,…,1 环;Sink node 位于第 0 环上[111]。

当 n 为偶数时,第 $n,n-1,\cdots,n/2+1$ 环上的数据信息分别向 $n/2,n/2-1,\cdots,1$ 环传递,然后再直接发送给 Sink node 节点。

当 n 为奇数时,第 $n,n-1,\cdots,(n+3)/2$ 环上的数据信息分别向 $(n+1)/2$,$(n-1)/2-1,\cdots,2$ 环传递,直接发送给 Sink node 节点,$(n+1)/2$ 环上的数据通过第 1 环中的节点转发到 Sink node 节点。图 4-16 表示 $n=7,n=8$ 两种情况下的功率控制示例。

该算法可与时分复用 TDMA 协议结合使用,以避免临近环带的干扰。在每个时隙内,只有对应的接受环带与发送环带上的节点工作,其他节点休眠。如图 4-16,当环带数 $n=8$,为偶数时:在时隙 1,第 8 环和第 4 环上的节点处于工作状态,其余环上的节点进入休眠状态以节约能耗在时隙，第 8 环和第 4 环上的节点处于工作状态，其余环上的节点进入休眠状态以节约能耗；……在时隙 $n/2$，第 $n/2+1$ 和第 1 环上的节点处于工作状态，其余环上的节点进入休眠状态以节约能耗；在时隙 $n/2+1$，第 $n/2$ 环上的节点保持工作，其余环上的节点进入休眠状态以节约能耗；……在时隙 k，第 1 环上的节点保持工作，其余环上节点进入休眠状态以节约能耗[111]。

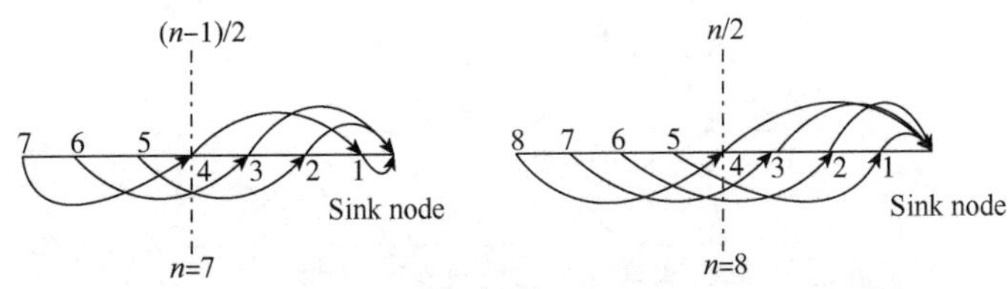

图 4-16 功率控制示例

当应用要求对时延敏感时，可利用 FDMA(即频分复用)，利用频率代替时隙。基于二分法的功率控制算法有助于降低网络流量的不均匀度，且算法简单[111]。但二分在整个无线传感器网络中不具备普遍性，对节点分布情况也有一定的要求，其最优越性要视具体情况而言，且该算法要求节点必须具有足够大的发射功率来满足二分要求。

4.4.3 节点数据管理

1. 节点数据管理特点

大量研究者针对无线传感器网络提出了分级的拓扑结构，进而设计了相应的控制算法和协议。分级结构的网络被分为多个簇(Cluster)，每个簇由一个簇头(Cluster Head)和多个普通节点(General Node)组成，如图 4-17 所示。在分级结构中，簇头和普通节点通常在物理结构上完全一样，而在网络运行中承担不同的功能，并且簇头和普通节点的身份可以动态变化，簇头节点负责簇间数据的收集、转发、协调和管理，使簇内各节点合理工作。簇头可以预先指定，也可以由节点使用分簇算法自动选举产生。分级的拓扑结构的优点是可扩展性好，网络规模不受限制，可以通过增加簇的个数或级数来提高网络的容量；此外，簇内节点通信开销相对较小，管理方便，同时易于实现数据融合。

在无线传感器网络中，汇聚节点或基站属于其组成部分，然而它们通常有持续的供电设备、大容量的存储空间和高速的处理能力，尽管它们有大量来自用户的查询任务或监测区域的各个簇头发来的数据，但其数据分析和处理都比较容易实现。无线传感器网络的数据分析和处理的关键是普通节点和簇头的数据分析和处理。

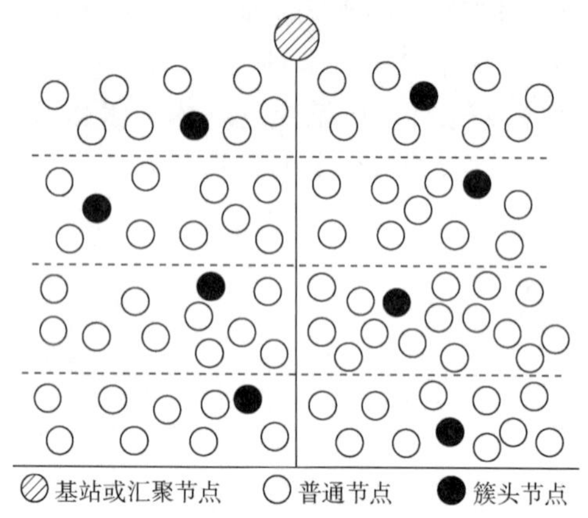

图 4-17　分簇结构示意图

无线传感器网络的节点功能相同或相似，都具有独立、完整的运算和存储功能。就节点本身来说，它是一个小型的、独立的计算系统，能够实现自身的数据分析、处理和自身行为控制；而节点无论进行数据分析、处理、转发还是行为控制，其行为源于自身感知数据，目的是实现自身感知数据的管理，即节点数据管理。在潜在或已有无线传感器网络应用中，节点多数属于随机部署，存在一些孤立的节点是很难避免的。查询这些节点的数据或者这些节点转发数据时，没有邻居节点的协同工作，那么这些节点可能会过早死亡，而过早死亡的节点会造成某些子区域与整个网络的割裂。同样，网络中某些节点可能位于某几个子区域的交界处，如果不合理控制这些节点数据转发行为，这些节点可能将其感知数据同时转发给相邻的多个簇头，或者是被多个簇头查询其感知数据，进而造成不必要的数据处理任务以及能量消耗。因此节点数据管理不仅包括数据查询、存储、数据分析、融合以及节点行为控制，还应当考虑节点拓扑规划。在传感器网络运行中，从节点数据管理的特点着手设计相应的协议、算法，将有效提高网络的鲁棒性。无线传感器网络数据管理与节点数据管理的关系如图 4-18 所示。

在图 4-18 中，终端用户根据需要选择某种查询方式实现对某一子区域被测对象的数据查询，这种数据管理与网络拓扑、节点物理特性无关。然而，在查询任务的实施过程中，需要由基站或汇聚节点、簇头和被查询区域节点协同完成，如图 4-18中的普通节点需要根据查询任务实现数据的感知、分析和处理，并将处理后的感知数据发送到对应的簇头；簇头完成成员感知数据数据的分析、融合后，根据拓扑控制信息将融合数据反馈到汇聚节点或基站，并根据节点感知数据的特性实施被查询区域节点的行为控制；基站或簇头将簇头反馈的数据转发到查询终端。因此，无线传感器网络的数据管理可以看成两部分：一部分是网络上数据的逻辑视图,它与网络的拓扑、节点特性分离开来;另一部分是节点数据管理,它与网络的拓扑结构、节点感知数据的特性密切相关。

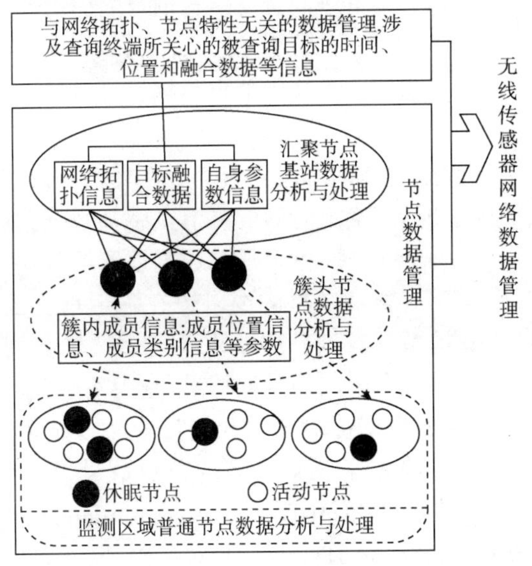

图 4-18 无线传感器网络数据管理与节点数据管理的关系

2.能量高效的节点数据管理

现有的多数研究将数据管理归属到应用层与网络层之间,而无线传感器网络数据管理包括了感知数据存储、存取、查询、分析和处理。从图 4-18 可以看出,节点的数据管理包括簇头和普通节点数据分析、处理、拓扑管理、节点行为控制。因此,WSN 节点数据管理不适合局限于某一固定层,这决定了节点数据管理应当考虑节点拓扑的规划与控制;其次,针对用户查询某一指定区域或对象相应的有效监测数据,节点或网络必须具备分析和处理所得到的感知数据的功能,为查询者提供有效数据;最后,数据来源于节点,对于查询节点的感知数据和节点反馈感知数据到查询者,应当考虑节点行为的调度控制,即节点何时活动,何时休眠或者说哪些时刻多少节点活动,多少节点休眠,从而尽可能提高节点和网络的能量效率。

(1)节点数据管理与拓扑管理

无线传感器网络一般具有大规模、自组织、随机部署等特点。这些特点使拓扑管理成为挑战性研究课题,也决定了拓扑管理在无线传感器网络研究中的重要性:首先,无线传感器网络的数据来自于底层的节点,节点数据采用哪种方式、哪条路径发送到查询终端不仅会影响到网络数据的查询效率,而且与查询节点数据的能耗密切相关,因此,拓扑管理是节点数据管理的一项重要内容。其次,拓扑管理对提高网络覆盖质量和连通质量起着重要作用。再次,良好的拓扑管理有助于降低通信干扰,提高 MAC 协议和路由协议的效率,并为簇内数据融合提供基础,从而有利于提高网络的可靠性、可扩展性等性能。总之,拓扑管理对网络性能具有重大的影响,因而对它的研究具有十分重要的意义。目前,拓扑管理研究已经形成功率控制和睡眠调度两个主流研究方向,但其研究内容很少考虑簇内和簇间数据查询的通信消耗,也没有考虑拓扑管理对于簇内节点数据管理的效率,因此降低了算法的实用性。

传感器网络中节点数据的查询可以分为确定性查询和近似查询。前者指用户的查询对象是大量的确定地域、确定时间的多节点感知数据,其过程包括感知数据分析、处理和融合,返回路径的选择,再将最终数据返回给查询终端;后者指感知数据本身存在不确定性,用户对查询结果的要求也在一定精度范围内。充分利用已有信息和模型信息,在满足用户查询精度要求下合理选择查询区域部分节点的感知数据,利用近似处理得到符合要求的查询信息,减少不必要的数据感知和数据传输,将会提高查询效率,减少数据传输开销和能量消耗。显然,这两种数据查询都与网络拓扑结构密切相关,决定了感知区域的节点数量、节点感知数据的融合精度、回传路径的可靠性。典型的 LEACH(Low Energy Adaptive Clustering Hierarchy)和 HEED(Hybrid Energy-Efficient Distributed)算法中,网络将所有节点以初始概率 p 和轮回(Rounds)的方式构成多个簇,并且每个簇头以单跳的方式将该簇的融合数据直接发送到基站。这些算法在节点能耗平衡方面非常成功,但由于簇的动态变化导致一次数据查询伴随着多个广播能耗,也影响到网络的生存时间;其次,对于大规模网络,如果所有簇头直接与基站进行数据传输,一方面是簇头通信能耗明显增加,另一方面是簇头数据可能无法正常到达基站进而影响网络覆盖,失去了数据查询的可靠性。伴随而来的多跳拓扑管理算法,远离基站的簇头数据经过中间转发簇头以多跳的方式回送到基站。多数的拓扑控制算法是尽可能求解数据查询的最短路径,并没有考虑到与基站距离不同的各簇的规模控制。由于距离基站较近的簇头在数据查询中工作频率最高,能量消耗最多,如果不合理控制这些簇的规模,可能导致这些簇头过早死亡,进而影响到远离基站的簇数据无法正常到达查询用户,网络有效性将大大降低,其数据管理也将失去存在的意义。因此,高效、可靠的传感器网络节点数据管理必须结合可靠、有效网络拓扑管理算法,才能确保节点感知数据的可靠获取、融合和回传。

(2)节点数据管理与节点感知数据

以数据为中心的无线传感器网络,用户感兴趣的是某一区域或对象的被测物理参数的状态,而不是传感器节点本身。无线传感器网络节点密度通常很高,在某一子区域或被观测对象的范围内有大量的传感器节点,这些节点具有相同或相近的感知范围,导致其感知数据彼此具有一定的关联性;同时,由于传感器节点自身质量的差异以及一些无法控制的随机因素的作用，在实际应用中各传感器所测定的参数值存在一定偏差；此外，随着传感器节点能量下降，其感知数据的可靠性、测量偏差也随之改变。这样，节点数据管理需要实现对多个传感器节点的感知数据进行分析、处理，并给出判断结果，以决定哪些节点感知数据高可靠，哪些节点感知数据比较可靠，哪些节点感知数据不可靠，进而针对各个节点感知数据的特性实现节点数据融合，最后将融合数据反馈给查询用户。在这个过程中，实际包含了两个任务：根据节点感知数据实现节点分类和完成多节点感知数据的融合。

基于分簇的数据收集方法在无线传感器网络中得到广泛应用，其优点是方便管理、增强网络的可扩展性及易于实现数据融合。本书所讨论的节点数据管理是基于分簇的管理机制。簇内很多成员具有相同或相近的感知范围，其感知数据的关联性具有强、中、弱的情况，如果能够将这些节点分类处理，保留感知数据有效的节点，关闭感知数据可靠度低的节点，就能提高最终观测数据的精度，并能有效降低簇内通信能耗。此外，在节点高密分布的网络中，特别是网络运行初期，绝大多数节点感知数据关联性很强，而且其感知数据多数有效。显然，在具有关联性很强的感知数据中很可能存在大量的冗余数据，如果能对这些冗余数据进行有效管理，减少冗余数据传送而带来的通信开销和信道竞争，这无疑会降低网络能耗并延长网络生存周期。因此，节点分类应当首先分析节点感知数据的关联性，并针对关联性高的数据进行冗余特性分析，其分类示意图如图 4-19 所示。

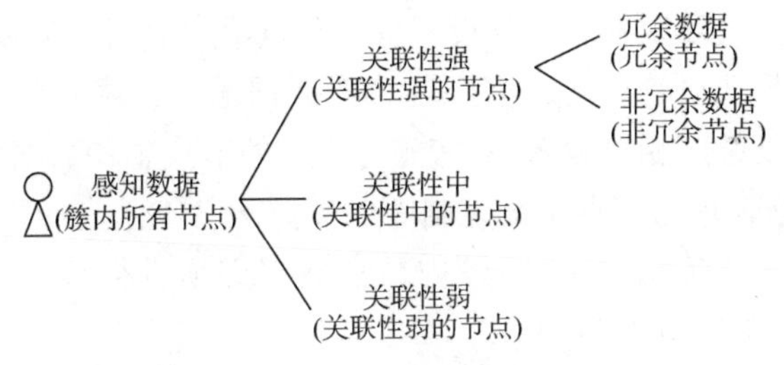

图 4-19　节点分类示意图

由图 4-19 可知，有效数据分为冗余数据和非冗余数据，对应的节点为冗余节点与非冗余节点。对于一个簇而言，冗余数据增强了该簇簇融合数据的可靠性，然而大量的冗余节点数据收发，会带来大量的能量消耗和信道阻塞的风险；如果簇头为查询用户所执行的数据融合的数据源只来自非冗余节点，这可能会降低该簇融合数据的有效性，如何从这些节点中合理选择节点并从其感知数据融合得到最终的观测值是簇头数据处理的一个重要任务。常用的数据融合算法有：基于综合支持度数据融合、基于 Bayes 方法的最优数据融合、加权数据融合、混合模糊概率数据关联滤波器（HF-PDAF）和混合模糊联合概率数据关联滤波器（HF-JPDAF）。

尽管这些方法在处理不确定性目标的数据关联性分析方面具有较强的应用价值，然而这些算法复杂的推导和庞大的计算量对资源有限的无线传感器网络无疑是不理想的——节点计算能耗急剧增加、节点分类速度下降、簇头数据融合效率降低。因此，合理选择数据融合算法对于提高感知数据精度和融合处理效率有着重要影响。

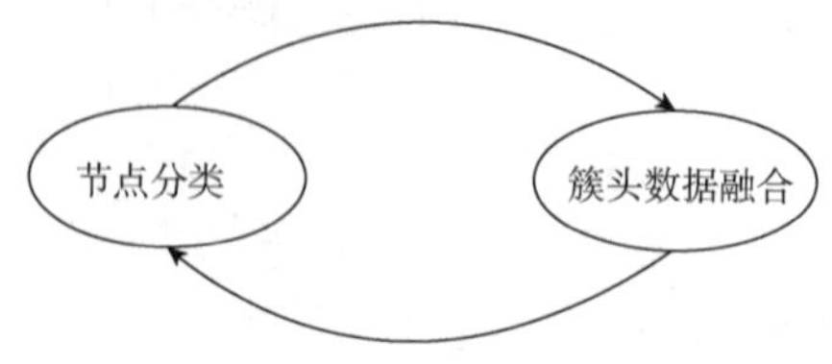

图 4-20　节点分类与簇头数据融合的关系

尽管节点分类和簇头感知数据融合是两个过程，但二者具有紧密合作的特点，节点分类与簇头数据融合的关系如图 4-20 所示。

在图 4-20 中，簇头在完成数据融合前，必须先分析簇内成员数据相互的关联性，继而确定簇内成员感知数据的特性，如判别节点感知数据是高可靠、较可靠还是不可靠。当节点分类完成后，簇头根据节点感知数据的可靠程度，保留可靠度高和较高的节点感知数据，去除可靠度较低的节点感知数据，实现本簇数据的融合处理。然而，节点分类的实现过程与数据融合处理密切相关，节点分类本身就是簇头对节点感知数据的融合分析过程；而节点快速、准确分类为簇头完成本簇数据的可靠融合奠定必要的基础。因此，可以说簇头数据融合为本簇节点分类提供了基础，而节点分类是为簇头更好的实现本簇数据融合。

事实上，只要完成了节点准确分类，实施节点数据融合相对容易，比如可以根据各节点感知数据关联性强弱程度设置各个节点感知数据在加权平均融合方法中的各个加权项系数。尽管现有的多个传感器数据融合方法有些差异，但只要满足应用精度且运算复杂度相对较低，对实施分类后的节点感知数据融合都可以应用。

(3) 节点数据管理与节点调度控制

基于组簇的无线传感器网络，簇内节点数据必须进行有序、有效的查询或接收，节点调度示意图如图 4-21 所示。

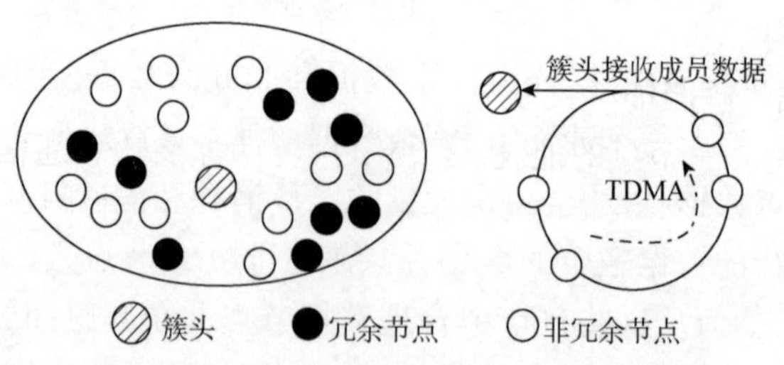

图 4-21　簇内节点调度示意图

在图 4-21 中，当簇内成员被划分为冗余节点和非冗余节点，簇内根据 TDMA

机制为其每个成员节点分配确定的、唯一的工作时隙。冗余节点在簇头所确定的时间段中进入休眠状态,而非冗余节点在确定的时隙中完成和簇头通信。由于各个节点工作时隙确定且唯一,因此,当某些冗余节点切换为非冗余节点时,其工作时段不会与其他节点冲突。簇头根据根据成员类别(冗余/非冗余)和相应的工作时隙,完成非冗余节点感知数据的接收和数据融合,并根据查询任务的需求、成员感知数据特性改变情况或成员节点能量改变情况重新确定划分簇内冗余和非冗余节点。

合理的节点调度控制对于该簇的能耗、数据融合以及生存周期至关重要。第一,簇内普通节点感知数据发送到簇头的时序必须有统一的规则,否则可能出现簇头信道拥塞,导致接收数据出错甚至通信失败;而普通节点时隙分配不当,会加大簇头查询成员的周期,进而带来该簇数据融合效率下降,同时簇头能耗加大。第二,在簇内成员较多的场合中,由于通信的延迟或节点运算速度较慢,可能出现多个节点感知数据同时到达簇头,从而造成信道竞争和数据碰撞。对于存在大量冗余节点的簇,冗余节点与非冗余节点数量的合理控制对于降低网络信道竞争的风险和数据碰撞的概率以及降低网络能耗有着重要影响。如果分配不当造成太多冗余节点被关闭,可能会降低簇头融合数据的可靠性,进而失去节点分类的意义。第三,控制冗余节点与非冗余节点的任务切换或活动与休眠状态切换,对于平衡网络通信能耗至关重要,长期关闭一些冗余节点,必然使与其互为冗余的节点能量下降太快,进而影响网络生存周期;从覆盖的角度考虑,冗余节点通常较多覆盖重叠范围,关闭这些节点所带来的覆盖盲点或盲区相对较少,如果随机或顺序选择冗余节点可能导致覆盖度急剧降低,因此如何确定冗余节点的调度机制对于网络性能有着重要影响。第四,随着能量下降,节点感知数据的精度可能下降或者节点感知数据出现较大波动,一方面动态修正节点感知数据关联性和节点分类关系将有利于提高簇头融合数据的精度,另一方面,动态调整冗余节点和非冗余节点的数量分配关系(如减少冗余节点数目),也将有利于提高簇头融合数据的精度。总之,节点的合理调度规则对于节点数据的高效管理有着重要作用。

(4)节点数据管理与能耗关系

无线传感器网络中节点的能耗主要有两类:计算能耗和通信能耗。计算能耗是指节点在进行运算时所消耗的能量,主要包括 CPU、内存等物理设备运转时消耗的能量。通信能耗是指传感器节点在进行通信时所消耗的能量,包括 4 种不同状态能耗:发射、接收、空闲和休眠,不同状态对能量的消耗不同。在休眠状态,节点几乎不消耗能量;在空闲状态,节点消耗较少的能量;在发送状态,节点使用发射器来发送各种数据包,能量消耗最大;在接受状态,节点使用接收器来接受数据,其能量消耗也很大。两者相比,每 bit 的计算能耗要远少于收发相同长度的数据所需通信能耗。近几年,随着低功耗处理器的出现,计算能耗相对于通信能耗得到了更大的改善。

在传感器网络中,计算能耗和通信能耗并非相互独立,而是密切相关。节点通过自身电磁参数和网络拓扑信息分析,选择合理的通信路径,降低数据转发中的通信能耗;其次,簇头或普通节点通过分析感知数据,在不牺牲服务质量的条件下降低数据查询频率,能够有效降低簇内通信能耗;最后,簇头负责本簇成员数据管理,其能量消耗最大,为平衡节点能耗并最大化本簇生存周期,在簇内数据管理任务中,优化普通节点担任簇头的次数,将有利于减少用于新簇头建立时所需的广播能耗,从而提高本簇能量效率。

因此,合理的节点数据管理算法,需要从网络拓扑管理着手,降低数据丢包率,最大限度维持网络覆盖和连通;分析节点感知数据的有效性,实施节点分类控制,达到既能提高簇头融合数据的精度,又能有效降低簇内通信能耗,从而提高网络整体性能。

第5章　智能交通系统网络层组成与关键技术

网络层介于传输层和数据链路层之间,它在数据链路层提供的两个相邻端点之间的数据帧的传送功能上,进一步管理网络中的数据通信,将数据设法从源端经过若干个中间节点传送到目的端,从而向运输层提供最基本的端到端的数据传送服务。网络层主要由无线传感网络和移动互联网络组成。

5.1　无线传感网

20世纪90年代以来,伴随着微型传感器、低功率嵌入式技术、片上系统(System on Chip,SoC)、微机电系统(Micro Electro Mechanism System,MEMS)以及无线通信技术的发展,无线传感网技术在军事、智能交通、智慧城市、环境监测与维护、医疗卫生、地质勘探等诸多领域,得到广泛使用。

5.1.1　什么是无线传感网

无线传感器网络(Wireless Sensor Network, WSN)是由大量的静止或移动的传感器以自组织和多跳的方式构成的无线网络,以协作地感知、采集、处理和传输网络覆盖地理区域内被感知对象的信息,并最终把这些信息发送给网络的所有者。传感器、感知对象和观察者构成了无线传感器网络的三个要素[143]。

无线传感器特点如下[146-149]:

(1)大规模

为了获取精确信息,在监测区域通常部署大量传感器节点,可能达到成千上万,甚至更多。传感器网络的大规模性包括两方面的含义:一方面是传感器节点分布在很大的地理区域内,如在原始大森林采用传感器网络进行森林防火和环境监测,需要部署大量的传感器节点;另一方面,传感器节点部署很密集,在面积较小的空间内,密集部署了大量的传感器节点[146-149]。

(2)自组织

在传感器网络应用中,传感器节点具有自组织的能力,能够自动进行配置和管理,通过拓扑控制机制和网络协议自动形成转发监测数据的多跳无线网络系统[146-149]。

(3)动态性

传感器网络的拓扑结构可能因为下列因素而改变[146-149]:

①环境因素或电能耗尽造成的传感器节点故障或失效；

②环境条件变化可能造成无线通信链路带宽变化，甚至时断时通；

③传感器网络的传感器、感知对象和观察者这三要素都可能具有移动性；

④新节点的加入。

这就要求传感器网络系统要能够适应这种变化，具有动态的系统可重构性[146-149]。

(4)可靠性

WSN特别适合部署在恶劣环境或人类不宜到达的区域，节点可能工作在露天环境中，遭受日晒、风吹、雨淋，甚至遭到人或动物的破坏。传感器节点往往采用随机部署，如通过飞机撒播或发射炮弹到指定区域进行部署。这些都要求传感器节点非常坚固，不易损坏，适应各种恶劣环境条件[146-149]。

(5)以数据为中心

传感器网络是任务型的网络，脱离传感器网络谈论传感器节点没有任何意义。传感器网络中的节点采用节点编号标识，节点编号是否需要全网唯一取决于网络通信协议的设计。由于传感器节点随机部署，构成的传感器网络与节点编号之间的关系是完全动态的，表现为节点编号与节点位置没有必然联系。用户使用传感器网络查询事件时，直接将所关心的事件通告给网络，而不是通告给某个确定编号的节点。网络在获得指定事件的信息后汇报给用户。这种以数据本身作为查询或传输线索的思想更接近于自然语言交流的习惯。所以通常说传感器网络是一个以数据为中心的网络[146-149]。

(6)集成化

传感器节点的功耗低，体积小，价格便宜，实现了集成化。其中，微机电系统技术的快速发展为无线传感器网络接点实现上述功能提供了相应的技术条件，在未来，类似"灰尘"的传感器节点也将会被研发出来[146-149]。

(7)协作方式执行任务

这种方式通常包括协作式采集、处理、存储以及传输信息。通过协作的方式，传感器的节点可以共同实现对对象的感知，得到完整的信息。这种方式可以有效克服处理和存储能力不足的缺点，共同完成复杂任务。在协作方式下，传感器之间的节点的远距离通信，可以通过多跳中继转发，也可以通过多节点协作发射的方式进行[146-149]。

近几年，无线传感器网络因其广泛的应用前景和独特的挑战性，吸引了众多学者的研究兴趣。由于节点之间的差异，无线传感器网络可以划分为同构传感器网络和异构传感器网络（即HWSN）。同构传感器网络是指由多个相同类型的传感器节点构成的网络，特别是在电源、传输带宽、计算能力、存储空间等系统资源方面是基本相同的。异构传感器网络的概念最早是由 Duarte 于 2002 年提出的，是指由多种不同类型的传感器节点构成的网络。在现实应用中，异构传感器网络更为普遍。

5.1.2　异构无线传感网络

根据异构节点所含优势资源的类型，可以将异构节点分为 5 种类型：链路异构（Link heterogeneity）、能量异构（Energy heterogeneity）、计算异构（Computational heterogeneity）、感知异构（Sensor heterogeneity）和通信异构（Communications heterogeneity）[179]。

1.异构无线传感器网络的主要特点

（1）节点的类型异构，主要体现在节点收集数据的类型不同，节点初始能量的不同，节点在收集数据的过程中承担的角色不同。

（2）节点在无线传感器网络中功能异构。有些节点只负责收集终端数据，并转发给其他的节点。而有些节点不负责节点部署区域的数据的采集和转发，只负责数据的存储和转发。这些节点相当于网络的组织者，当数据到来后，对数据进行处理后，选择适当的转发路径进行传输。由于无线传感器网络拓扑结构复杂度的差别很大，数据转发过程也不尽相同。较之同构结构中从相同节点中选取适当位置的节点作为簇头的方式，一般来说，在异构网络中，所处层次的不同，节点的类型也不同。

（3）网络拓扑结构的异构。在无线传感器网络节点分簇的过程中，对于不同类型节点以簇为单位进行分组，这些以簇为单位的节点在网络底层被区分并以自组织形成数据终端。这些分簇过程及网络组织形式对于上层的应用程序来说是透明的，用户不需要知道节点如何工作和具体分组方式，只需提出服务请求即可。

2.HWSN 的层次网络体系结构（图 5-1）

在异构无线传感器网络中，节点被任意散落在被监测区域内，节点以自组织形式构成网络。普通节点中测试数据首先传送至高级节点（如图 5-1 中的 Backhaul Node），这些高级节点被当作是簇头节点，簇头节点负责数据的聚集（Aggregation）、

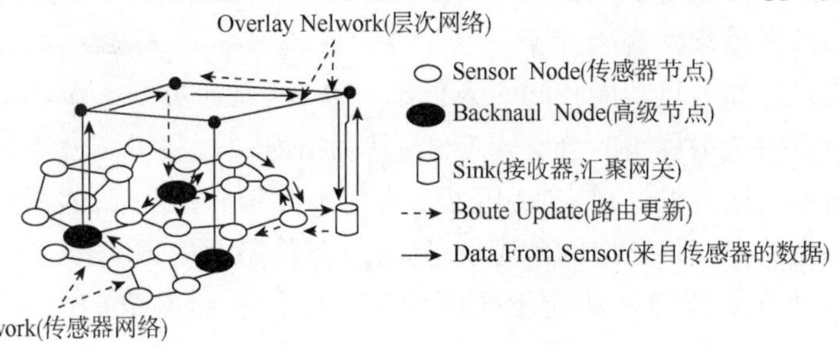

图 5-1　异构传感器网络的层次体系结构

计算和存储处理等,需消耗较多的能量,经簇头处理后的数据以多跳(Multi-hops)中继方式,将普通节点监测到的数据传送至 Sink 网关节点,最终借助 internet 网将整个区域内的数据传送到远程中心进行集中处理。通过分簇的方式,减少了普通节点到 Sink 网关节点的通信量,大大降低了网络整体平均消耗能量,提高了网络的生命周期。网络体系结构是网络的协议分层以及网络协议的集合,是对网络及其部件所应完成功能的定义和描述。对无线传感器网络来说,其网络体系结构不同于传统的计算机网络和通信网络[158]。

在图 5-1 中,我们把 Backhaul Node 高级节点作为簇头,高级节点之间形成一个通信网络,高级节点的主要作用在于数据的聚合和转发,不关注能量消耗问题,而注重链路通信质量和通信带宽等问题;把余下的 Sensor Node 作为另一个层次网络,几个 Sensor Node 和一个 Backhaul Node 形成一个簇,这样的网络是二级层次网络体系结构;当然,也可以根据需要,几个 Sensor Node 可按照一定算法(如节点最大剩余能量优先法)推荐一个普通节点作为簇头节点,然后由这 Sensor Node 形成的簇头再和 Backhaul Node 高级节点进行通信,这样的网络就是多级层次网络体系结构。在实际的网络应用配置时,可根据普通节点密度和到高级节点的通信距离,选择二级层次或多级层次网络体系结构[158]。

3.HWSN 的意义和性能分析

WSN 的结构分为两种:分层式结构和分布式结构。分层式 WSN 由基站(Sink 节点)、簇头和感知节点三种节点组成。基站是一种特殊的网关(gateway),它具有强大的电源能量和计算能力,及充足的存储空间,通常是网络数据的处理中心和用户与网络间的访问控制接口,在一般的应用中假设基站是可信的和配备有防篡改硬件。在感知节点中,资源优越的节点作为簇头,它被安放在具体的位置,负责收集相关区域(称为一簇)的数据,并传输给基站。感知节点负责感知监测区域的数据并传输给簇头节点。分布式 WSN 没有固定的基站,在节点部署前网络的拓扑结构是不可预测的。感知节点通常被随机布撒在目标区域,一旦节点被部署,每一个传感器节点可以和通信半径内的节点进行通信和交互数据,节点可以通过多跳方式将感知数据传输到 Sink 节点。

无论是感知节点功能相同的分布式 WSN,还是通过动态调整策略在功能相同的感知节点中选举簇头的分层式 WSN,其网络寿命短和可测性不好。在同构无线传感器网络数据传输过程中,传感器节点由于自身资源受限,需要与网络中的其他节点以协作的方式将获取的环境信息,通过多跳路由的方式传送给 Sink 节点。从而一种假设节点结构和功能不同的异构无线传感器网络(Heterogeneous wireless sensor networks,简称 HWSN)应运而生,这种网络能够延长网络寿命、提高网络的可测性。在 HWSN 中,仅需要部署少量的性能更好的异构节点就会使得数据传输方式发生大改变,从而提高了网络的性能;与大部分普通传感器节点相比,异构节点在电源、传输带宽、计算能力和存储空间等资源方面具有较大的优势。具体的传输过程为:普通传感器节点只需要将采集的环境信息传输到离自己最近的高级节点,然后数据经由高级节点传输到 Sink 节点。

4.HWSN 的优势

由于异构无线传感器网络中数据转发次数的明显减少,给异构无线传感器网络带来了以下三方面的优势:

(1)数据传输的可靠性将显著提高

假设无线传感器网络中每次无线传输的可靠性为 P_0,那么,同构情况下,数据传输的平均成功率为 $P^F_{\hom o}$;异构情况下,数据传输的平均成功率为 P^F_{hetero},最佳情况下,$P^F_{hetero}=P$。

假设在同构无线传感器网络中,从数据源节点到 Sink 节点的平均数据转发次数为 $F_{\hom o}$;在同等分布下的异构无线传感器网络中,从数据源节点到最近的异构节点的平均数据转发次数为 F_{hetero}。通常情况下,由于 $F_{hetero}<F_{\hom o}$,因此 $P^F_{hetero}\gg P^F_{\hom o}$。而且随着传感器网络规模的增长,两者间的差距将越大。

(2)数据传输的能耗将大大降低,进而可以有效地延长网络寿命

假设无线传感器网络中每发送一个数据包的平均能耗为 E_t,每接收一个数据包的平均能耗为 E_r。同构情况下,若传感器节点总数为 n,且有 m 个节点会直接发送数据给 Sink 节点或将其他节点的数据转发给 Sink 节点,那么所有 n 个节点都发送 1 个数据包时,这 m 个节点将平均耗能为:

$$E_{\hom o}=\frac{n}{m}E_t+\left(\frac{n}{m}-1\right)E_r \tag{5-1}$$

显而易见,这 m 个节点是所有节点中消耗能量最多的一部分节点,而且这 m 个节点的使用寿命将决定着整个传感器网络的寿命。在异构无线传感器网络中,最为理想的情况下,每个普通传感器节点直接将数据发送给最近的异构节点。此时,所有 n 个节点都发送 1 个数据包时,每个传感器节点消耗的能量可用公式(5-2)来计算。

$$E_{hetero}=E_t \tag{5-2}$$

比较式(5-1)和式(5-2),可知 $E_{hetero}\leqslant E_{\hom o}$。只有当 $n=m$ 时,也就是同构网络中所有传感器节点都可以直接与 Sink 节点进行通信时,该式才取等号。而随着网络规模的增大,$n\gg m$,因此将会出现 $E_{hetero}\ll E_{\hom o}$。

(3)数据传输的延迟时间将明显减少

假设无线传感器网络中每次无线传输的延迟时间为 t_1，中间节点转发延迟时间为 t_2，那么，同构情况下，数据从源节点到 Sink 节点的平均延迟时间公式(5-3)。

$$T_{\mathrm{hom}\,o}=(F_{\mathrm{hom}\,o}+1)t_1+F_{\mathrm{hom}\,o}t_2 \tag{5-3}$$

而异构情况下，数据从源节点到 Sink 节点的平均延迟时间可用公式(5-4)表达。

$$T_{hetero}=(F_{hetero}+1)t_1+F_{hetero}t_2 \tag{5-4}$$

最佳情况下，$T_{hetero}=2t_1+t_2$。

通常情况下，由于 $T_{hetero}<F_{\mathrm{hom}\,o}$，所以 $T_{hetero}<T_{\mathrm{hom}\,o}$。而且随着传感器网络规模的增长，两者间的差距将越大。

通过以上对比分析可知，异构无线传感器网络与同构无线传感器网络相比，在数据传输的可靠性、能耗、延迟时间等方面具有明显的优势，而且网络规模越大，优势越为明显。

5.HWSN 覆盖的性能评价指标

(1)覆盖能力

无线传感器网络对目标的覆盖程度体现了网络的服务质量，是评价 WSN 覆盖控制算法的首要标准。

(2)网络的连通性

由于传感器节点的通信能力有限，因此传感器节点收集的数据以协作传输的方式在网络中传输，并通过多跳路由到达目标 Sink 汇聚节点。因此，网络的连通性对传感器网络环境感知、目标追踪等应用的感知服务质量有重要影响。

(3)网络寿命

传感器节点体积小，能量有限，节点数目多，实际应用的环境条件复杂且能量补充困难，如何减少节点能耗、延长网络寿命是传感器网络研究的中心问题。

(4)算法复杂性

传感器节点通常是一个数据处理能力、通信能力和存储能力受限的微型的嵌入式系统。因此，传感器网络对于算法的复杂与否更加敏感。网络覆盖控制算法的复杂度包括算法的时间复杂度、空间复杂度和通信复杂度，这几个指标有时相互矛盾，需要进行折中选择。

(5)网络动态性

在诸如火山监测等移动传感器网络覆盖中，覆盖算法要满足网络动态性的要求，如传感器节点、监测对象和观察者具有运动能力，如运动目标监测覆盖、网络动态覆盖等。因此，WSN 覆盖控制算法是否具有网络动态特性也成为算法的一项评价标准。

(6)网络可扩展性

一般来说，传感器网络中节点数目庞大，没有可扩展性的保证，网络的性能会随着网络规模的增加而降低。因此,从这个意义上说,节点的覆盖控制算法必须考虑网络的可扩展性。

(7)算法实施策略

WSN 覆盖控制算法一般可分为分布式算法和集中式算法两种方式。由于节点内存和计算资源受限,使得节点不能存储大量的信息,并且不能进行复杂的计算。因此,需要设计简单高效的分布式无线传感器网络覆盖控制算法。

(8)对其他技术的依赖程度

由于 WSN 涉及多个学科与领域,并且囿于传感器节点硬件成本、能耗以及感知数据误差范围的约束,一些关键技术和算法还有待发现和研究,比如目前节点准确定位较为困难以及难以在全网络实现严格的时间同步。是否依赖这些关键技术也是衡量覆盖控制算法适用性程度的一项必要的评价标准。

5.1.3 无线传感器在智能交通中的应用

在交通管理中利用安装在道路两侧的无线传感网络系统,可以实时监测路面状况、积水状况以及公路的噪声、粉尘、气体等参数,达到道路保护、环境保护和行人健康保护的目的[165]。

美国运输部曾提出了“国家智能交通系统项目规划”,预计到 2025 年全面投入使用。这种新型系统将有效地使用传感器网络进行交通管理,不仅可以使汽车按照一定的速度行驶、前后车距自动地保持一定的距离,而且还可以提供有关道路堵塞的最新消息,推荐最佳行车路线以及提醒驾驶员避免交通事故等。

由于该系统将应用大量的传感器与各种车辆保持联系,人们可以利用计算机来监视每一辆汽车的运行状况,如制动质量、发动机调速时间等。根据具体情况,计算机可以自动进行调整,使车辆保持在高效低耗的最佳运行状态,并就潜在的故障发出警告,或直接与事故抢救中心取得联系。目前在美国的宾夕法尼亚州的匹兹堡市就已经建成有这样的交通信息系统,并且通过电台等媒体附带产生了一定商业价值[165]。

道路两侧的传感器节点可以实时监测道路破损、路面不平等情况,在暴雨时可以监测路面积水情况,并将这些数据通过无线传感网络实时地发送到相关部门,便于相关部门对道路进行检修或者发布道路积水警报及进行险情排除等工作。道路两侧的传感器节点还可以实时监测公路附近的环境状况,例如噪声、粉尘及有毒气体浓度等参数,并通过无线传感网络系统将这些数据实时发送出去,便于有关部门对道路情况进行监测。Senera 的系统,可用于监测桥梁、高架桥、高速公路等道路环境。对许多老旧的桥梁,桥墩长期受到水流的冲刷,传感器能放置在桥墩底部用以感测桥墩结构;也可放置在桥梁两侧或底部,搜集桥梁的温度、湿度、震动幅度、桥墩被侵蚀程度等,能减少断桥所造成生命财产的损失。在旧金山,200 个联网微尘已被部署在金门大桥,这些微尘用于确定大桥从一边到另一边的摆动距离——可以精确到在强风中为几英尺。当微尘检测出移动距离时,它将把该信息通过微型计算机网络传递出去,信息最后到达一台更强大的计算机进行数据分析,任何与当前天气情况不吻合的异常读数都可能预示着大桥存在安全隐患,系统将根据这一信息通知工程师对其进行修缮,以确保桥梁在遭受地震或其他自然灾害时仍保持完好无损[165]。

智能交通系统(ITS)是在传统的交通体系的基础上发展起来的新型交通系统,它将信息、通信、控制和计算机技术以及其他现代通信技术综合应用于交通领域,并将“人-车-路-环境”有机地结合在一起。在现有的交通设施中增加一种无线传感器网络技术,将能够从根本上缓解困扰现代交通的安全、通畅、节能和环保等问题,同时还可以提高交通工作效率。因此,将无线传感器网络技术应用于智能交通系统已经成为近几年来的研究热点。智能交通系统主要包括交通信息的采集、交通信息的传输、交通控制和诱导等几个方面。无线传感器网络可以为智能交通系统的信息采集和传输提供一种有效手段,用来监测路面与路口各个方向上的车流量、车速等信息。它主要由信息采集输入、策略控制、输出执行、各子系统间的数据传输与通信等子系统组成。信息采集子系统主要通过传感器来采集车辆和路面信息,然后由策略控制子系统根据设定的目标,并运用计算方法计算出最佳方案,同时输出控制信号给执行子系统,以引导和控制车辆的通行,从而达到预设的目标。无线传感器网络在智能交通中还可以用于交通信息发布、电子收费、车速测定、停车管理、综合信息服务平台、智能公交与轨道交通、交通诱导系统和综合信息平台等技术领域[165]。

5.2 移动互联网

5.2.1 什么是移动互联网

移动互联网可以看作是互联网的移动接入形态,它是移动无线通信和互联网融合的产物,由移动运营商提供接入,互联网企业提供各种应用,集成了移动通信随时、随地、随身和互联网开放、共享、互动的特点。我国工业和信息化部电信研究院在 2011 年的《移动互联网白皮书》中指出:“移动互联网是以移动网络作为接入网络的互联网及服务,包括 3 个要素:移动终端、移动网络和应用服务”。学术界对移动互联网的定义并没有完全达成一致,一般认为有狭义和广义的不同理解,即关于移动互联网的定义,有狭义和广义之分。从狭义来看,移动互联网主要是指用户通过终端设备,包括蜂窝移动电话、个人数字助手(PDA,Personal Digital Assistant)、智能手机、平板计算机或者其他手持设备,通过移动无线网络(如GSM,CDMA网络等)接入到互联网中;从广义来看,移动互联网是指用户通过上述各种类型的终端设备,通过各种无线网络(包含固定无线接入网)接入到互联网中,例如通过宽带无线接入网(BWAN,Broadband Wireless Access Network)、无线局域网(WLAN,Wireless Local Area Network)等。

近两年来,我国的移动互联网发展迅速,移动网路接入创造了良好的物理环境,3G相4G网络的过渡也大力推动了移动互联网的发展。根据我国互联网络信息中心(CNNIC)发布的数据,截至2016年6月,我国网民规模达到了7.10亿,其中手机网民规模达6.56亿,占网民比例从2015年底的90.1%提升至92.4%,可见手机网民规模的持续扩大。一方面,越来越普及的移动终端让移动互联网的应用更加深入地渗透到人们的生活当中,另一方面,用户日益增长的需求也推动了移动互联网向更加优异的方向发展,为广大用户带来更佳的体验。

移动互联网的主要特点如下[159]:

(1)相对封闭的网络体系

移动互联网的网络不是自由开放的平台,它是一个相对封闭的网络体系。基于移动互联网的平台从第一天起就有管控能力,用户也知道它是有管控能力的,但用户使用的态度非常不同。例如,在互联网上,用户收到垃圾邮件,不满意,但是用户知道互联网是自由开放的,没有管控,所以除了删除,只能隐忍。在移动互联网上,用户收到垃圾短信,用户需要运营商进行管理[159]。

(2)广域的泛在网

从前不可想象,在社会生活任何一个地方,都有一个双向交流的网络存在。即使是互联网的时代,“随时随地、如影随形”也是不可能想象的,但广域的泛在网就让“随时随地、如影随形”成为可能。这也让大量需要即时的业务和通信成为可能。今天几乎每一个新闻事件都可能被马上发到微博或微信上,每一个事件都可以在第一时间传播,这就是广域泛在网的作用[159]。

(3)病毒性的信息传播

信息的传播曾经是一件非常难的事,所以很容易进行舆论控制。互联网时代信息已经是病毒性的传播,即从一点传播,很快进行多点发散。移动互联网时代,网络是泛在的网络,手机是永远在线的,信息更容易像病毒一样高速、广泛、大范围地传播。因为信息的传播,很多是依据社会关系,比如自己的好友、同事、同学、朋友以及电话号码簿中的成员等,故很大程度上,受众更相信信息的可靠性[159]。

(4)安全性更加复杂

在互联网时代,智能手机已经是人生活的一个组成部分。智能手机可以泄露用户的电话号码和朋友电话号码,可以泄露短信信息,可以泄露存在手机中图片和视频,这些很容易构成对安全的威胁。更为复杂的是,智能手机的 GPS 定位功能,用户很容易被进行实时跟踪。而智能手机中正在形成的电子支付、远程支付的密码泄露,近场支付安全隐患,使智能手机不但是一个方便的工具,也正在成为手雷,给社会生活的安全带来巨大的问题[159]。

(5)身份识别与定位系统

智能手机中电话号码就是一种身份识别,若广泛采用实名制,它也可能成为一个信用体系的一部分,在很多银行和支付系统中,手机已经成为一个重要识别标志。GPS/北斗等的卫星定位以及通过基站进行定位,第一次让随时移动的智能手机具有了随时随地的定位功能,这个功能使信息可以携带位置信息[159]。

(6)业务管理与计费平台

和传统的互联网相比,移动互联网一直是一个云管端整合的平台,它具有业务管理与计费能力,这些能力的整合,可以让移动互联网的业务从传播走向服务,成为一个服务体系。计费无论是对于媒体还是服务,都是一个复杂的大问题,传统的互联网发展中,就是因为无法形成计费体系,一开始的商业模式就只是广告。这也造成了很多互联网公司很长时间找不到商业模式。移动互联网因为实现了身份识别,并可以永远在线,同时无论是远程支付和近场支付的技术已经成熟,因而业务管理和计费已经不再是大问题[159]。

5.2.2 移动互联网与智能交通的关系

从智能交通的定义和内容可以看出,智能交通中会涉及许多高新技术,且交通信息的传输是尤为重要的一个环节。在任何的交通系统中,都不可避免地会涉及到移动体,行人、小汽车、公交车、地铁、火车、飞机等移动体构成了整个庞大的交通网络。移动体的移动性为智能交通的应用造成了一定的困难,交通信息采集、传输、处理等都是如此。尤其是在通信技术的采用上,如果不选择移动网络,就无法和移动体之间进行信息传输,因而移动通信的优越与否在很大程度上决定了交通信息的传输是否高效和可靠,这对整个智能交通系统运行有着不容小觑的影响。可以说,移动通信是智能交通应用中必不可少的一个部分。而移动互联网,是移动通信中较为先进的技术,自然可以称为智能交通中进行数据通信的一种技术基础。尤其是宽带移动互联网的发展,大大提升了移动通信的效率,这对智能交通而言也是有所助力的[170]。

另一方面,宽带移动互联网的发展离不开实践,而智能交通的推广为宽带移动互联网的发展和实践提供了良好的契机,智能交通能够让宽带移动互联网的优势得以充分发挥,如让交通信息的发布有着更强的实时性,用户通过手机终端就可以轻松地掌握自己需要的信息，避开交通拥堵路段，使出行更为便捷。在智能交通系统不断优化的过程中，会对宽带移动互联网提出新要求，而宽带移动互联网能够在实际运行过程中发现存在的问题，从而有针对性地去解决，继而推动宽带移动互联网的演进[170]。

综合来看，宽带移动互联网和智能交通的结合，不仅是智能交通发展对移动通信提出高要求的结果，也是寻求新一代移动通信方式的趋势所向。两者的融合可以互相促进、互相补充，能够产生事半功倍的效果，对于完善智能交通的应用和优化现有的宽带移动互联网技术都有着深远的意义[170]。

5.2.3 移动互联网在智能交通中的应用

移动互联网技术在智能交通控制领域的应用，将全面提升智能交通的管控水平和信息服务水平，实现从现场物理实体的管控到信息空间中虚拟镜像的管控，将为交通信息的情报化分析和交通管理模式的转变提供强大的科技保障，也为降低能耗、改善环境污染、提升城市形象提供先进的技术支撑，具有巨大的社会效益和经济效益。

1.智能交通的关键技术

在实际的应用中，智能交通有以下几个关键技术突破点[163]：

(1)先进的检测、感知、识别技术和车载设备

通过采用射频识别技术、传感器技术获取人与物的地理位置、身份信息等，实现物物相通，包括新一代车载电子装置、车辆自动驾驶设备、驾驶员驾驶能力和精神状态自动检测仪表的研制与开发使用[163]。

(2)信息网络

信息网络需要收集的信息包括：交通基础设施的现行自然状态，设计、施工、使用与维护档案，环境状况，有关的天气条件和预测的天气变化等信息[163]。

(3)交通事故自动检测、预警应变技术

交通事故一旦发生，关键是要尽快地将救护人员召集到事故现场。要求车载装置能自动检测事故的发生，及时自动地通报事故发生地点和伤员人数及其伤情[163]。

(4)先进的交通管理调度系统

需要具备“智能地”、自适应地管理各种地面交通的能力，实时地监视、探测区域性交通流运行状况，快速地收集各种交通流运行数据，及时地分析交通流运行特征，从而预测交通流的变化，并制定最佳应变措施和方案。如：“车辆-道路自动化协作系统”“车联网系统”[163]。

移动互联网技术在交通诱导方面起着重要的作用。交通诱导系统指在城市或高速公路网的主要交通路口,布设交通诱导屏,为出行者指示下游道路的交通状况,让出行者选择合适的行驶道路,既为出行者提供了出行诱导服务,同时调节了交通流的分配,改善交通状况[163]。

2.交通诱导系统的构成

交通诱导系统由以下四个子系统构成:交通流采集子系统、车辆定位子系统、交通信息服务子系统和行车路线优化子系统[163]。

(1)交通流采集子系统

城市安装自适应交通信号控制系统是实现交通诱导的前提条件。这个子系统包括两个关键词:一个是交通信号控制应是实时自适应交通信号控制系统,另一个是接口技术的研究,即把获得的网络中的交通流传送到交通流诱导主机,利用实时动态交通分配模型和相应的软件进行实时交通分配,滚动预测网络中各路段和交叉口的交通流量,为诱导提供依据[163]。

(2)车辆定位子系统

车辆定位子系统的功能是确定车辆在路网中的准确位置。车辆定位技术主要有如下几种方法:地图匹配(Map Matching)定位、推算(Dead-Reckoning)定位、全球定位系统(GPS)、惯性导航系统(INS)、路上无线电频率(TRF)定位[163]。

(3)交通信息服务子系统

交通信息服务子系统是交通诱导系统的重要组成部分,它把主机运算出来的交通信息(包括预测的交通信息)通过各种传播媒体传送给公众。这些媒体包括有线电视、联网的计算机、收音机、路边的可变信息标志和车载的信息系统等[163]。

(4)行车路线优化子系统

行车路线优化子系统的作用是依据车辆定位子系统所确定的车辆在网络中的位置和出行者输入的目的地,结合交通数据采集子系统传输的路网交通信息,为出行者提供能够避免交通拥挤、减少延误及高效率到达目的地的行车路线。在车载信息系统的显示屏上给出车辆行驶前方道路网状况图,并用箭头线标示建议的最佳行驶路线[163]。

随着政府的大力扶持与技术和标准的成熟,智能交通互联网会是互联网发展的重要领域,将朝着大规模网络化、集成化和服务化发展,成为智慧城市的重要组成部分[163]。

第6章 智能交通系统网络层实现

智能交通系统网络层主要包括网络协议实现,异构网络融合,协议互转和网络的安全接入。首先,通信协议是无线传感网络的核心,国内外行业标准众多,特性异很大,目前还没有统一标准,因此先对主流协议技术进行介绍并对其差异进行比较。而由于无线网络的发展变迁,运营商的差异,在智能交通上的运用种类有多种,因此对异构网络需要进行融合处理。各种无线技术覆盖重叠,互为补充,不同的无线网络在带宽、速率等指标上存在明显的差异,终端需要在不同情况下实现切换。智能交通系统作为公共信息服务,提供的网络连接存在诸多安全隐患,而信息安全对整体智能公共交通系统的业务保障作用越来越突出。

6.1 网络协议实现

随着微电子技术以及传感技术的发展,无线传感网络具备了许多突出优势,在许多领域得到了广泛的应用。通信协议是无线传感网络的核心。国内外 WSN 行业标准众多,特性差异很大,目前还没有统一标准。由于 WSN 技术通常具有针对特定应用的特殊性,从通信技术指标和技术标准的成熟性、产业化程度等多个方面进行分析比较,以使其满足不同交通场景的应用需求十分具有必要性。然而,交通应用环境复杂,具有一定特殊性。无线网络在交通应用中还存在许多问题要解决,需要针对性分析和研究,并对协议进行针对性改进。

6.1.1 无线传感器网络协议技术

网络通信体系结构是网络协议分层的集合,是对网络及其部件所应完成功能的定义和描述。无线传感网的网络通信体系结构与传统网络有所区别(图 6-1),其通信体系结构可以分为物理层、数据链路层、网络层、传输层和应用层。此外,还有跨层的安全机制、拓扑管理、能耗管理和远程管理等。

无线传感网大范围实施的关键因素之一是相关标准规范的制定。到目前为止,以 WSN 的标准化工作受到了许多国家及国际标准组织的普遍关注,现已经完成了一系列草案甚至标准规范的制定。下面我们介绍一些无线传感器网络协议标准化现状。

1. IEEE 802.15.4/ZigBee 协议

IEEE 802.15.4 标准规范了低速率无线个域网(LR-WPANs)的物理层(PHY)和

媒体接入层(MAC),目标是为面向低成本、低速率的设备间在通信的无线个域网提供底层通信协议。上层组网方面,ZigBee 是目前使用最广的标准,已有基于 IEEE 802.15.4 实现 IPv6 通信(6LOWPAN)、低功率损耗网络中的路由(ROLL)、基于 IEEE 802.15.4 的应用协议等标准项目。ZigBee 的协议主要由物理层,媒体接入层,网络层以及应用框架层组成。IEEE 802.15.4 标准定义了物理层和介质访问控制子层,符合开放系统互联模型(OSI)。ZigBee 联盟在此基础上定义了网络层 NWK,应用层 APL 架构。IEEE 802.15.4 与 ZigBee 协议的层级架构及相互关系如图 6-2 所示。

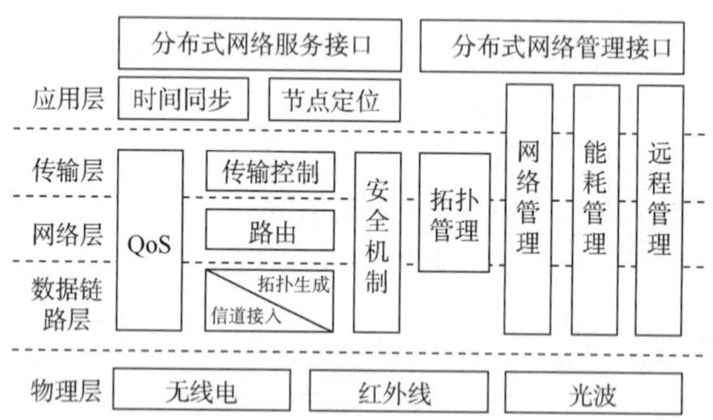

图 6-1　典型无线传感网络体系结构

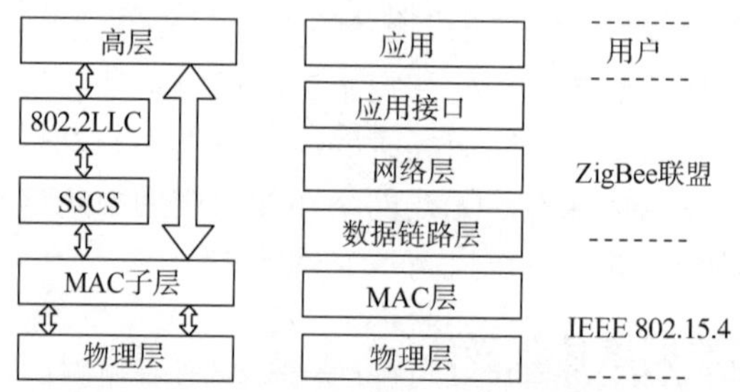

图 6-2　IEEE 802.15.4 与 ZigBee 协议构架图

ZigBee 具有低功耗、低成本、网络容量大、具有灵活安全属性等特点,但在实际应用中仍存在一些问题,例如 ZigBee 协议接入时延较长,开发周期较长;基于2.4GHz开放频段,易受环境干扰等问题,且障碍物穿透能力较低等。尽管 IEEE 802.15.4和 ZigBee 协议已经推出多年,但它们是面向 WSN 的通用应用制定的,因此仅定义了联网通信的内容,没有对传感器部件提出标准的协议接口,因此在城市交通环境中应用 ZigBee 技术,需要针对应用场景特点与应用需求进行针对性的优化与改进设计。

针对专用领域的应用需求,在工业界和学术界都有研究者开始着手对相关协议进行适当裁剪。其中密西西比州立大学的 Reese 设计的 MSSTATELRWPAN 协议栈库是其中较有影响的一个代表。MSSTATELRWPAN 在协议的实用性做了专门考虑，对 ZigBee 协议作了适当简化，并提供开放源代码，使得整个协议的可实施性和可维护性大大增强。该协议所需内存空间不超过 32K，并具有很高的灵活性，一经推出就在世界范围内得到了广泛支持，在工业总线、城市交通、环境监测等诸多领域都有成功应用的案例；目前支持的硬件平台包括 PICDEMZ（MCC18 或 HI-TECH 编译器）、CC2430EM/SOC_BB（IAR51 或 HI-TECH 编译器）、MSP430/CC2420（mspgcc 编译器）。

2. IEEE 802.11/WiFi

IEEE 802.11 协议规定了 WiFi 的基本网络结构包括物理层、介质访问接入控制层（MAC 层）及逻辑链路控制层（LLC 层），其物理层定义了工作在 2.4G 的 ISM 频段上的 2 种无线调频方式和 1 种红外传输，表 6-1 为三层结构示意图。

IEEE 802.11 三层结构示意图 表 6-1

802.2 逻辑链路控制层（LLC）				
介质访问接入控制层（MAC）				
802.11 物理层 FHSS	802.11 物理层 DSSS	802.11 物理层 IR/DSSS	802.11 物理层 OFDM	802.11 物理层 DSSS/OFDM
802.11b 11Mbit/s 2.4GHz			802.11a 54Mbit/s 5GHz	802.11g 54Mbit/s 2.4GHz

WiFi 网络具有较明显的应用优势，可提供随时可接入的、可靠、安全和稳定的网络。但是在应用过程中还存在一定问题，比如同一时间容纳的用户数量有限、不够抗干扰等。此外，由于 WiFi 比有线局域网采用更复杂的协议，因此需要采用更复杂手段进行测试，其 WiFi 产品性能和兼容性检验和测试也是个研究课题。同时，由于无线网络的移动性、动态和空间特性需要采用射频测试与数据测试相结合的工具，并需要考虑干扰、稳定性等特有因素等，使得测试复杂性大增。

3. DSRC

DSRC 泛指所有短距离的无线通信技术，包含不同的技术和不同的规格。用于交通上的 DSRC 在 MAC 与 PHY 的底层为 IEEE 802.11p，是 IEEE 在 2003 年以 802.11a 为基础所制定，又称为 WAVE（Wireless Access in the Vehicular Environment）。DSRC 技术也是车-车、车-路互联通信的国际主流技术。DSRC 最初是为美国交通安全应用开发，并在近 5 年逐步成为商业化产业，美国发布的《智能交通系统战略计划：2010—2014》明确确定 DSRC 技术作为车-车通信、车-路通信关键技术。日本国家智能交通 Smartway 计划中，明确采用高速、大传输量的 DSRC 通信技术作为车辆和道路通信的主要技术，并整合基于 DSRC 的电子不停车收费来进行车-路间的信息服务应用。目前欧洲也已经批准5.9GHZ的DSRC频段,已经在智能交通项目中如CVIS、Safespot等应用了DSRC技术。

专用短程通信(DSRC)技术是智能交通的基础之一。DSRC能提供高速的数据传输,并且能保证通信链路的低延时,保证系统的可靠性。与其他短程通信技术相比,DSRC具备高数据传输率(3~27Mbps)、低延迟、低成本和覆盖率广(约300~1000m)等优点,可以满足车联网(IOV)应用所要求的动态组网、快速接通、应用优先等问题,并且保证系统的稳定性和可靠性,从而成为车-路通信、车-车通信的专用技术。

然而,现阶段DSRC的应用除了在ETC等方面较为成熟,主流的芯片及成型的方案上目前比较欠缺,而且相关工作在国内还没有得到足够重视,需要进一步加强有关标准规范的研制和相关产品的开发工作。

4. RFID

国际标准化组织(ISO)以及其他国际标准化机构如国际电工委员会(QRC)、国际电信联盟(ITU)等是RFID国际标准的主要制定机构。大部分RFID标准都是由ISO(或与IEC联合组成)的技术委员会(TC)或分技术委员会(SC)制定的。RFID领域的ISO标准可以分为以下四大类:技术标准(如射频识别技术、IC卡标准等),数据兼容与编码标准(如编码格式、语法标准等),性能与一致性标准(如测试规范等标准),应用标准(如船运标签、产品包装标准等)。

目前,国际上存在3个主要RFID技术标准体系组织,即美国麻省理工学院的自动识别中心(Auto-IDCenter)演变的全球产品电子代码中心(EPCGlobal)、ISO/IECJTCL和日本的泛在ID中心(Ubiquitous IDCenter,UIC)。三种技术标准存在一定差异。研究频率使用的需求、标签编码规则、电子标签数据传输协议、电子标签应用系统接口规范、电子标签安全管理及可靠性,尤其是多标签同时识别和系统防碰撞等对于无线传感网络的实现具有重要意义。

6.1.2 主流协议技术分析比较

城市交通无线传感网络协议目前还没有统一的技术标准。交通系统的复杂性、应用场景的多变性使得许多无线通信协议在实现智能交通系统功能中都有独特的特点和解决问题的潜能。这一部分中,我们主要关注目前在智能交通系统中应用最为广泛的几种无线通信协议(包括ZigBee、WiFi、DSRCW及Nordic协议),分析误包率(PER)以及接入时延两个方面。通过基于Matlab的仿真,研究各协议在城市交通环境应用中的性能,然后结合城市交通场景的特点,对协议进行对比分析。

1. IEEE 802.15.4/ZigBee 协议分析

对ZigBee仿真主要包括对物理层(PHY)仿真研究其PER性能,对介质接入层

(MAC)仿真研究其 CSMA-CA 信道接入机制对时延的影响。以上两层都有 IEEE 802.15.4 规范定义。

在 PER 性能分析上,移动速度的增加会对协议 PER 产生明显影响,尤其是在相对移动速度较高的情形下。此外,通信距离的增加会对协议 PER 产生一定影响,具体来说,在 200~300m 左右距离条件下,PER 对距离增加较为敏感;而继续增大节点距离则会使受影响程度变小。也就是说,协议支持较好的通信距离不超过 300m。ZigBee 协议在其规定的通信距离内,PER 性能较好。这跟其信号调制方式有关,O-QPSK 调制方法与 DSSS 相结合,为通信可靠性提供了较好的保障。此外,协议在相对移动速度较低时还可以提供不错的性能。

在传输时延分析上,传输时延主要受请求传输数据的节点个数的影响。这是因为,IEEE 802.15.4 协议 MAC 采用的是 CSMA-CA 机制实现介质访问控制,当网络中用户增加时,多用户共同竞争信道,导致信道接入概率下降,从而使帧服务时延增大。IEEE 802.15.4 协议帧服务时延较长,尤其是在多用户情况下。时延是制约通信性能的重要因素,同时时延的增加也会导致服务可靠性的降低。因此,在将 IEEE 802.15.4 协议用于城市交通环境中时,有必要对时延以及可靠性进行进一步的分析和优化,以扩展协议可以支持的应用范围。

IEEE 802.15.4 协议对干扰等影响因素有一定的考虑和设计,采用了一定的技术手段来保证该情形下通信可靠性,另外对较低速的移动也可以支持。但是通信时延以及由此带来的服务可靠性问题需要进一步考虑。

2. WiFi 协议分析

这部分主要考虑基于 IEEE 802.11g 协议的 WiFi,主要的工作频段也是 2.4GHz。与 IEEE 802.15.4 协议相比,IEEE 802.11g 协议支持高数据速率传输。

在 PER 性能分析上,在数据速率为 12Mbit/s 情况下,随着移动速度的增加,WiFi 的 PER 性能下降程度不大,这说明 WiFi 对于快速移动中通信具有很好的支持。另外,在有可视信道(LOS)存在情况下,通信距离为 200m 左右;而若无可视信道(NLOS),通信距离只有 50~100m。在长距离的情况下,由于衰减加剧,信号强度对误包率的影响占主导作用,导致不同移动速度下的误包率基本一致。

在传输时延分析上,IEEE 802.11g 协议与后面研究的基于 IEEE 802.11P 协议的 DSRC 相比,主要的差别体现在 PHY,而在 MAC 基本保持一致。因此,传输时延分析将在 DSRC 协议分析部分的 IEEE 802.11P 协议时延分析中进行,此处不再单独列出。与 IEEE 802.15.4 协议相比,基于 IEEE 802.11g 协议的 WiFi,能提供更高的传输速率,同时对移动条件下通信化有更好的支持。但是更大的带宽是以高功耗和高成本为代价的,这在实际应用中要根据应用需求以及应用环境特点来综合权衡。

3. DSRC 协议分析

DSRC 的 PHY 与 MAC 由 IEEE 802.11P 协议规定。因此,这里主要对 IEEE 802.11P 协议进行仿真。与上文研究的基于 IEEE 802.11g 的 Wifi 相比,IEEE 802.11P协议为了增强抗衰落能力,将信号的传输带宽由 IEEE 802.11a(IEEE 802.11g集成了 IEEE 802.11a 和 IEEE 802.11b,这里不再做详细介绍)中的 20MHz 减小为 10MHz,也即其时域上信号的长度(OFDM 符号长度和 CP 长度)增为 802.11P的两倍,对多径衰落具有更高的鲁棒性。

随着速度的增大,由于多普勒变大,信道的时变特性增强,会导致传输性能变差。与 WiFi 相比,对移动速度的支持有了改善。这与 IEEE 802.11P 对带宽等改进设计有关。在通信距离的支持上,二者基本一致。从传输时延的仿真曲线中可看到,随着网路中用户数的增多,被研究用户的传输时延明显增加,这主要是由于多用户共同参与竞争信道所致。当被研究用户传送数据包失败时,需要重新与其他用户竞争信道进行数据包重传,只有当其竞争到信道时,才能实现重传,而每次传输失败进行重传时,其回退窗长度会加倍(直至 CWmax),导致其接入概率下降。IEEE 802.11 系列协议在移动性能与时延方面,较 IEEE 802.15.4 协议都有很大改善。而 IEEE 802.11p 与 IEEE 802.11 相比,对抗衰落性能又有较大的提升。而这也是 DSRC 技术在车联网,或者说智能交通领域有较好性能的基础保障。

4. Nordic 协议分析

与前面所研究的协议不同,Nordic 是一种私有协议。工作频率为 2.4GHz,传输速率可以是 250kbps、1Mbps 和 2Mbps,使用高速率可以获得较低平均电流从而减少空中受干扰和碰撞机会,使用较低的速率将会获得更好的接受灵敏度。协议采用 GFSK 调制方式。

在 PER 性能分析上,数据率越低,PER 性能越好。整体来说,移动速度对 PER 的影响不是特别明显。但数据率越低,移动速度对 PER 性能的影响相对明显。这是因为数据率越低,一个数据包需要的传输时间越长,从而受时变信道的影响越大。Nordic 协议对通信距离较为敏感,在短距离范围内性能较好。

传输时延分析上,从帧服务时延曲线中可以看出,随着网络中用户数的增多,帧服务时延明显增大,这主要是由于多用户共同参与竞争信道所致。Nordic 协议的时延特性较好,尤其是在网络节点数较少情形下。Nordic 协议与 ZigBee 协议性能比较类似,在数据速率以及时延方面较 ZigBee 协议有优势,但数据速率不及 IEEE 802.11 系列协议。通信距离方面基本接近。Nordic 协议是一个私有协议,可以作为协议设计的参考。

5. 主流协议特点比较

结合以上协议规范规定的协议特性,对常用的无线传感网络协议特点进行比较。这里主要对前面所研究的 ZigBee、WiFi、DSRCW 及 Nordic 协议,从 PER、时延、发射功率、传输速率、移动通信支持、覆盖范围以及频谱等角度对协议主要特点进行比较。此外,考虑到城市交通系统中目前应用较广泛以及未来物联网建设的重要支撑技术——RFID 技术,这部分还特别结合城市交通场景特点对 DSRC、ZigBee、RFID 在车辆识别应用中的呈现的特点进行了比较分析。

(1)协议特点对比

由上文以及协议的规范,可得到主流协议技术性能比较结果如表 6-2 所示。由表可知,在高速数据传输应用中,DSRC 是理想的实现手段。而且 DSRC 很好的时延特性也使其成为一种很有应用潜力的技术手段。但由前文可知,DSRC 技术的研究目前还不完善,还不能实现大规模的推广应用,研究其他通信方法很有必要性。在低速数据传输需求场景中,ZigBee 是一种具有很多有利特点的技术,其针对提高可靠性所进行的设计表现出了较好的性能。考虑到 ZigBee 灵活组网的能力,在城市智能交通网络中的数据采集与控制应用中将会表现出很大的优势。但其时延特性较差,这点在设计中需要考虑。

主流协议技术性能比较　　表 6-2

协议标准	性能参数及比较					
	PER 与传输时延	最大发射功率	传输速率	高速移动适应性	覆盖范围	频谱可用性
ZigBee	性能较好	10mW	250Kbps	一般	一般	受限
WiFi	性能一般	10mW	支持高速	较好	一般	受限
DSRC	较 WiFi 好	10mW	支持高速	较 WiFi 好	类似 WiFi	有规划专用频段
Nordic	性能一般	1mW	2Mbps	一般	较 ZigBee 小	受限

(2)DSRC、RFID、ZigBee 技术在车辆识别中的特点比较

车辆识别是本书考虑的一种典型城市交通应用。下面将针对城市交通应用场景特点与车辆识别功能需求,对常用的识别技术特点进行比较。这些技术包括 DSRC、RFID 与 ZigBee 技术。

对于城市智能交通系统建设来说,对车载通信设备的要求主要包括低成本、低功耗、体积小,易于安装等。首先,设备功耗是一个重要的考虑因素。一般来讲,车载设备会设计为可以尽可能长时间独立工作。其次,车载设备的体积要尽可能小,这样在多种车型上都可以轻松安装,不会由于太多的空间占用而影响车辆使用或者乘坐的舒适性。另外,设备的成本要严格控制,这样才能在未来的智能交通系统中大规模实现和推广。并且由于城市交通环境的复杂性,许多 ITS 的应用,尤其是

安全相关的应用,对于通信技术的时延指标提出了较高要求,这一点在通信技术的分析与设计中要十分重视。然而,在很多应用中,对高数据速率并没有太大要求,这一点在与车辆识别相关的应用中体现的尤为突出。在这类的应用中,许多传输涉及的数据主要是车辆身份识别信息以及少量的控制信息,而且设备通常不会持续传输数据,因此在这类应用中高数据速率不是关键考虑因素。相反,高数据速率通常会增加功耗,在系统设计中对这一因素也要充分重视。本书主要关注的是低数据速率即可以满足需求的应用。综合以上考虑,研究一种可靠、低成本、时延在可控范围内的,并且容易与其他通信功能集成的识别方法,对于城市环境下车辆识别的实现具有重要推动作用。下文将从这几个方面对 DSRC、RFID 和 ZigBee 技术进行比较。

DSRC 由于其高数据速率、低时延、高可靠性以及具有较理想的通信范围的特点,是实现智能交通系统的一种非常有潜力的技术。这一点在实现安全相关应用中表现得尤为突出。然而,考虑到前面提到的城市交通系统对通信技术的要求,DSRC 一般来说成本较高、功耗较高、设备较为庞大。这些特点都限制了基于 DSRC 技术的设备在城市交通系统中的大规模推广与应用。RFID 技术是一种在供应链与物流管理系统中大量使用的识别技术。作为一种低成本、较成熟的识别标签,RFID 技术在交通管理系统中也被用来实现公交车辆的识别与追踪。然而,由于 RFID 技术本身没有组网能为,一般来说,RFID 技术需要与其他无线通信技术相结合来实现车辆识别功能,比如采用 RFID 与 ZigBee 结合的方案。RFID 本身只能提供识别的功能,其他通信与组网功能需要靠辅助设备来实现。因此,研究基于这些辅助通信设备直接实现能满足需求的识别方法,并且易于集成到原通信协议中,将对城市交通系统发展有重要推进作用。本书研究的一个重要目的就是设计易于集成于无线传感协议技术中的,可以实现类似 RFID 技术提供的轻量化识别功能的车辆识别方法。

ZigBee 技术作为一种典型的低成本、轻量化的近距离无线通信方法,可以满足许多城市交通应用需求。对于新兴的短距离无线通信市场,大量私有协议的出现使其过度碎片化。ZigBee 设计目的是通过定义一整套创新的协议标准,解决这些私有协议带来的互操作问题。它的协议简单、低功耗以及低成本特点促进了其大规模推广。作为一种在全世界范围内被广泛使用的主要近程无线通信技术,ZigBee 有很大的成本优势。协议基于成熟的 IEEE 802.15.4 实现,也为实现灵活的网络拓扑提供了保证。Kelvarajah 等在文中对 ZigBee 协议在智能交通系统中应用的可行性进行了研究,且提出了一种基于 ZigBee 的车辆识别系统。整个系统包括授权车辆数据库、基于 ZigBee 设备的车辆标签、标签阅读器以及写标签设备。但是,ZigBee 协议本身是为了灵活组网而开发的,为了建立可靠的数据链路,协议设计了复杂的网络接入流程。要在城市交通系统中应用,需要对其进行优化与改进来降低时延。而且,ZigBee 工作在 ISM 开放频段,该频段存在严重的干扰。因此,进一步改进来提高支持服务的可靠性,也是 ZigBee 应用需要考虑的重要方面。以上两点都可通过对 ZigBee 协议的轻量化改进来实现。

6.2 异构网络融合

随着信息技术的发展,信息化逐渐渗透到人们的日常生活中,车联网技术属于物联网的定义范畴,主要应用于智能交通系统,目前各运营商的参与,加上各国对车联网的研究的深入,各种无线通信标准应用到车联网中,虽然移动终端的选择更多,但无线网络变得更加复杂且难以掌控,因此对相关技术的研究和完善也永无止境。

自 1897 年无线通信诞生开始,无线通信的发展经历了四次较大的历史变迁。最早出现的是 20 世纪 70 年代发明的第一代移动通信系统,基于模拟通信技术,采用频分多址,容量有限,通话质量差,保密性差。80 年代,随着工业化的快速发展,人们对数据业务的需求使得第一代模拟无线通信系统向着第二代数字无线通信系统演进;具有代表意义的是 GSM 系统,它不仅能满足用户对语音业务的需求,还能提供额外数据业务和短信息业务,为此 GSM 广受欢迎。90 年代,随着用户需求的不断提升,第三代无线通信系统诞生,因为采用扩频通信技术,因此带宽较之前的无线通信系统大很多,这样就可以支持更大数据速率的服务(如数据下载),而且能够将高速移动接入与基于互联网的服务结合起来,实现移动互联网。B3G/4G 是对 3G 之后的下一代移动通信系统的称呼,支持更高的数据传输速率,向着移动通信宽带化、网络 IP 化、支持高速移动的方向和目标发展。与此同时,各类无线局域网如 802.11b/g、Ad Hoc 网络、无线城域网 WiMax、无线个域网 Bluetooth 以及移动蜂窝网络也逐步得到社会的广泛专注,它们都有各自独特的发展方向,满足不同用户的不同需求。在多种无线网络泛在化的今天,我们无法用其中一个网络代替另一个网络,因为用户的需求和业务的不同特性产生对 QoS 不同的需求,所以异构网络融合成为热点问题。异构网络融合就是将各种不同通信模式连接在一起、实现不同模式通信设备之间的互联互通,各种网络发挥自身特点,彼此相互共存和补充,实现服务的多样化,还能提高整体的网络系统容量。当前无线通信技术的快速发展,用户业务的多样性、个性化的需求不断增长决定了异构融合相关技术具有很高的应用意义。

6.2.1 异构无线网融合方案

将现有的无线网络按照其覆盖范围大概可以分为 5 类:①无线局域网(如

IEEE 802.11a/b/g/n);②无线广域网(如 3G/2G);③无线城域网(如 IEEE 802.16、802.20);④无线个域网(如 IEEE 802.15);⑤卫星通信网络。未来的通信网络是一个多种无线接入网的覆盖区域相互混叠异构网络系统,对于采用哪种方式来实现异构网络的互联互通,人们提出了不同的解决方法。现在的网络共存模式主要分为松耦合模式和紧耦合模式。

松耦合模式(图 6-3)在异构网络中,比如 3G 与 WLAN 的融合,在网络拓扑上,WLAN 网络并没有与 3G 网络直接相连,而是通过网关直接与互联网连接,它们的接入控制完全独立,彼此只是作为对方的补充,互不干扰,融合程度极低。由于终端在进行网络通信时,可能频繁地在 WLAN 和 3G 网络间进行切换,而两个网络在鉴权、认证和计费方面又需要共同完成,因此,两个网络可以共同使用同一个用户数据库,这就需要在 WLAN 和 3G 网络之间增加一个业务网关,类似移动网络增值业务的接口,如果要访问移动网络的增值业务,则需由这个网关来进行业务把关与控制。

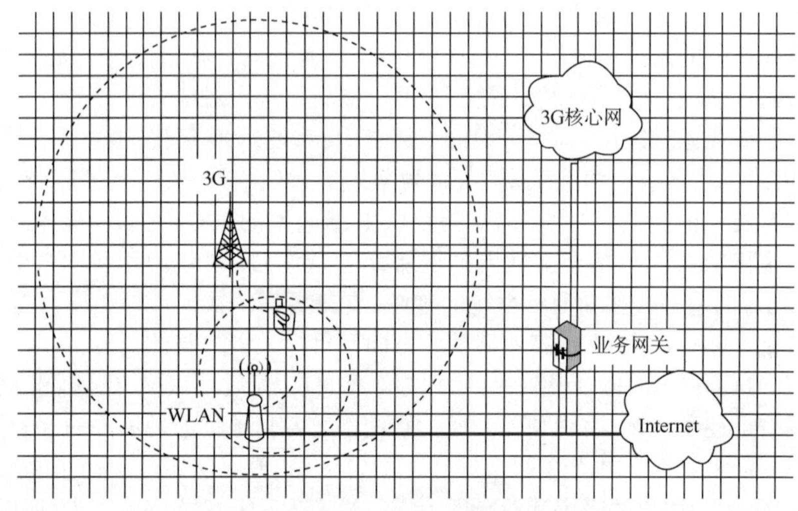

图 6-3　松耦合示意图

在紧耦合模式(图 6-4)中,两种网络合作则更加密切,可以认为一个网络(WLAN)是另一个网络(3G)的子网络,WLAN 的数据在到达外部数据网之前要经过 3G 核心网,这种情况下,WLAN 是作为 3G 网络的一个无线接入网存在的,使用 3G 网络的认证、授权和计费,因此需要 WLAN 网关实现 3G 无线接入网的所有协议(如移动性管理、认证等)。

两种模式各有各的优劣势,松耦合相对来说,技术要求较低,两种网络相互独立,互不影响,不需要对现有网络设备进行大的升级和改造,网络简单容易实现,对移动终端也没有特殊要求，应用面比较广，但采用此模式时，当移动终端在两个网络间进行切换时，不能保证前后会话的连续性。紧耦合模式采用的是统一的接入服务器，可以共用网络的各种资源，由于属于相同的IP段，用户在进行两种网络间切换时，属于子网间切换，因而能够体会到更小的网络时延，但紧耦合互联的实现技术难度大，需要更复杂的硬件设施，并跟随系统的升级而升级，对移动网络技术的耦合性要求很强。

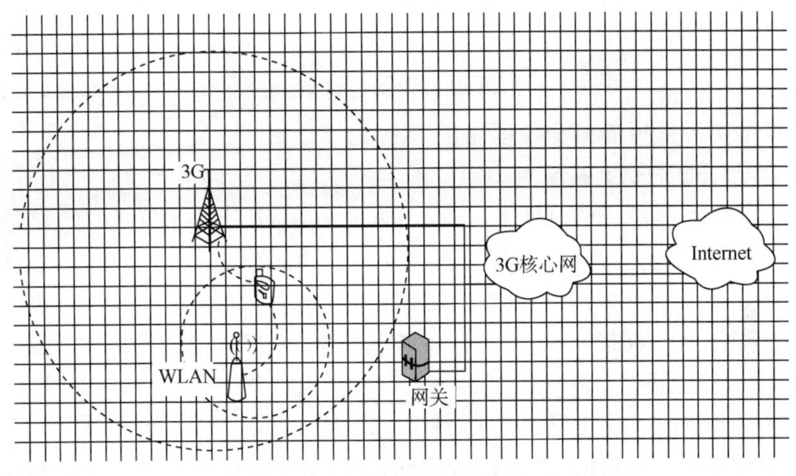

图6-4　紧松耦合示意图

6.2.2　异构无线网融合面临的问题

在异构无线网络环境下，不同的网络提供不同的QoS，加上用户习惯、业务类型、运营商的差异以及终端工作环境的变化，要求终端具备接入、移动和正确选择接入网等不同的业务能力，这些因素相互影响，构成了各种无线网络的异构特征，对于网络的稳定性、可靠性和高效性提出了挑战。同时，移动端管理、无线资源管理、QoS保障等成为异构无线融合面临的关键问题。

异构网络具有高复杂度，在不同接入网共存的情况下，移动性管理机制不仅要考虑用户的体验，更需要考虑整个网络系统的资源分配问题，过去同构网络移动性管理机制只是侧重于用户对QoS的满意度，如保障高速率、低延时和低误码率等，现在则需要从网络的角度去衡量业务接入是否影响其整体性能，从而兼顾用户的满意度和网络系统容量最大利用。异构网络中的无线资源管理是一组网络控制机制的集合，包括切换技术、接入技术、调度技术等，与传统无线资源管理不同，需要统一调度网络资源；同时，自适应的动态优化和分配网络系统资源，实现负载均衡，从而使整个系统容量达到最大化，比较理想的实现方式有接入网控制机制。对于不同的业务，我们对

QoS 的需求是不同的,而不同的接入网络也拥有不同的 QoS 保障能力和保障机制,因此,需要实现稳定地、自适应地保障不同类型业务 QoS 需求的机制。

6.2.3 接入网选择

接入网选择概念源于无线网络的异构性和网络的重叠覆盖性,因为异构网络架构、运营商、采用的关键技术等方面都存在差异,用户不再由一个运营商或单一接入网络提供服务,用户需要在多种无线接入并存的环境中,选择最恰当和最有效的无线承载,因此网络选择是未来异构网络融合的关键技术之一。始终保持在异构网络环境中的最佳接入,即获得很好的用户满意度,同时能够使网络平衡负载,这就使异构接入选择的概念应运而生了。

对于接入网的选择,按照考虑因素的多少,大致分为两大类,一类是单一参数的接入网选择算法,如基于 RSS(Received Signal Strength,接收信号强度)网络选择算法;该算法主要是通过计算移动终端与接入点之间的距离来分析终端接收无线信号的强度,哪个信号强度大则选择哪个为最佳接入网络。相关文献提出根据网络负载来选择接入网目标,在接入前,先分析各备选网络的负载情况,最终选出最小的负载网络接入;相关文献提出根据终端的业务类型来选择接入网,比如进行视频通话,对实时性要求比较高,则需要选择时延小,丢包率低的网络,如果在进行下载任务,则要求带宽高的网络。在实际条件下做接入网选择,如果仅仅考虑到一个因素作为判决条件一般是很不科学的,毕竟影响网络的因素不止一个,如网络时延、带宽、网络负载、丢包率等都会影响无线的服务质量,因此,出现了第二类即多参数的接入网选择算法。具有代表性的有博弈论模型,包含三种:用户与用户、用户与网络、网络与网络的博弈论模型。博弈论主要是用来进行资源分配,如信道分配、带宽分配、功率控制等,可以有效处理异构环境中的竞争和互动,因而提高选择的准确性。虽然这些接入网选择算法理论上都能为用户提供最优网络,但在实际情况下,它们却忽略了网络的整体容量,也并不能完全适用于具有多样性业务的车联网环境用户的需求。若同时能够使网络负载均衡,则需一个有效的接入网选择方案。

1.接入网选择目标

在车联网异构无线网络的移动性管理和无线资源管理中,一个良好的接入网选择机制来实现备选网络的资源合理分配以及获得最大的多接入增益是非常重要的,它不仅关系到用户的接入服务体验,也关系着网络的可用资源利用率。

接入选择机制按照触发原因可分为初始接入选择和接入重选,初始接入选择即新业务产生需要变换到符合要求的目标网络,如进行音、视频会话业务则需要目标网络具有更好的实时性,接入重选则是指用户移动或者现有的网络 QoS 变化而引起的接入选择。

根据触发条件和选择倾向可以总结出如下三种目标网络：

(1)能保障用户 QoS 的网络

根据移动终端的不同业务对 QoS 的需求不同，选择能保障相应业务 QoS 需求的网络进行接入。

(2)信息传输质量好的网络

信道传输质量是关乎用户体验的重要指标，选择信噪比最大和路径损耗最低的网络进行接入就可以达到这一目标。

(3)负载均衡

接入选择不仅要满足移动终端的服务需求，还得实现整个异构网络的负载均衡，可通过将负载较重的接入网络中的用户分配到负载较轻的其他接入网络中，以提高整个网络系统负载均衡分配。

综上所述，接入网选择的目的是在保障用户请求所需 QoS 的前提下，实现整个网络系统的负载均衡，达到网络资源的最大化利用率。

2.影响接入网选择的因素

影响车联网异构无线网络接入网选择的因素很多，根据因素的特性可分为静态因素和动态因素，而根据因素所属的不同可以分为三个层面：网络层面、用户层面和应用层面，如下表 6-3 所示。

接入网选择的决策因素 表 6-3

层面类别	决策因素	
	静态因素	动态因素
网络层面	网络运营商、网络类型、覆盖范围和地理位置等	信号强度、链路状态、可用负载和时延等
用户层面	用户类别、用户偏好、终端类型、耗电量等	移动速度、位置信息、用户行为等
应用层面	业务类型、服务费用、安全因素等	带宽分配、拥塞状态、应用优先度等

从上表中可以看出，每种因素都影响着网络提供给业务员的 QoS 保障，这些因素的影响各不相同，总结如下：

(1)价格：各个运营商的资费标准不同，这些影响到通信的成本和性价比，这对于用户来说比较重要，网络选择需要把价格的因素考虑进去，作为满足用户需求的关键因素。

(2)传输速率：不同接入网有着不同的传输速率，对于诸如下载应用或媒体流对数据传输速率有较高要求的业务，用户期望能得到高传输速率的服务保障。

(3)时延:在实际通信中,时延是影响网络决策的重要因素,而不同业务对时延的敏感性不同,这就需要根据业务的类型选择适应时延敏感性的最为合适的网络。

(4)可用带宽:在车联网异构无线网络中,不同接入网提供不同的带宽,无线局域网能够提供更高的可用带宽,这样在广域网范围内形成许多高带宽的热点地区,移动终端在这些热点区域中可进行带宽测量,有选择地进行切换,达到享受高质量的接入服务。

(5)丢包率——连续若干个包以一定的时间间隔在网络中传送时,被丢掉的包所占的百分比,不同类型的业务对于丢包率的敏感性不尽相同,这影响到网络选择的决策方式。

3.接入网选择功能模块

在车联网异构无线资源管理中,如何利用有效的接入网选择策略实现备选网络的资源合理分配是一个重要的研究内容,在上一章我们提到,接入网选择从考虑网络参数来看,有单一参数接入网选择算法和多参数接入网选择算法,虽然这些接入网选择算法理论上都能为用户提供最优网络,但在实际情况下,它们却忽略了网络的整体容量,也并不能完全适用于具有多样性业务的车联网环境。一个有效接入网选择方案不仅要考虑到全网的整体容量,还应该支持业务的多样性。

考虑网络参数,全网容量以及业务类型,接入网选择的功能实现需要用户偏好模块、位置信息管理模块、业务类型模块以及负载均衡模块。

(1)网络参数模块

网络状况和性能参数作为接入网选择判决因素包括各个网络提供的吞吐量、时延、抖动、丢包率、带宽等。网络参数模块主要向终端提供可用接入网络信息列表,每个列表包括备选网络带宽、信号强度等,并将这些信息通知到用户偏好模块,触发新的接入选择过程。

(2)用户偏好模块

在接入网选择时,由于用户的经济状况和不同用户对网络选择判决参数表现出不同的重视以及对网络服务需求的差异性,使得用户可能选择接入不同的网络,因此,我们可以将用户的历史数据存档,通过分析对判决参数设定不同优先级别,为用户提供合适的网络选择接入。

(3)位置信息管理模块

由于车载环境的移动性,网络拓扑结构变化快,不易掌控,但我们可以通过参考车辆移动方向与速度来进行选择合适的网络接入。例如,当路侧基站负载比较多,而移动终端又处于文件下载或者视频点播状态时,可以考虑选择附近移动终端提供的热点来接入,当附近有移动速度相近的同方向行驶的车辆,且对方正好携带自己所需要的数据,即可执行接入选择过程。

(4)业务类型模块

针对车载通信网络环境,主要业务有:音、视频会话应用,基于地理位置信息的娱乐服务(例如周围商家的打折促销信息,普通商业广告的发布,多媒体娱乐信息的发布和获取),基于交通安全的实时路况信息、交通管制信息的发布与获取,也可以是地点及周边信息查询、自驾路线规划服务等。因为不同的业务对网络的需求不同,如音、视频会话应用,对网络的实时性要求比较高,而下载则要求带宽比较大,因此最优接入网也不尽相同。

(5)负载均衡模块

负载均衡模块不仅仅要考虑到用户的需求,更要考虑网络的整体容量。举个简单的例子,当附近有两个类似的 AP 可接入,如果 AP1 的信号量强度和 QoS 都优于 AP2,但负载却很重,根据多参数标准来看,AP1 成了首选接入点,但显然不符合实际情况。因此,在网络选择之前,先进行负载能力的分析,可以降低对备选网络的误选。这些模块相互作用,在接入网选择的过程中,针对不同的场景,可能各模块的优先级别也随着不同。忽略这些决策因素侧重点,从移动终端看,我们可以把接入网选择分为三个阶段:参数输入、参数分析处理以及备选网络的输出。由此可知,在接入网选择的过程中,最重要的是明确核心目标,从用户的角度考虑,接入网必须尽可能满足自己的 QoS 保障,同时成本尽可能低;从网络方面看,当移动终端接入到新的网络,应当尽可能不要影响到网络的整体性能,同时还可以给运营商带来盈利。这样,在车联网不同应用、服务和业务的场景下,根据双方的需求对输入的参数进行分析处理,然后找出最为满足选择目标的备选网络。参数的分析处理则是围绕着移动终端和网络需求的不同而制定不同的选择策略,比如移动终端在进行音、视频会话应用时,对网络的实时性要求比较高,而下载应用则要求带宽比较大,还有时延低、通信成本低等其他要求,网络则要求负载均衡。

6.3 协议切换

在进行接入控制时,涉及一个重要的实现问题——切换,切换是多网络融合最重要的功能。网络中各种无线技术覆盖重叠,互为补充,不同的无线网络在带宽、速率等指标上存在明显的差异,终端需要在不同情况下实现切换。切换是指一个设备在移动通信的过程中,从一个基站的覆盖范围区域内移动到另外一个基站的覆盖范围区域内,或者可以描述为由于受到外界等其他因素的干扰,导致无线通信信号质量下降,从而使得当前设备改变现有的无线通信信道,转为其他通信质量较好信道的过程[190]。

6.3.1 协议切换的必要性

车联网无线通信技术的发展和用户需求的不断提高,使得车联网应用如实时多媒体、视频、广告推送、信息安全等服务相继诞生,这其中如多媒体、视频对实时性要求特别高(如视频流媒体不能超过 150ms,VoIP 的数据包到达时时间间隔不能超过 50ms),对于时延比较敏感的业务使得对切换技术有了更高的要求,因此需要采用一定的优化机制来缩短切换时延,否则严重影响此类应用的通信质量(如语音出现断断续续,视频出现卡带现象)。而且如果切换耗时过大则会引起数据包丢失,业务会话中断,实时通信无法继续保持。但是,由于 IEEE 802.11 本身并不支持快速切换,鉴于上述原因,在实时业务需求日渐高涨的时代,探索一种切换耗时小、丢包率低的快速无缝切换技术就显得十分必要。

6.3.2 现有的切换技术

当移动终端从一个 AP 的覆盖范围进入到另外一个 AP 的覆盖范围并进行切换时,由于 DHCP 机制的存在,新的网络会给移动终端分配新的 IP 地址;IP 地址的改变使得移动终端与主机通信中断,必须重新进行连接,这种情况对于实时性要求低的应用如文件传输或下载可能影响不太大,但对于音、视频会话这样的实时通信,意味着必须重新建立会话,造成用户体验下降。

切换存在多种不同的方式。按照管理域,可以将切换划分为域外切换和域内切换;按照移动终端所在的位置,可以将切换分为网内切换和网间切换;根据切换的强制程度,可以分为强制切换和选择切换;根据网络的性能,可以将切换分为无缝切换、快速切换和平滑切换;根据网络类型,在多层网络结构中,可以将切换分为水平切换和垂直切换[191]。切换分类示意图如 6-5 所示。下面主要针对水平切换和垂直切换进行相应分析和研究。

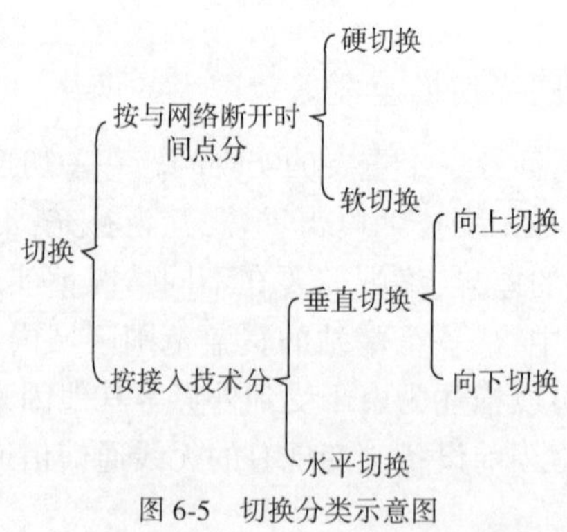

图 6-5 切换分类示意图

(1)硬切换和软切换

硬切换遵循“先断后联”的原则,即终端用户先断开与原网络间链路的连接,再与新接入点建立连接,中间一定会出现通信中断的情况。而软切换遵循“先联后断”的原则,即终端用户与新选择的接入点启动连接之后,才断开与原接入点之间的链路连接。它不会导致通信链路的中断,而且在这个过程中,终端可以和多个接入点保持连接,切换的过程中会存在用户终端同时与多个网络通信的情况。软切换具有高可靠性和提升上行链路容量的优点,但是实现起来会增加系统的复杂性。一般而言,第二代移动通信网络(2G)和无线局域网(WLAN)中使用的都是硬切换技术,只有CDMA网络采用软切换的方式。

(2)水平切换和垂直切换

根据切换前后接入网络的类型是否发生改变,将切换分为垂直切换和水平切换。两种或两种以上采用不同接入技术的无线网络融合,形成异构网络。在异构网络中不同网络覆盖范围重叠的区域,可能发生同种接入网络之间的切换,也可能发生不同接入网之间的切换。

①水平切换

水平切换一般是指在同一种接入技术网络之间的切换,即相同接入网络间的切换。例如,在WLAN网络中,同一个移动终端在不同AP之间的切换,或者是在3G网络中,由于移动终端位置的变化,导致其从一个基站切换到另外一个基站[190]。

②垂直切换

垂直切换一般是指不同接入技术网络间的切换,即在异构网络中,不同接入网络间的切换。例如,移动终端在WLAN网络和3G网络间的切换。在该种切换方式下,由于垂直切换具有不对称性,无线网络链路以及无线接入过程存在较为明显的差异。因此,根据切换的方向,又将垂直切换分为向上切换和向下切换。向上切换是指从覆盖范围小的网络切换至覆盖范围大的网络,相反的方式称为向下切换[190]。图6-6为水平切换和垂直切换的示意图。

目前使用最广泛的切换为水平切换和垂直切换,这两种切换过程与我们日常生活密不可分。由于这两种切换方式的不同,导致在切换前后接入技术的异同,同时在切换判别因素、切换控制方式以及切换触发原因等不同方面都存在着差异,表6-4分析了垂直切换和水平切换在各个方面的异同[192]。

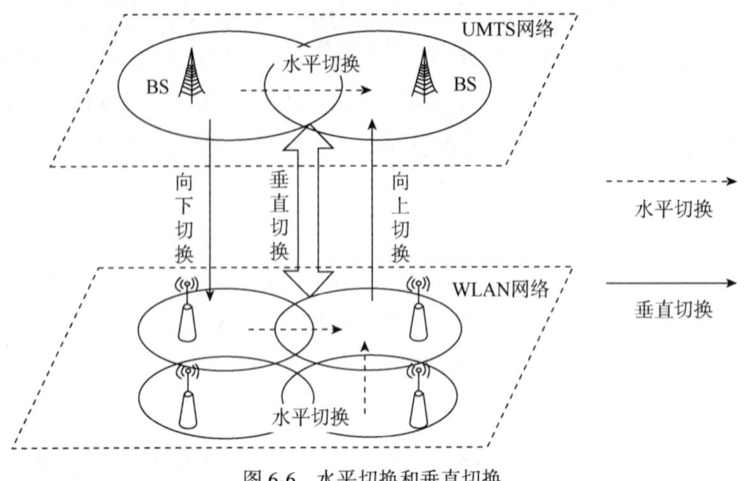

图 6-6　水平切换和垂直切换

水平切换与垂直切换对比　表 6-4

对比点	水平切换	垂直切换
对称性	对称	否,分向下和向上切换
接入网络	相同网络	不同网络
触发因素	终端移动,接入点不同导致	接入点变化,由相对位置变化或者接入网不同引起
决策因素	主要是链路状况,信号强度减小	综合考虑应用、用户、终端、网络等相关因素
控制方式	常由网络进行控制,终端被动地完成或辅助的测量工作	业务 QoS 要求或用户偏好发动
链路转换	链路层实现	1.链路层实现; 2.网络层及上层实现

6.3.3　垂直切换的过程

网络垂直切换的过程,主要包括三个阶段:网络发现阶段、切换决策阶段和切换执行阶段。图 6-7 为网络垂直切换的示意图,其中网络发现阶段为移动终端或者用户在当前的网络状态下,发现或者搜索现有的网络,从而供用户选择和连接;切换决策阶段是指根据切换判决参数来决定所要切换的网络,同时确定什么时候发生网络切换;切换执行阶段是指移动终端或者用户根据上述决策的结果,从当前连接的网络中断开切换到新的网络中[193]。

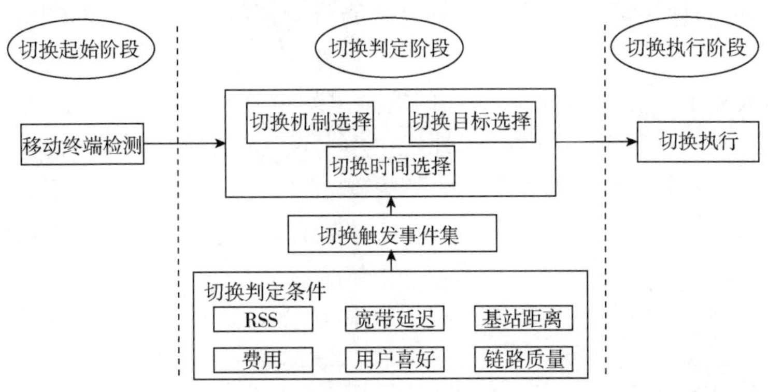

图 6-7 网络垂直切换示意图

1.切换起始阶段

在此阶段,移动终端设备或者用户周期性的检测附近可接入的无线网络,同时获取各种网络的状态参数,检测附近网络常用的方法,包括基于广播和基于位置服务器(LSS,Location Service Server)等方式[190]。

2.切换判定阶段

在此阶段,移动终端设备或者用户根据在第一阶段获取到不同网络的状态参数,采用相应的垂直切换算法,计算出将要切换的最优网络。

3.切换执行阶段

在此阶段,移动终端设备或者用户根据在第二阶段中判定的最优接入网络,断开当前连接的网络,同时释放当前网络链路占用的所有无线资源,然后将当前会话切换到上述判断的最优网络中,并建立相应的路由路径[190]。

4.性能评价标准

在进行网络垂直切换的过程中,如何判断切换的优劣,就需要有一些判定因素,然而不同的用户对判定因素的侧重点不同,当前缺乏一个统一的评价判定标准,现有的一些评价因素主要包括[194]:

(1)乒乓次数,也就是常说的“乒乓效应”,是指移动终端或者用户在较短的时间间隔内连续发生两次及两次以上垂直切换的过程;乒乓次数即就是在某一段时间内,发生乒乓效应的次数。

(2)切换成功概率,即移动终端能够切换到周围网络的成功率,可以通过网络属性参数的所形成的条件概率函数来进行计算。

6.4 安全接入

公共信息服务中提供的免费、开放式的 WiFi 网络连接存在诸多安全隐患。信息化安全的重要性是不言而喻的，特别是智能公交领域，关乎公众的利益与人民的信息安全。大数据、云计算、移动互联网、机器学习、深度学习、物联网等高新技术的出现，在服务于人类的同时，其潜在的安全风险也日益突出。信息网络是公共交通行业中的“神经中枢”，只有保障“神经中枢”不受潜在安全的威胁，才能用该技术服务于公共交通领域。2013 年 5 月，“棱镜门”事件在全球范围内引起了大家对网络安全的关注与重视。随着智能公共交通系统对信息化、网络化的依赖程度越来越高，我们在设计智能公交信息系统中，需将安全问题的研究排在首位。因此，提供一种安全便捷的公交 WiFi 网络接入方式是公交服务信息化研究及应用的第一步。

6.4.1 登录的安全性分析

著名的摩尔定律表明，当价格不变时，集成电路上可容纳的元器件数目每隔 18～24 个月便会增加一倍，其性能也将提升一倍。摩尔定律也同时发生在移动智能终端设备领域，广大群众可以越来越低的价格购买性能越来越高的移动智能设备。相关研究预测，到 2019 年全球移动宽带用户数将达到 80 亿，LTE 用户数覆盖率将超过 65%，全球智能手机用户将达到 75%。如此快速发展的硬件终端产生了越来越多的信息连接终端。用户除了通过 3G/4G 等移动网络进行接入，更多的流量来源是 WiFi 的接入。WiFi 是建立在 IEEE 802.11 网络标准的无线局域网络（WLAN）设备，是目前为止，应用最为普遍的短距无线传输应用技术手段。从 1997 年诞生至今，WiFi 无线接入技术不断发展和成熟，随着无线接入设备的接入需求爆发性增长，人们对无线接入的稳定性与安全性的要求也日益增加。WiFi 的覆盖范围广及传输速度高等特性，使其成为人们关注且广泛应用的无线接入技术。

相比于有线网络的封闭式网络连接，无线网络更加具有开放性、也更加具有潜在安全隐患。由于无线网络是一种开放传播的信号，所有人都在无线局域网的覆盖范围内通过无线接收装置拦截其他无线设备发出的信号及其对应的数据包。故其安全性问题更为普遍地引起人们的关注。普通的 WiFi 接入，可通过路由配置环境对其进行接入密码的配置。过于简单的账号设置使得该安全性功能没法体现。更有各种 WiFi 破解应用软件可对数字及字母组合的密码进行破解。送样的弱密码成为网络攻击者的一个攻击入口。利用该漏洞，非法用户可以对正常系统进行数据窃取甚至系统攻击，造成合法用户的数据泄露、甚至系统奔溃。

而 IEEE 802.11（WiFi）标准是最初的一种无线局域网络标准。紧接着 802.11 协议后，802.11a 与 802.11b 对其进行了补充，实现更大带宽容量。2003 年，IEEE 定义了新的协议——802.11g，该协议可使无线终端设备的速率达到 54Mbps。从而使得基于该协议下的流媒体视频、大数据量的资源下载等应用更为高效快捷。

2004 年,IEEE 802.11i 标准确定下来。该标准提供了一种在用户发起访问连接前,网络节点需要对用户设备进行连接请求的身份鉴权认证。而其中一个重要的协议就是无线保护访问(WiFi Protected Access,WPA),无线保护访问 WPA 包括暂时密钥集成协议(Temporal Key Integrity Protocol,TKIP)、预共享的密钥(Pre-Shared key,PSK)及可使用基于 802.1X 的远程验证拨号用户服务(Radius)的用户身份验证机制。

而优质的网络协议在提供高速率的数据连接与传输效率时,其安全性问题也不断地迭代优化。对于网络安全,就是确保以下 6 个安全原则。

(1)保密性:只有数据消息的接收方与发送方才有访问该消息内容的权限;

(2)鉴别性:确保接受消息后能识别是真正的发送方发送来的而非冒充方;

(3)完整性:确保消息的发送与接收双方所拥有的消息数据为一致的;

(4)不可抵赖性:确保消息的发送方不能对自己发送过的数据消息进行否认;

(5)访问控制:保证访问者的访问权限范围的可控性;

(6)可用性:确保资源提供者能按照协商规定向授权者提供特定资源。

只有满足以上的全部特性,我们才能称该网络是安全的。而广泛使用的 WiFi 协议也需要通过各种安全保密技术才能实现以上的各种网络安全需求。如攻击者伪装成合法的用户连接进入无线接入点(Access Point,AP),此时非法用户通过发起大量的访问请求,占用实际的服务器资源,使得计算机服务器无法为合法用户提供正常的资源服务、计算服务等,甚至使得目标系统服务系统卡死而停止请求的响应,甚至使系统奔溃。受到这种攻击,无论是我们的计算机服务器处理速度有多快、储存内存容量有多大、带宽接入的速率有多高,都无法避免这种异常请求接入行为带来的资源损耗;这种攻击就是拒绝服务攻击(Denial of Service, DoS)。对于独立的局域网络来说,其威胁范围还十分局限。但是对于智能公交信息服务系统等分布式协同网络来说,一个接入点受到攻击,便可能造成整个信息服务系统被攻击。而避免 DoS 攻击的主要手段就是从源头上进行对攻击的拦截,也就是从接入环节便进行用户合法性的鉴权接入控制。最常见的家庭网络识别方式便是通过识别服务集标识符(Service Set Identifier,SSID)来进行连接,终端设备只有设置正确无误的 SSID 才能连接并访问对应的 AP;但其技术破解难度较为低,只适用于简单家庭设置。

每个无线终端内对应的网卡都存在一个唯一识别其网络连接物理地址的标识,其名称为媒体访问控制(Media Access Control,MAC)地址,或称为物理地址、硬件地址。在 OSI 网络模型中,数据链路层负责 MAC 地址。因此每个网络接入设备有且仅有一个 MAC 地址。故此,可在 AP 端进行黑名单设置,对一组 MAC 地址建立黑名单列表,从而实现对对应 MAC 地址的非法用户的过滤。而在不知道非法用户的 MAC 地址时,可对自己允许接入的设备建立 MAC 地址白名单,只有在白名单内的 MAC 地址设备才能连接该 AP 从而过滤掉其他所有的无线接入。但是该方法实现物理地址过滤的扩展性较差,只适用于较小规模的网络中。

在 IEEE 802.11 标准协议中,有专门的标准协议来设置其安全机制。其采用的是有线对等保密协议(WEP)进行业务流上的鉴权加密及接入认证。该协议的适用范围主要是用于无线局域网络中的数据链路层中传输转发的信息数据的保密。而 WiFi 网络安全接入协议(WPA)是一种保护无线计算机网络的系统协议,该协议继承了 WEP 的基本性质,但又进一步解决了 WEP 协议的几个严重弱点。在此基础上又有 WPA2 协议的产生。WEP、WPA 及 WPA2 等协议都是网络安全方面基本的和重要的协议与机制。

除了 WEP/WPA/WPA2 协议鉴权机制,还有多种无线认证技术方式,主要是利用 Radius 和 Web 二次认证等方式对用户的接入进行安全性鉴权接入,从而提高了无线网络系统的安全性。下面将对着上述的集中安全接入认证协议或方式进行介绍及分析,从而阐述使用 Web 二次认证进行安全接入方式的原因。

6.4.2 远程认证拨号用户服务

WEP、WPA 及 WPA2 协议是最为底层基础的无线网络接入安全协议,而在其基础的协议保护之外还有更多的服务机制可对其安全性进行提高。远程认证拨号用户服务(Radius)是一种于认证服务器及网络接入终端设备两者间建立并承载认证授权、配置信息及计费等功能的协议。能对 Radius 认证协议系统运行操作的计算机应用软件客户端设备都可成为 Radius 认证协议客户端。由于人们不但可以使用 CHAP 认证协议或 UNIX 认证协议对其进行运行,还能使用 PAP 密码验证协议或是其他各种认证协议进行操作,使得 Radius 认证协议具有十分灵活的特性。该协议通过将用户的验证信息数据包进行转发并传输至特定的 Radius 服务器,紧接着处理其返回的验证响应。Radius 服务器此时将接受用户对应的连接请求数据,并通过其转发的数据包进行其用户身份的验证,同时 Radius 服务器返回需要进行配置的数据信息给客户端用户。应用场景包括移动电话预付费、基于拨号用户的虚拟专用拨号网业务(VPDN)。

在 Radius 的服务器端及客户端之间,主要有两种场景:其一为接入认证机制,其二是计费请求服务。而对于网络完全的认证机制研究中,我们重点关注的是接入认证的安全场景。Radius 服务器与网络的接入服务器两者之间采用共享明文密钥,而该密钥不在互联网网络中进行传播。通过该非互联网传播的共享明文密钥,对用户密码进行 MD5 算法加密处理。作为一种灵活可扩充的协议方案,Radius 机制中设计的所有操作工作都为采用 Attitude-Length-Value 系统的向量机制来进行技术实现。其工作机理可描述如下：第一步，用户进行接入网络请求发起，紧接着NAS系统使用Access-Require数据信息包提交用户信息数据至Radius服务器。该用户信息数据包括用户账号名、用户密码及口令等。进一步，Radius系统与用户对用户的入网的共享账户进行加密操作以及密钥的设置。特别的是，该密钥不能通过互联网的途径进行传输。最后Radius服务器的认证协议系统会对双方协商的接入网络账户及对应密码密钥进行合法性的鉴权验证。认证协议系统若验证该信息为合法，服务器系统便会直接将信息数据反馈给用户，从而实现该账号用户获得网络资源的权限，便可进行网络资源的访问；若判断为非法，则拒绝该用户的接入权限，禁止其对网络资源进行访问操作。该协议主要使用用户数据报协议（UDP）进行数据信息的传输转发，并且采用定时管理器以及重传机制等方案对Radius系统服务器和客户端两者间进行数据信息的交换传输及正常收发。从而实现数据转发传输的安全稳定保障。而作为保障网络安全的协议，Radius协议其安全性也比较高。由于Radius协议是通过客户端及服务器持有共享的密钥，而在进行通信数据传输的过程中利用了MD5算法对该密钥和签名等加密数据信息进行鉴权加密验证，从而大大降低了该协议机制系统被非法人伪装与攻击的几率。该机制进一步有效保障了Radius协议系统的安全性，提高其可靠性、稳定性以及安全性。

6.4.3　认证方法的分析

无线接入协议是网络安全的基础，而认证方式是我们在进行系统设计的时候需要思考设计的。而对无线网络实行安全稳定的管理，便涉及认证计费、服务稳定性控制、网络安全等方面。实现这些需求功能的基础是用户的认证、授权、计费，也称为AAA（Authentication认证、Authorization授权、Accounting计费）技术。一般地说，AAA服务器与网络访问服务器NAS组合进行实施使用。认证操作指的是对用户是否能获得某种网络服务进行数据匹配判断，而授权是在认证后判断通过后，对合法用户进行访问权限的控制授权。最后通过授权的有效用户才能对网络进行服务资源的访问。

PPPoE认证全称为Point-Point Protocol over Ethenet，是在以太网点对点技术上的一种协议技术。采用PPPoE协议进行接入认证时，用户不需要在主机上设定固定的IP地址、网关等，而需要安装专门的客户端应用软件。用户上网前进行该软件的运行操作，并输入账号验证信息。该客户端随后发出第二层的广播包数据搜索PPPoE带宽接入服务器（BAS）。最后BAS将用户的信息传送至运行在后台的Radius服务器，从而进行对该用户的认证授权。若鉴权认证通过，则BAS进行下一步的计费操作。

IEEE 802.11x认证称为基于端口的访问控制协议。该协议采用可控端口及不可控端口方式实现逻辑。保证认证功能与业务功能的有效分离,对网络传输效率方面有了极大保障。该方式业务实现灵活、易于多业务的运行且无需昂贵且又冗余的多业务功能网关设备。但也有局限:需要通过定期发送认证的信息来持续判断用户的连接状态,导致计费不准确且加大系统负担。其采用高度的加密机制需占用客户端的 CPU 资源进行加密操作,对带宽应用十分不利。而与 PPPoE 类似,其需要专门的客户端应用软件进行配合使用,存在系统不兼容的风险。

而 Web 认证不需要安装对应的客户端软件,可灵活地在各种环境下进行扩展性良好的用户账号认证。而在网络 OSI 七层模型中,Web 认证属于第七层的认证机制,使得该协议能处理高层的协议。基于该认证机制的灵活性,市场上有很多厂商根据不同业务需要开发的各种基于 Web 认证的路由器。

综上所述,基于 Web 认证路由器的方案对乘客移动智能终端的接入进行动态认证,配合智能打卡阅读器及车载云服务器,实现了灵活动态的认证方案设计与实现,具有较高的安全性及便捷性。

第7章 智能交通系统应用层组成与关键技术

物联网层面上的应用层,主要负责的是面向用户提供不同的服务和应用产品。应用层的设计要从用户的实际需求出发,智能交通系统的用户包括普通大众、企业组织、政府部门等,他们各自有着不同的需求。应用层包括物联网中间件、物联网应用和云计算,如图7-1所示。同时,宽带移动互联网让移动终端能够更加便捷地获取智能交通系统的服务,各种APP应用的出现也为交通管理提供了新的思路。智能交通系统可以提供的应用与服务包括智能公交、智能道路、车路协同、智能枢纽、智能停车、智能物流、智能出行、智能决策等。且随着平台的不断开发,可视化效果的不断提高,系统所能提供的服务与应用也将更加丰富和多样化[197]。

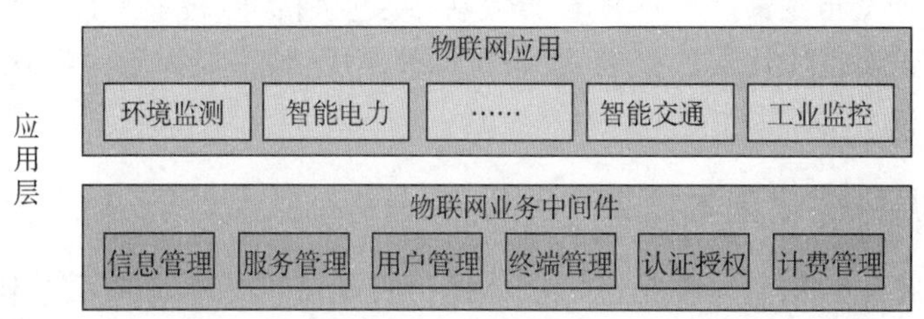

图7-1 应用层分层

7.1 应用层功能组成

7.1.1 数据融合、处理与应用

对于感知层和网络层来说,应用层的功能为"处理",即通过云计算平台进行信息处理。应用层可以对感知层采集的数据进行计算、处理和知识挖掘,从而实现对物理世界的实时控制、精确管理和科学决策。

应用层仅仅管理和处理数据还远远不够,必须将这些数据与各行业应用相结合[199]。例如在城市交通监控系统中,对于交管部门的信号灯系统,除了简单的定时控制、感应控制、单路口孤立控制等以外,更应引入一个智能的交通控制系统,以干线或区域的路网为控制对象,通过对道路通行状况信息进行分析,以智能的最优控制策略为手段进行调控,可以达到减少道路网络中所有车辆的行程时间和城市道路的最佳畅通[198]。

7.1.2 信息发布

应用层中,各具体的应用领域可以将已处理完毕的数据发布给外界,使之真正为人们所用。例如在城市中停车时,我们经常会遇到找不到停车位的问题,而智能停车场应用系统中,可以在停车位上设置简单的压力信号转换模块,通过专门网络接口与广域网中的城市交通信息管理服务中心连接,广域网的交通信息管理服务中心又可以与互联网、广播网、移动联通电信等通信网络连接,形成四面流通的物联网车库系统,用于及时发布车位信息,而为我们大众提供便捷的停车服务。

7.2 可视化

基于用户服务的可视化技术,就能够使得我们使用者也参与其中,各种公共智能系统从指令发布到最后可以发布给大众,通过手机、电视显示屏等前端平台,使得物联网真正实现应用层的控制、发布和管理作用,最终成为广大群众可以加以利用的终端服务。

7.2.1 数据可视化基本框架

科学可视化和信息可视化分别设计了可视化流程的参考体系结构,并被广泛应用于数据可视化系统中。图 7-2 所示科学可视化的早期可视化流水线,描述了如何从原始数据展现为图像数据的过程。

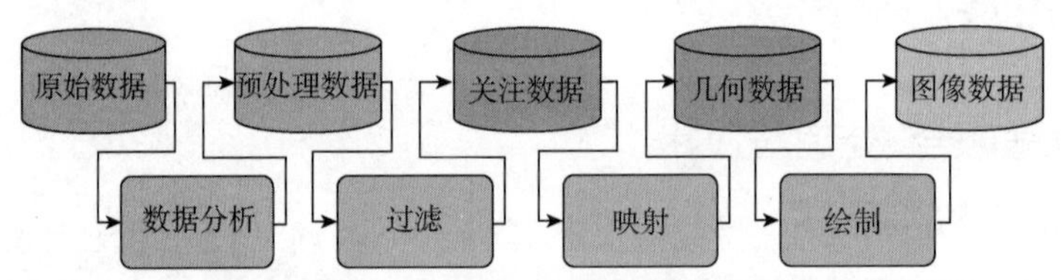

图 7-2 科学可视化的早期可视化流水线

图 7-3 展示的是信息可视化流程模型,它将流水线过程改成了循环回路,且支持用户在流程的任何阶段进行交互。

可视分析学通过人机交互将自动和可视分析方法紧密结合,图 7-4 展示了一个典型的可视分析的流程和每个步骤之间的过渡方式。这个流程在起始点时输入数据,终点时输出由这些数据所分析提炼出的知识结果。从数据到知识的转化方式有两种途径,即交互的可视化方法和自动的数据挖掘方法。在此过程中,用户可以对可视化结果进行交互的修正,也可以调整参数以修正模型。

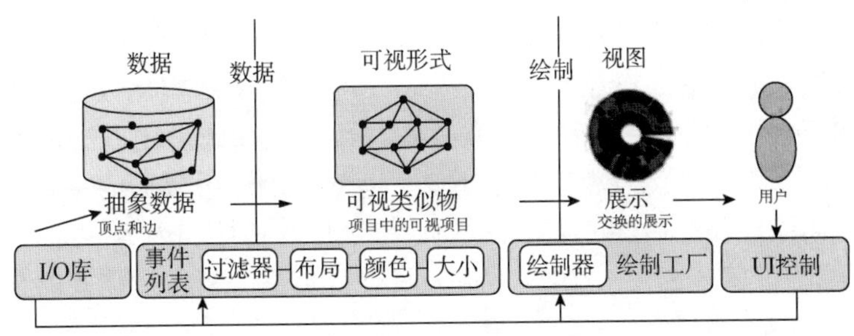

图 7-3 信息可视化参考流程

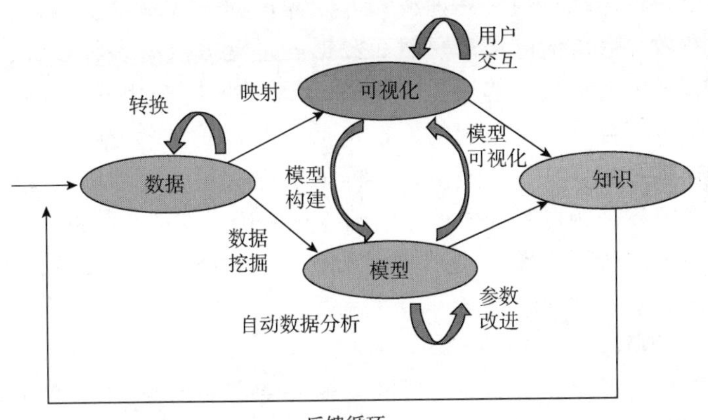

图 7-4 可视分析学标准流程

在相当多的应用场合中,异构数据源需要在可视分析或者自动分析方法之间被整合。因此这个流程的第一步需要将数据预处理并转换,导出不同的表达式,以便后续的分析;其他的预处理任务包括数据清洗、数据规范、数据归类和异构数据源集成。

将数据进行变换后,分析人员可以在自动分析和可视化分析中选择:自动分析方法从原始数据中通过数据挖掘的方法生成数据模型,进行分析人员交互的评估和改进数据模型;可视化界面为分析人员在自动分析方法基础上修改参数或者选择分析算法提供了方便。可视化数据模型可增强模型评估的效率,帮助发现新的规律或做出结论。在一个可视分析流水线中,允许用户在自动分析和交互可视分析方法中进行自由搭配是最基本的要素,有利于迭代地形成对初始结果的逐步改善和结果验证,也可尽早发现中间步骤的错误或自相矛盾的结论,从而快速获得可信度高的结果。

数据可视化流程中的核心要素包括三个方面:

(1)数据表示与变换

数据可视化的基础是数据表示和变换。为了允许有效地可视化分析和记录,输入数据必须从原始状态变换到一种便于计算机处理的结构化数据表示形式。通常这种结构存在于数据本身,需要研究有效的数据提炼或简化方法从而最大限度地保持信息和知识的内涵及相应的上下文。有效表示海量数据的主要挑战在于要采用具有可伸缩性和扩展性的方法,以便保持数据的特性和内容。此外,将不同类型、不同来源的信息合成为一个统一的表示,使得数据分析人员能及时聚焦到数据的本质。

(2)数据的可视化呈现

将数据以一种生动直观容易理解和方便操作的方式呈献给用户,才能向用户传播准确且有效并有价值的信息。然而数据的呈现方式有多种多样,如何有效地从众多呈现方式中选择最佳的视觉编码形式,是数据可视化的重要任务。判断一个视觉编码是否符合可视化呈现的因素包括很多方面,如数据本身的属性以及用户感知与认知系统的特性等。大量的数据采集通常是以流的形式实时获取的,针对静态数据发展起来的可视化显示方法不能直接拓展到动态数据。这不仅要求可视化结果有一定的时间连贯性,还要求可视化方法达到高效以便给出实时反馈,因此不仅需要研究新的软件算法,还需要更强大的计算平台、现实平台和交互方式。

(3)用户交互

对数据进行可视化分析的最终目的是解决特定的任务,这些目标任务通常有生成假设、验证假设和视觉呈现三类任务。数据可视化可以用于从数据中探索新的假设,也可以验证相关假设和数据是否吻合,还可以帮助数据专家向公众展示其中的信息。交互是通过可视的手段辅助分析决策的直接推动力。有关人机交互的探索已经持续很长时间,但智能的、适用于海量数据可视化的交互技术,如任务导向的、基于假设的方法还是一个未解难题。其核心挑战是新型的可支持用户分析决策的交互方法。这些交互方法涵盖底层的交互方式与复杂的交互理念与流程,更需要克服不同类型的现实环境和不同任务带来的可扩充性难点。

7.2.2 数据可视化设计层次

数据可视化的设计简化为四个级联的层次,如图 7-5 所示。最外层是用户的问题,成为问题刻画层。第二层是抽象层,将特定领域的任务和数据映射到抽象且通用的任务及数据类型。第三层是编码层,设计与数据类型相关的视觉编码及交互方法。最内层的任务是创建正确完成系统设计的算法。各层之间是嵌套的,上游层的输出是下游层的输入,方向如图中箭头所指。但是同时上游如果出现错误,也会关联到下游各层。所以在设计过程中,无论是定义了错误的目标和问题、处理了错误的数据、可视化的效果不明显、可视化系统运行出错还是效率过低都会导致失误。

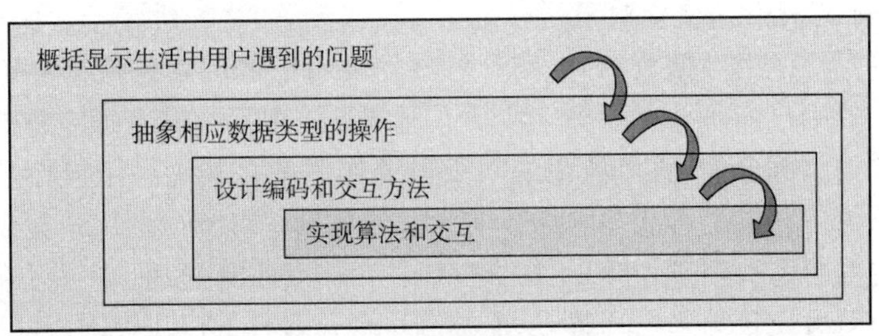

图 7-5 可视化设计的层次嵌套模型

在第一层中,设计人员通过收集用户与问题相关的信息,建立系统原型,并通过观察用户与原型系统的交互过程来判断所提出方案的实际效果。第二层将第一层所确定的任务和数据转化为更为抽象更为通用的信息可视化属性描述,将这些不同领域的需求转化为不依赖于特定领域概念的通用任务是可视化设计人员面临的挑战之一。例如,高层次的通用任务分类包括不确定性计算、关联分析、参数确定等。与数据相关的底层通用任务则包括取值、过滤、统计、确定范围、提取分布特征、离群值计算等。而在数据抽象过程中,可视化设计人员需要考虑识别、判断、比较、配置和定位;设计人员需要考虑是否要将用户提供的数据集转化为另一种形式以及使用何种转化方法,以便选择合适的可视化编码,完成分析任务。第三层是可视化研究的核心内容,视觉编码和交互这两个层面通常相互依赖。为应对一些特殊需求,第二层确定的抽象任务应被用于指导视觉编码方法的选取。第四层设计与前三个层次匹配的具体算法,相当于一个细节描述的过程。它与第三层的不同之处在于第三层确定的是其内容以及如何呈现,而第四层解决的是如何完成问题。

7.2.3 可视化设计原则

可视化的首要任务是准确地展示和传达数据所包含的信息,在给定数据来源之后,目前已经有很多不同的技术方法将数据映射到图形元素并进行可视化,同样也存在不少用户交互技术方便用户对数据的浏览和探索。

过于复杂的可视化不但会增加用户理解数据的难度,还有可能让用户对可视化设计者本来想呈现的内容发生误读和理解上的偏差;对用户在浏览数据过程中的交互支持性不完备的可视化可能会导致用户不能以自己喜欢的方式获取特定的信息。另外,若可视化设计得不美观,可能会影响用户在浏览数据的心情,使得用户产生抵触和厌恶情绪而影响数据呈现的价值。因此,了解和掌握可视化技术的各个组件的功能,对设计有效的可视化有着重要作用。

下面举例说明其中几项可视化设计的原则:

1.数据到可视化的直观映射

选择要可视化的数据范围时,设计者首先要考虑的因素是数据的语义和使用可视化结果的用户们所拥有的个性特征。通常直接观察数据不可能有效地获取到数据所包含的大部分信息,可视化的一个重要作用就是能使得用户在最短的时间里获得到整体信息中尽可能多的细节信息。如果设计者能预测用户在观察使用可视化结果时的行为和期望,并以此指导自己的可视化设计过程,则可以在一定程度上帮助用户对可视化结果的理解,从而提高可视化设计的可用性和功能。

例如,对于空间属性,如纬度经度等,将其映射到空间位置是最常用也是最直观的数据映射方式。如果两种数据属性存在时间上的关联,可以使用动画对其进行可视化。也有许多文化中存在冷暖色调的传统,因此把温度或者密度映射为颜色冷暖也是直观易懂的方式。

2.视图选择与交互设计

视图的交互可以使用户按照自己喜欢的方式改变视图呈现方式,使得用户自行探索所需的信息。其中,设计者必须要保证交互操作的直观性、易理解性和易记忆性。

例如滚动与缩放。滚动与缩放可以在不同的数据分辨率下切换,使得用户在整体和细节中任意切换可视化数据的视角,有效地探索信息。

数据映射方式的控制:在设计可视化方式时,设计者应能够提供对同一种数据的不同呈现方式,并允许用户在多种数据呈现方式中随意切换,按照自己的意愿来获取信息。

又如LOD控制。细节层次(level of detail)控制有助于在不同的条件下,隐藏数据的某些不需要的细节部分或者突出显示数据的某种细节部分。

3.信息密度的确定

设计者必须决定可视化视图所需要包含的信息量,一个好的可视化应当展示合适的信息,若过少地展示数据信息,数据中仅包含两三个不同属性的数值,则可以直接通过表格或者文字描述完整快速地传达信息,而不用浪费过多版面空间。另一种极端情况是设计者传达过度的信息,使得可视化的视觉复杂度提高变得混乱,造成用户难以理解甚至不知道应该关注哪一个部分。

4.美学元素

设计者在完成了可视化的功能设计后,就要考虑其在形式表达也就是可视化美学方面的改进。例如“颜色”,若使用错误的颜色映射表或者视图用许多颜色表示大量数据的属性都可能造成可视化数据混乱,因此不可取。更具有美感的可视

化设计更容易吸引用户的注意力,优秀的可视化的美学性必须具备以下三点:

聚焦:设计者要通过合适手段使得用户能把注意力集中到最重要的区域,能潜在地把重要元素的表达形式脱颖而出。

平衡:平衡要求有效利用设计空间,尽量使重要元素置于可视化设计空间的中心或附近,确保平衡分布。

简单:设计中不应该包含过多造成混乱的图形元素,也应尽量避免使用过于复杂的视觉效果。在过滤多余数据信息时,可以使用迭代的方式进行,即过滤任何一个信息特征时都要权衡信息损失,最终找到可视化结果的美学特征与传达的信息含量的平衡关系。

5.可视化隐喻

在可视化设计中我们可以通过隐喻的设计,将隐喻本体、隐喻喻体之间的关联关系或者相似性进行模拟,将需要介绍的事物和概念用人们所熟悉的事物在视觉形态上呈现,从而创造出最佳的可视和交互效果。

6.动画与过度

信息可视化的结果主要以两个形式存在:可视化视图与可视化系统。前者通常是图像,是相关人员进行交流的载体;后者则创建了一个终端用户(包括设计者与一般用户)与数据进行交互的系统环境,使得用户可以根据自己的意图选择合适的可视化映射和可视化信息密度,并通过系统提供的交互生成最终的可视化视图或可视化视图序列。

动画与过度效果常常能够增强可视化视图的丰富性和可理解性,或增加用户交互的反馈结果,因而是可视化系统中常用的技术。例如,对于时变的科学数据,采用信息可视化方法逐帧绘制每个时刻的数据,可重现动态的物理或化学演化规律。

动画与过度效果有以下功能:

(1)用时间换取空间,在有限的屏幕空间中展示更多的数据,同时也确保任何单一时刻时,可视化结果对有显示图空间的充分利用。

(2)辅助不同可视化视图之间的转化与跟踪,或者辅助不同可视化视图通道的变换。设计者可以通过设计多个视图用于展示数据的信息,用户在浏览可视化数据的过程中则需要在不同的视图之间进行切换,在视图切换过程使用动画效果有助于用户跟踪在不同可视化视图中出现的信息。

(3)增加用户在可视化系统中交互的反馈结果。实时的反馈效果有助于用户确定所做的操作,以避免盲目地重复操作。

(4)引起观察者注意。动画作为视觉通道包括了运动的方向、运动的速度和闪烁的频率等。由于闪烁灯动画很难被人眼忽视,所以有特别重要的信息需要被观察者捕捉时,标记闪烁是个不错的选择;也正因为如此,在可视化动画中必须小心谨慎使用[200]。

7.2.4 点、线、区域可视化

1.点数据的可视化

点数据描述地图中的离散点,具有经度和纬度的坐标,但不具备大小尺寸的描述,在智能交通中这是对地点数据的最基本也是最常见的一种表达形式。常见的点数据可视化就是将对象根据他们的坐标标识在地图上。如图 7-6 所示,图中用红色羊角标志标出了广州市部分区域的所有地铁站。

图 7-6 广州部分地区地铁站点数据可视化

当然当数据对象属于不同类别时,就可以用不同的符号进行区分,如图中百货大楼用购物袋来表示,医院用红色十字符号表示,火车站用火车头符号表示等。这些标志的选取必须要遵循一定的原则,通过不同的标志,用户能轻松了解符号的意义来便捷生活。

2.线数据的可视化

在交通信息网中,也可以通过两点之间的线数据,也就是路径来表示长度属性(地理距离)。线数据可以是一些自然地理现象,例如河流等。当然在智能交通网中使用线数据来表示路径规划更为常见,如图 7-7 用线数据表示的是广州东站到广州站的开车路径规划。除了仅仅用线段表示路径外,图中还利用了线段的不同颜色表示了路径中的公路拥挤情况,可以提示用户合理安排时间和适当绕路行驶。

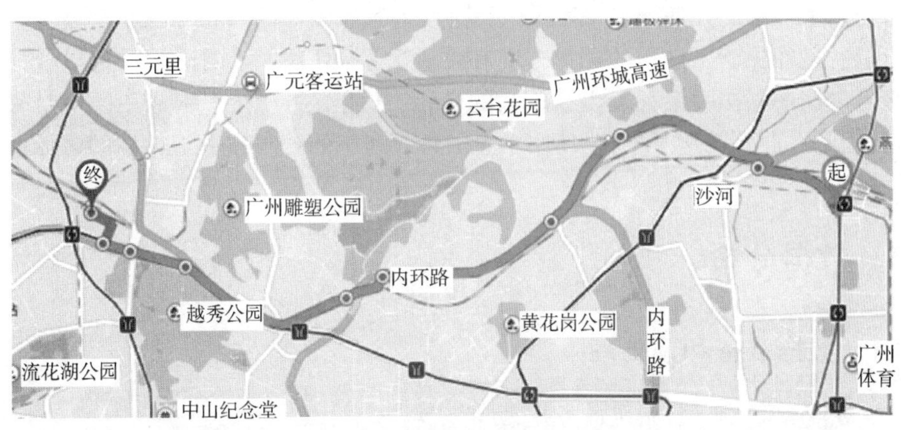

图 7-7　广州某两点间项数据的可视化

3.区域数据的可视化

区域数据包含了比点数据和线数据更多的信息,在地理空间中的区域由一个二维的封闭空间组成。与点数据和线数据类似,可视化区域数据的目的也是为了表示区域的属性,例如我们可以利用不同的颜色表示出全国各省份分区的人口多少,温度多少等。

除了上述的区域地图表示外,研究人员也尝试使用更简单的集合形状来表示地图上的区域,例如矩形。这是因为标准的几何图形使用户能更容易判断区域的面积大小。Heilmann 等人提出的 RecMap 用矩形来表示地图上的区域,在美国各州人口的可视化中,矩形大小与人口成正比,如图 7-8 所示。用户可以直观观察得到加州是美国人口最多的州。

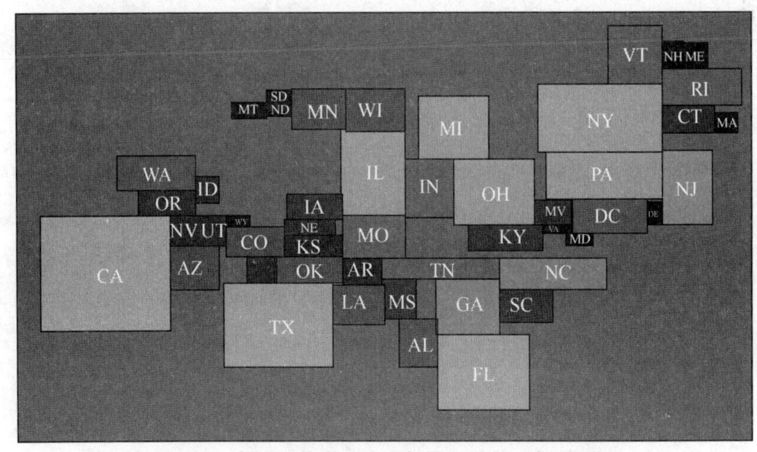

图 7-8　使用矩阵表示美国各州人口的区域可视化

使用了标准的几何图形来表示区域会使得区域的原始形状和大小都发生了变化,因此,虽然保留了区域的相对方向和位置关系,但是区域的原始位置以及与其他区域之间的邻接关系都发生了较大的变化,这就给用户在识别地图区域带来了困难,因此在此处的例子中,也使用了美国各州名字的缩写在标识相应的区域以帮助用户识别[200]。

7.3 数据分析

7.3.1 数据准备和预处理

1.智能公交(地铁)系统的可视化

通常,公交车辆都是按照一定的时刻表均匀发车的。但是受到交通拥堵或者交通事故等不确定因素的干扰时,均匀出发的车辆却经常扎堆到站,不仅导致乘客等待时间过长,也导致了车辆有效运力不足造成浪费等问题[205]。公交客流是公交调度运营的重要依据,公交公司可以根据分析得到公交客流规律并采取相应措施满足乘客的需求,提高公交运行效率和服务质量、降低运营成本、提高乘客满意度。

公交 IC 卡每天产生许多消费记录,除了有公交的刷卡记录外,还有其他刷卡记录,因此需要对公交 IC 刷卡记录进行预处理。

(1)去噪处理

例如广州羊城通 IC 卡,它实际结合了城市一卡通的功能,不仅能用于公交车和地铁刷卡,还可以在很多地方进行消费,这些数据对于智能交通研究就是无用的,应当予以清除,以保证数据质量和分析速度。

(2)选择有效的数据字段

由于每天刷卡数据量巨大,因此分析时应选取有用的数据字段,去除无用字段,提高数据质量和分析效率。

(3)建立有效数据表

原始公交刷卡数据共有 12 个字段,分别是用户卡号(CARD-NO),IC 卡类型(CARD-TYPE),交易类型(TRADE-TYPE),交易时间(RING-TIME),线路序号(LINE-NO),公交车序号(BUS-NO),进入轨道闸机序号(GET IN-ID),进入轨道闸机时间(GET IN-TIME),离开轨道闸机序号(OUT BOUND-ID),离开轨道闸机时间(OUT BOUND-TIME),刷卡 POS 机编号(POS-NO)。

现在把需要的数据进行整理,不需要的后列表,例如交易时间(RING-TIME),线路序号(LINE-NO),公交车序号(BUS-NO),进入轨道闸机时间(GET IN-TIME),离开轨道闸机时间(OUT BOUND-TIME)等,方便后续的数据分析。

除了IC卡要进行信息采集和预处理外，公交的GPS终端设备以一定频率传回数据，实时记录公交车GPS设备IP地址(GPS-IP-ADDRESS)、设备编号(GPS-NO)、数据有效性(GPS-VALID)、车辆所在经纬度(GPS-LATITUDE/GPS-LONGTITUDE)、车辆瞬时速度(GPS-VELOCITY)、车辆角度(GPS-ANGLE)、当前时间(GPS-DATE)、高度(GPS-HEIGHT)、车辆状态(GPS-CAR-STATUS)、临近站点序号GPS-DIST OF STATION)等信息，并和IC卡进行类似预处理。

同样，公交基础数据也是分析公交数据进行站点匹配的基础。公交线路基础数据包括车辆设备信息表，线路站点信息表等，主要有车辆设备编号(V-DEVICED)、车牌号(V-NO)、线路号(LINE-NUMBER)、线路名(LINE-NAME)、线路编码(LINE-CODE)、站点编码(LINE-ID)、返回标志(FBACK-SIGN)、站点经度(MINLONGITUDE)、站点纬度(MINLATITUDE)、站间距离(NEXTNODEDISTANCE)、站点类型(STATIO-TYPE)等，这些也是要做类似预处理的[201]。

2.智能出租车大数据系统的可视化

出租车轨迹数据隐含了大量知识，能够帮助我们分析人们的出行信息，然而出租车轨迹数据本身量大而且相对复杂，仅依靠数据本身很难让人有直观的了解。通过可视化分析技术，可以为我们提供一种有效展示和分析数据的方法。

本节通过GPS系统很好地采集到车辆相关的位置、速度、时间等涉及交通的信息，其原理主要是通过当时车辆的截止角度决定选择一个位置最佳的待测卫星，对确定的定位卫星进行持续跟踪及对采集到的数据进行一系列的数据放大和去噪处理，与此同时在此数据包中给出数据发送和接收时间，得到车辆具体位置。

出租车不同于其他社会车辆，其运行具有很强的目的性，可以从侧面了解城市人口流动的时间、交通需求量较大的地段、城市道路通行效率等一系列问题。出租车的集体化管理，对于交通部门的数据采集和分析提供了稳定、大量的数据源，为城市智能交通的研究提供基础。

出租车的GPS数据也需要进行一些预处理：

(1)GPS数据降噪及过滤

GPS设备故障、障碍物遮挡信号、定位精度不够等都可能导致数据的不精确以及噪声的产生，因此需要把一些不相关的数据、错误的数据、低采样的数据、无交通拥堵时停止数据和小轨迹数据等用过滤器进行处理。

(2)对路网数据的提取

对路网数据使用编辑工具提取可行驶路段的数据，为后续GPS数据匹配与嵌入可视化交互界面提供数据支撑[203]。

(3)出租车轨迹数据预处理

通过设计轨迹提取的规则和方法，对轨迹数据中存在的跳变点轨迹、停车轨迹、过短轨迹进行过滤,提取得到出租车轨迹。

(4)上下客热点提取和分析

采用一种上下客热点生成聚类算法—GBADBSCAN(DBSCAN:Density-Based Spatial Clustering of Applications with Noise 基于密度的聚类算法),并且还可以对不同时段的上下客热点分布进行不同可视化分析。

7.3.2 技术架构

1.物联网与云计算

云计算模式起源于互联网公司对特定的大规模数据处理问题的解决方案,具有高效、动态、可以大规模扩展的计算资源处理能力,这一特征决定了云计算能够成为物联网最高效的工具,使物联网中数以兆计的物理实体的实时动态管理和智能分析更容易实现,物联网也将成为云计算最大的应用,但是必须强调的是物联网应用不一定完全依赖云计算实现。图 7-9 为云计算涉及的关键技术分层。

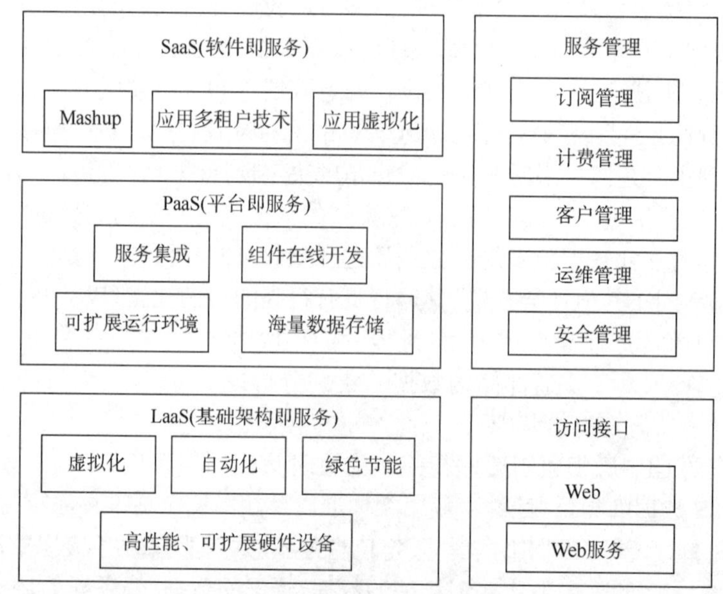

图 7-9　云计算涉及的关键技术

云计算模式中第一层得以实现物联网海量数据的存储和处理,基于第二层则可以进行快速的软件开发和应用,基于第三层可以使更多的第三方参与到服务提供中来。

从目前的发展现状来看,云计算和物联网结合处于初期发展阶段,目前主要基于云计算技术进行计算服务平台的研发,而物联网领域对事件高度并发、海量数据分析挖掘、自主智能协同的需求特性仍有一段很长的路要走。

2.软件和算法

对于物联网来说，最为重要的就是基于感知层采集数据的信息处理和应用集成，从而获取价值性信息来指导物理世界更加高效运转。软件和算法在物联网的信息处理和应用集成中发挥重要作用，是物联网智慧性的集中体现。这其中的关键技术包括面向服务的体系架构（SOA）和中间件技术，重点包括各种物联网计算系统的感知信息处理、交互与优化软件与算法。物联网计算系统体系结构与软件平台研发等。

面向服务的体系架构是一种松耦合的软件组件技术，它将应用程序的不同功能模块化，并通过标准化的接口和调用方式联系起来，实现快速可重用的系统。SOA 可提高物联网架构的扩展性，提高应用开发效率，充分整合和复用信息资源。

3.信息和隐私安全技术

信息安全和隐私保护是物联网发展中重要的一个环节，物联网发展及技术应用在显著提高经济和社会运行效率的同时，也势必对国家和企业、公民的信息安全和隐私保护问题提出严峻的挑战。

与传统网络相比较，由于物联网注重数据的采集和数据分析挖掘，因此物联网所带来的信息安全、数据安全、网络安全、个人隐私等更加突出，同时如何保障基于云计算模式的数据私密性、完整性和安全性都是重要的安全要素。比如：RFID 标签预先被嵌入与人息息相关的物品之中，这就意味着这些物品甚至包括用户都处于被监控的状态，这直接导致嵌入标签势必会使个人的隐私权问题受到潜在的威胁；如果基于物联网采集的海量数据处理权限和分析结果不能得到有效保护，可能对商业秘密、公共安全等造成重大的影响，而且伴随采集数据量的增加，其重要程度不断提升。

4.应用层各标准体系

在物联网应用层中应用层标准体系主要包括应用层架构标准、云计算技术标准、软件和算法标准和行业、公众应用类标准以及相关安全标准体系。应用层架构重点是面向对象的服务架构，包括 SOA 体系架构、面向上层业务应用的流程管理、业务流程之间的通信协议、元数据标准以及 SOA 安全架构标准。云计算技术标准重点包括开放云计算接口、云计算开放式虚拟化架构、云计算互操作、云计算安全架构等。软件和算法技术标准包括数据存储、数据挖掘、海量智能信息处理和呈现等，安全标准重点包括安全体系架构、安全协议、支持融合网络的认证和加密技术、用户和应用隐私保护、虚拟化和匿名化、面向服务的自适应安全技术标准等。

5.标识和解析技术

标识和解析技术是对物理实体、通信实体和应用实体赋于的或其本身固有的一个或一组属性能实现正确解析的技术。物联网的标识主要包括物体标识和通信标识,物联网标识和解析技术涉及不同的标识体系,不同体系的互操作、全球解析或区域解析、标识管理等。目前来看,物联网的标识体系标准众多,这就带来了兼容性和协作共享方面的难题,也带来了管理方面的难度,因此标准化是未来的重点解决问题[204]。

7.3.3 可视化效果实现

1.公交、地铁站点刷卡数据与客流量

公交系统数据采集规模成倍增长、采集信息丰富化,而公交 IC 卡刷卡数据以离线海量数据的形式存在,为此类数据提供更加精确、全面、智能的交通管理及信息服务成为智能交通系统中的研发热点。

近年来,研究者们从公交 IC 数据的采集方法、公交 IC 数据预处理、公交站点客流量预测、站点换乘客流量预测等不同角度开展了大量与上述需求相关的研究工作,通过这些工作可以看到,当前在与本课题相关的研究领域表现出的发展趋势:公交站点的客流量受随机因素影响很大,形成的客流是一个复杂非线性系统,很难准确预测。

(1)问题分析针对公交站点的客流量,给出站点客流量的相关概念。

站点客流量:站点客流量是某个站点给定时间范围内的乘客数量,包括三个视角下的内容:

公交站点上车客流量,是公交乘客在公交站点有上车刷卡行为的数量。

公交站点下车客流量,是公交乘客在公交站点有下车刷卡行为的数量。

公交换乘客流量,是公交乘客为完成一次出行,在到达目的地之前改乘另一辆公交车的行为。

由于越来越多城市的公交系统开始按里程收费,这意味着公交 IC 卡的数据采集将更丰富,变为多次刷卡、多站点、多刷卡时间等多元、多维数据,既为站点客流量的计算提出了更高的要求,也为客流量计算的准确性提供了数据支撑。根据中国新闻网 2014 年 3 月 17 日的报道,北京市最短公交线路来回一圈仅用 7min,故以此作为在同一站点同一趟车中最长刷卡时间间隔,即在判断海量数据中哪些刷卡数据是在同一站点同一辆车的同一趟次上刷的卡,否则认为是该趟车再一次经过该站点时刷的卡。

在原始数据中不可避免地会存在一些无效、错误数据,比如两次刷卡日期(年月日)不同、下车刷卡时间(小时 : 分钟 : 秒)<上车刷卡时间等,为了避免这些数据对客流量分析的影响,需要对这些数据进行修正和剔除,保证数据的有效性。表 7-1 为公交系统所需要采集的数据结构。

公交数据结构　　表 7-1

IC卡号	公交线路编号	公交车编号	上车时间	下车时间	上车站编号	上车站点名	上车站经度	上车站纬度	下车站编号	下车站点名	下车站经度	下车站纬度

(2)公交车站点分时段上车客流量问题分析

海量公交刷卡数据情况下,公交站点上车客流量问题分析流程图如图 7-10 所示。

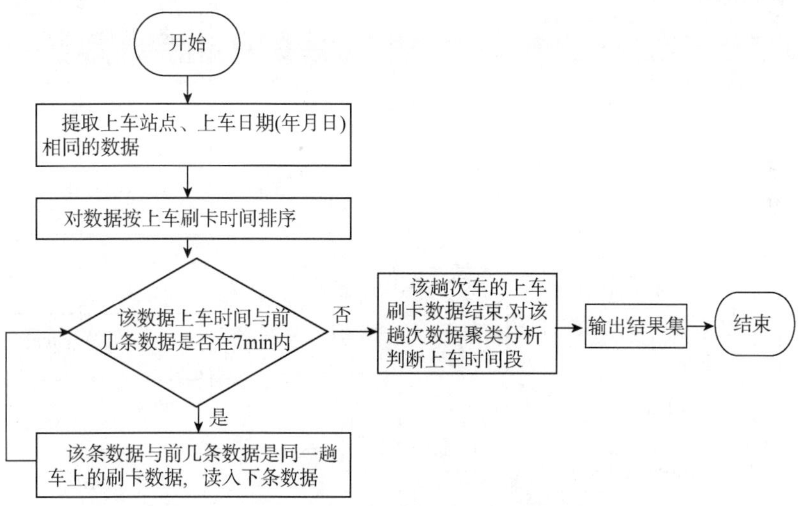

图 7-10　公交站点上车客流量分析流程图

针对图 7-10 对同一趟车次上车刷卡数据及上车时间段的判定,根据站点上车刷卡具有时间集中性,采用刷卡时间的聚类方法。也就是说,站点从第一个上车刷卡时间开始,至此后 7min 内该站点所有刷卡数据都判断为同一趟车上在该站点的客流量,并根据该客流量的中位数上车刷卡时间段来判断该趟次该站点的全部上车客流量的时间段。经过仔细分析后发现,一次 mapreduce 计算就能得到所有站点在不同日期下所有时段上车客流结果。对数据进行分类,其输出的数据形式为(上车站点+上车日期,卡号+上车时间……);若时间差小于 7min,则该条数据是在该趟车上;若时间差大于 7min,则该趟车的刷卡数据结束,及下一趟车在该站点开始有上车乘客;针对每趟车刷卡结束的数据,根据客流量的中位数的时间段来判断该辆车上车客流的时间段,并对该站点、该时间段的客流量进行累加,最终输出所有公交站点在不同日期下所有时段上车客流结果的数据结构。

(3)公交车站点分时段换乘客流量问题分析

在城市公共交通系统中,受城市结构以及公交线路的路线设计的影响,不可避免要进行换乘来实现某一目的地的公交出行。根据大量统计数据的乘客换乘等待时间分布图,认为有95%的居民出行中换乘等待时间低于20min。图7-11为公交站点分时段换乘客流量分析流程图。

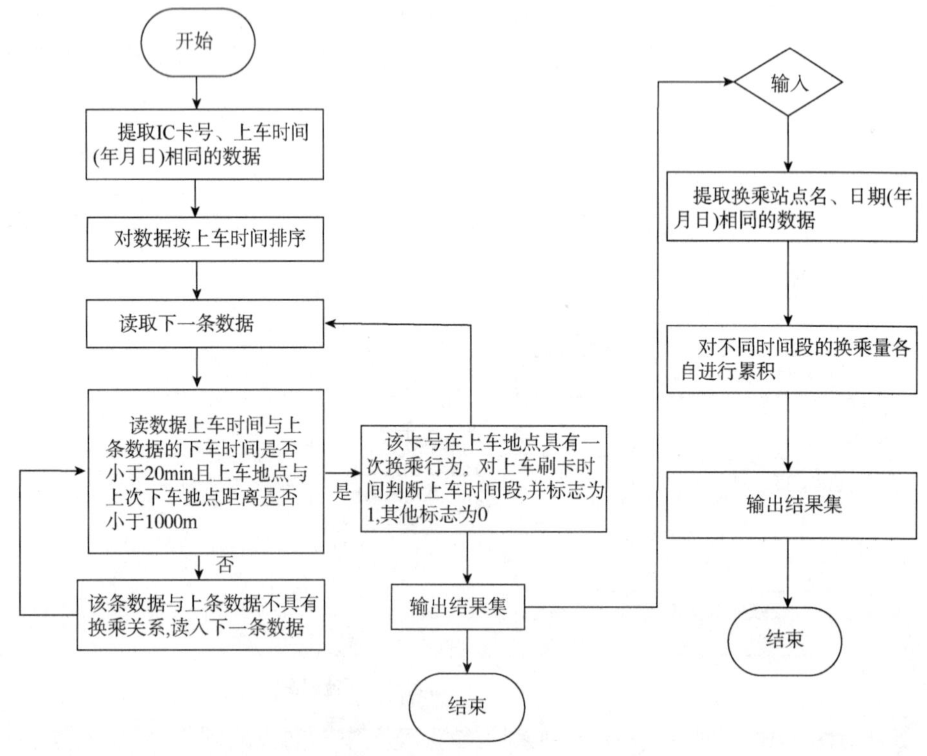

图7-11　公交站点分时段换乘客流量分析流程图

目前北京市主要换乘点的平均步行距离为350m;30%以上换乘距离在500m以上;换乘距离在1000m以上的占到16%。随着公交线路的不断优化调整,换乘距离过长的问题在逐渐改善。根据已有文献的研究,本节针对同一张公交卡在同一日期刷卡数据中,对相邻两次刷卡数据中的下车站点与再次上车站点进行换乘判断;换乘时间为20min以内,且两站点的距离为1000m以内,满足这两个约束条件的则判断为换乘行为,且再次上车站点为换乘站点,否则判断为第二次出行。根据上述站点换乘的分析方法,采用hadoop mapreduce计算可以输出最终站点换乘客流量在不同日期下所有时段的乘客客流结果[202]。

以单条线路站点客流量举例，线路站点客流量是指单位时间内某条线路在沿途各个公交站点的上车人数，将取得的分析数据进行相应整合后，能够反映该线路所有站点的吸引度和公交需求状况，这是调整公交线路或改造站点的主要依据。

图 7-12 为重庆市 181 路公交车一日的站点客流量，图形越大表示客流量越大，可以看出 181 路公交车在杨公桥、五一路、观音桥附近站点客流量较大，因此对线路客流量长期都很大的站点可以考虑增开区间车。

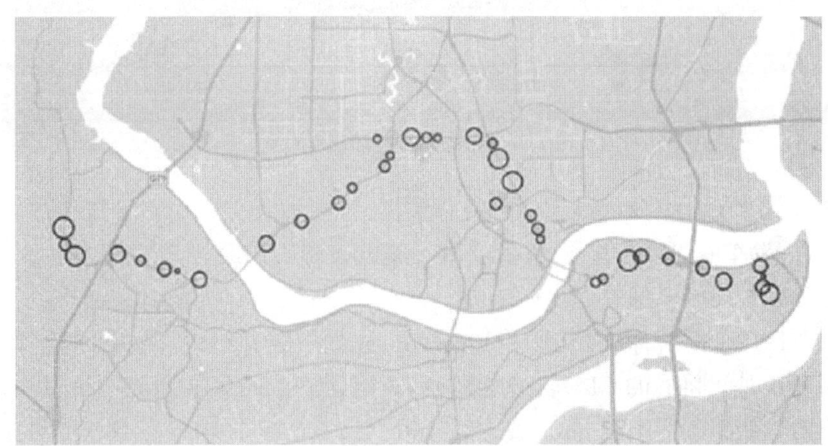

图 7-12　重庆市 181 路公交车一日站点客流量

除了像上述这种客流量可视化分析外，我们还可以得到很多不同的信息，例如全天客流量分布（图 7-13），工作日不同人群的出行时间分布（图 7-14）等。

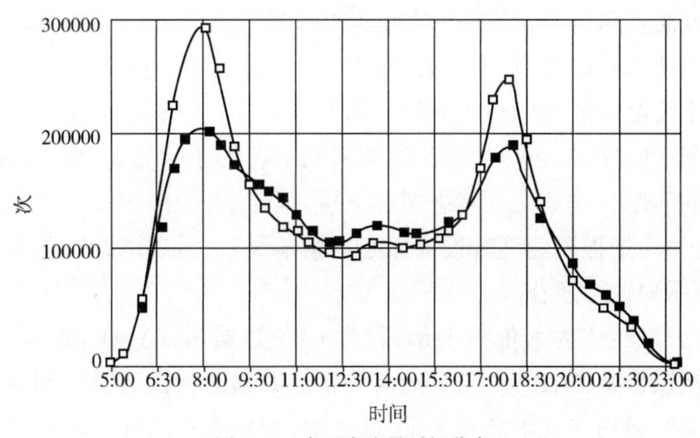

图 7-13　全天客流量时间分布

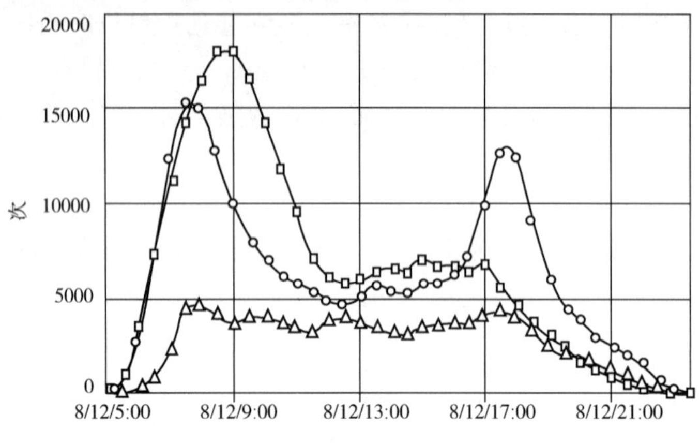

图 7-14　工作日不同人群出行时间

通过以上的数据分析得到的可视化数据，可以为公交公司划分线路的客流峰值区域，为发车间隔提供指导，并为公共设施的改善工作助力[201]。

2.出租车 GPS 点速度与实际路况

本节选用低采样率 GPS 地图匹配算法，先如下定义约束：①GPS 轨迹段 L 是由一系列有时间间隔的 GPS 轨迹点组成，规定这些点的采样间隔不超过阈值，本节选用的时间间隔为 1～2min。②空间分析不仅考虑单个 GPS 点与该点对应的候选路段的平均距离，主要还要在此基础上加入道路网的拓扑信息。根据城市道路特点，为了避免出现环绕路径，本节采用最短路径来测量每个候选路径和每次得到的历史路径的相似性，考虑到 GPS 误差和路网宽度，选择误差半径为 50m。本节地图匹配分为一般路段和复杂路段匹配，主要原因是交叉路段、天桥等复杂路段的 GPS 数据会发生严重偏移，具体过程如图 7-15 所示。

处理之前所获得的路网 GPS 数据，可以可视化为轨迹地图或统计类表，得到宏观角度的主要路网随车辆行驶和时间而产生的变化。将车辆速度聚类后转化为道路速度呈现在路网中，可以使用户直观看到数据的还原场景，清晰发现城市道路运行中反映的问题。例如交通堵塞情况下可以收到短距离内多台车辆的低速和聚集，于是转化为此处道路速度较慢可能有拥堵情况，最后以道路红色形式可视化给用户端，提醒用户注意避让。

同样，也可以转化为其他数据形式，把 GPS 数据用 MYSQL 数据库进行存放，可以通过直接操作数据表来对需要的车辆轨迹数据进行快速显示和分析。同时将数据格式转化为通用格式加载到 DataTable 中，用相关算法加以处理后进行可视化展示。过程如图 7-16 所示。

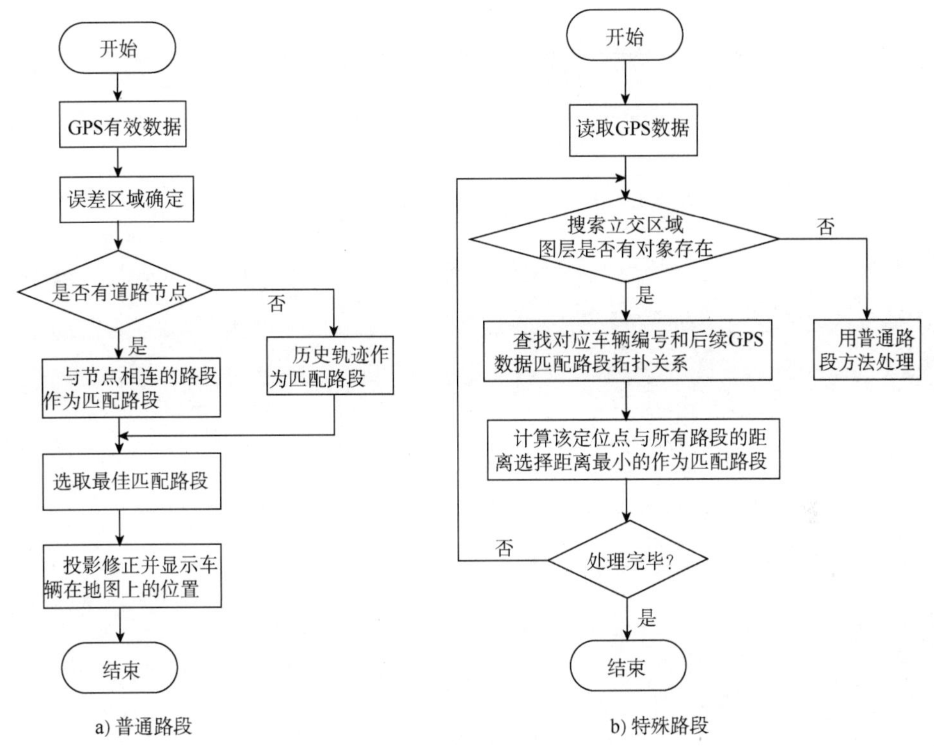

图 7-15　车辆地图全路段匹配过程

采用数据轨迹还原能从直观上知道路网地图中车辆运行情况，宏观层面上更好了解城市交通和路网规划中的问题；采用统计图标的方式则可以使界面定位在问题的某一层面上，可以使用户从微观层面上了解一事件的发生规律。如图 7-17 绘制的是下班高峰期时广州市天河区的道路通行情况，并用不同颜色进行量化分级。图 7-18 是道路通行全时段平均路况，可以清晰反映早高峰和晚高峰的车辆使用情况。

随着社会的进步和智能交通的发展，人们越来越需要便捷、智能、高效交通运行设施和保障。而作为交通运输保障工作的必要环节，合理发现和总结交通运输中出现的问题和规律对于改进城市交通规划和管理显得尤为重要。高效的自动算法也需要直观的可视化，本章的可视化内容能够在很大程度上还原当时场景，便于用户从现象发现本质。未来会有更多高维繁杂的轨迹数据产生，分析的难度将进一步加大，可视分析无疑是解决此类问题的有效手段[203]。

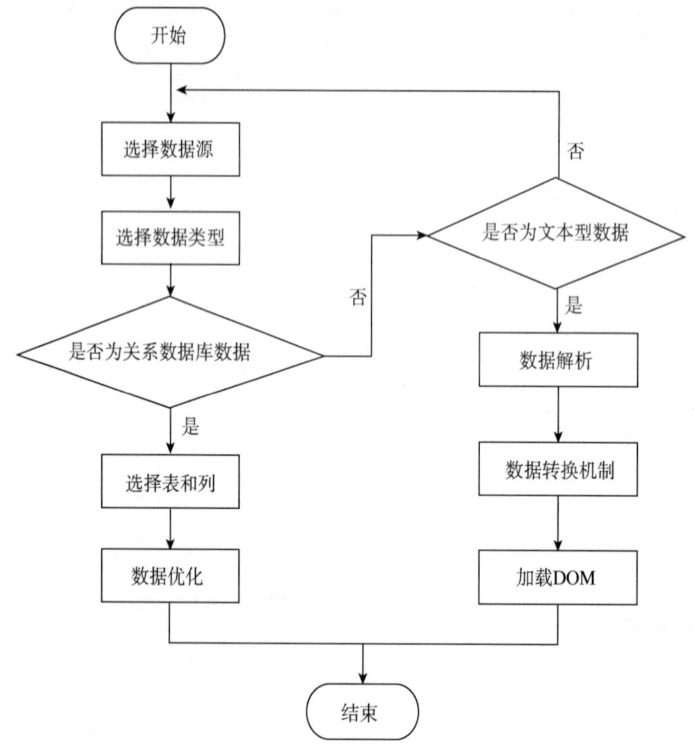

图 7-16 导入流程

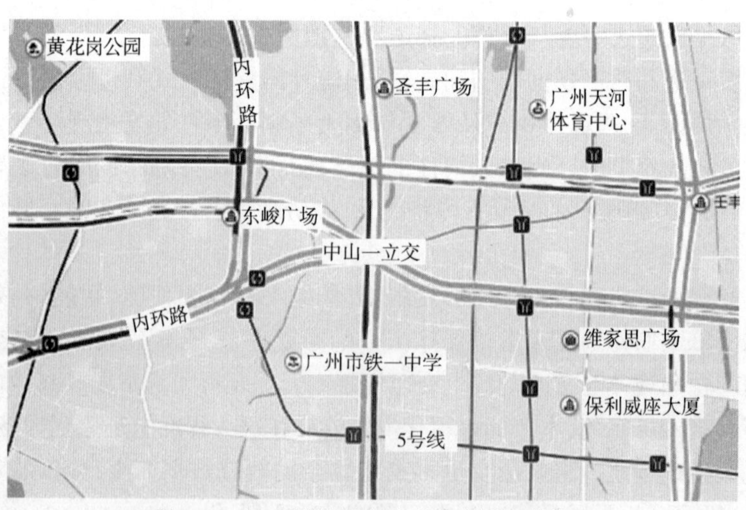

图 7-17 上下班高峰期广州天河区道路拥堵情况

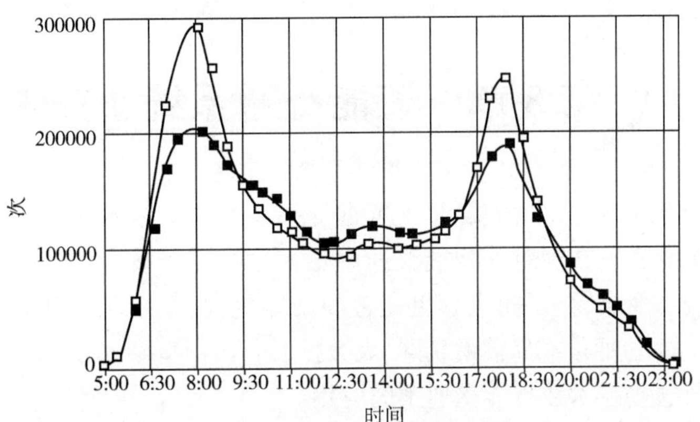

图 7-18　道路通行全时段平均路况

第8章 智能交通系统新技术

随着移动互联网、窄带物联网、大数据等一系列高新技术的发展,智能交通也正在经历一次蜕变。在现有的智能交通中融入这些高新技术,不但可以解决其自身存在的弊端以及难题,以此实现更完善的功能,也能紧跟时代潮流,实现真正的智能交通。本章主要介绍窄带物联网、大数据、云计算、群智感知、人工智能和移动支付技术以及这些技术在智能交通中的应用。

8.1 窄带物联网技术

8.1.1 窄带物联网技术简介

窄带物联网是基于蜂窝的窄带物联网(Narrow Band Internet of Things, NB-IoT)[206]。NB-IoT是IoT领域一个新兴的技术,支持低功耗设备在广域网的蜂窝数据连接,也被称为低功耗广域网(LPWA)[207]。

基于蜂窝的窄带物联网是万物互联网络的一个重要分支。NB-IoT构建于蜂窝网络,只消耗大约180kHz的频段,可直接部署于GSM网络、UMTS网络或LTE网络,以降低部署成本,实现平滑升级。具有覆盖广、连接多、速率低、成本低,功耗少、架构优等特点。NB-IoT使用License频段,可采取带内、保护带或独立载波等三种部署方式,与现有网络共存[208]。

8.1.2 窄带物联网技术特点

NB-IoT具备四大特点:

(1)广覆盖

在同样的频段下,NB-IoT比现有网络增益20dB,覆盖面积扩大100倍。

(2)低功耗

通过延长周期位置更新定时器,定时开关机的工作方式及增大IDL态寻呼信道侦听周期,延长终端待机时间,NB-IoT模块的待机时间长达10年[206]。

(3)大连接

NB-IoT具备支撑海量连接的能力,一个扇区能够支持10万个连接,支持低延时敏感度,超低的设备成本,低设备功耗和优化的网络架构[209]。

(4)低成本

通过降低终端支持宽带,降低编码器复杂度,采用单天线、半双工、协议栈简化等技术降低模块成本,使单个连接模块成本不超过5美元。

8.1.3 窄带物联网技术在智能交通系统中的应用

随着窄带物联网技术的发展以及相应设备的成功部署,它在智能交通中已经有了很多应用,智能停车系统和共享单车智能锁,是两个比较典型的例子。

(1)基于NB-IoT技术的共享单车智能锁

如今,迅猛发展的共享单车已渐渐融入到城市居民生活中,成为解决"最后一公里"短途出行的必备交通工具。不过,在共享单车给城市居民带来便利的同时,也带来了如"单车围城"、"停放混乱"等一系列问题。为了让共享单车充分发挥"绿色"价值,有效解决应用中的各种问题,共享单车ofo小黄车正式启用"物联网智能锁",便为提升共享单车的城市运维水平提供了强力技术支持。

中国电信、华为等单位主办的"物联网新时代智慧新北京"暨中国电信新一代物联网NB-IoT在京正式商用发布会在北京举行。会上,ofo小黄车与中国电信、华为共同宣布,三家联合研发的NB-IoT(Narrow Band Internet of Things,窄带物联网)"物联网智能锁"全面启动商用。这既是共享单车行业首款"物联网智能锁",也是启动商用的"物联网智能锁"。

NB-IoT具备三大特点:一是覆盖更广,NB-IoT信号穿墙性远远超过现有的网络,即使用户深处地下停车场,也能利用NB-IoT技术顺利开关锁[210];二是可以连接更多设备,NB-IoT技术比传统移动通信网络连接能力高出100倍以上,换而言之,同一基站可以连接更多的ofo物联网智能锁设备,避免掉线情况;三是更低功耗,NB-IoT设备的待机时间在现有电池无需充电的情况下可使用2~3年[211]。

对于共享单车用户来说,在标配NB-IoT智能锁后,车锁的解锁成功率会大幅提高,解锁时间会明显下降;且因功耗更低、电池寿命更长,单车不用配备太阳能板、充电花鼓等充电设备,单车会更加轻便;用户骑行体验会大幅提升。

更值得关注的是,当ofo小黄车全面采用"物联网智能锁"之后,通过物联网所带来的大规模数据,对于优化内部运营能力、共享单车城市管理运维能力都将带来空前的提升。

共享单车企业的内部运营主要是自行车的调度,城市中的共享单车流向主要有两种:一种是单向流动;另一种是双向流动。对于单向流动,ofo小黄车可以指挥运营人员将车辆运回。对于双向流动,可以依靠用户骑行完成车辆调度,基本不需人工干预。在这两个环节中,ofo小黄车通过NB-IoT智能锁对单车进行定位、轨迹追踪,并对骑行数据进行深入分析,用于单车的精准投放,并匹配出最优的回流路线进行实时调度。

ofo 小黄车将智能锁返回的定位信息形成热力图,并记录热力图的关键帧图像变化,将图像抽象为网格像素,利用卷积神经网络,对像素内的颜色变化进行相关性特征提取;简单的理解就是将各个关键时间点的热力图记录下来,把图像划分为均匀分布的网格,将像素颜色的变化作为用户骑行需求的变化,并进行相关性特征提取[212]。依托于大数据与智能化分析的精确支持,ofo 小黄车对这两种骑行方式实现智能而精准的运维调度,不仅有效缓解"单车围城"等问题,还能大幅提升共享单车的利用率。

(2)基于 NB-IoT 的智能停车系统

例如 2016 年 7 月 1 日,华为携手上海联通发布 NB-IoT 智能停车解决方案。上海联通与华为合作建设了全球首个基于 4.5G NB-IoT 的大规模连续覆盖区域——上海国际旅游度假区,并率先在 P1 停车场部署了 300 多个基于 NB-IoT 技术的智能车检器,并提供从终端,基站,服务器,手机应用的端到端智能停车方案[213]。用户可以在手机上实现车位查询、预定、导航、移动支付以及停车场管理等功能,解决了游客找车位难问题,并一定程度缓解了交通拥堵[214]。

另外,今年 4 月上海联通又将 NB-IoT 技术应用于上海闵行浦驰路公用路面停车系统,向城市道路停车乱象说"不"。

浦驰路的路面停车场上,每一个车位的地面内,都被嵌入一块"地磁",车辆停到车位后,"地磁"就会将感应到的数据传送到车辆管理人员手持的车检器。对于道路车位管理方,可以通过车检器有效监管车位占用和用户缴费情况,保证道路车位资源的合理利用,并为城市智能交通管理提供大数据支持[215]。

8.2 大数据技术

8.2.1 大数据技术简介

大数据是由于规模、复杂性、实时而导致的使之无法在一定时间内用常规软件工具对其进行获取、存贮、搜索、分享、分析、可视化的数据集合。大数据是指 PB 及以上级别的数据,它的出现是近年来移动通信、互联网、传感器、物联网等技术发展和应用的结果。

简言之,从各种各样类型的数据中,快速获得有价值信息的能力,就是大数据技术。大数据可分成大数据技术、大数据工程、大数据科学和大数据应用等领域。目前人们谈论最多的是大数据技术和大数据应用。工程和科学问题尚未被重视。大数据工程指大数据的规划建设运营管理的系统工程;大数据科学关注大数据网络发展和运营过程中发现和验证大数据的规律及其与自然和社会活动之间的关系[216]。

8.2.2 大数据的特点

从某种程度上说，大数据是数据分析的前沿技术。总的来说大数据有如下四个特征：

(1)海量性

IDC给出了一个估算，2011年全球数据总量大约为1.8ZB。据IDC最近的报告预测，到2020年，全球数据量将扩大50倍。大数据的规模尚是一个不断变化的指标，单一数据集的规模范围从几十TB到数PB不等。

(2)多样性

数据多样性的增加主要由于新型多结构数据以及包括网络日志、社交媒体、互联网搜索、手机通话记录及传感器网络等数据类型所造成。

(3)高速性

高速描述的是数据分析和处理的速度。在网络时代，通过基于实现软件性能优化的高速计算机处理器和服务器，创建实时数据流已成为流行趋势。企业不仅需要了解如何快速创建数据，还必须知道如何快速处理、分析并返回给用户，以满足他们的实时需求。

(4)价值性

大数据虽然拥有海量的信息，但是真正可用的数据可能只有很小一部分。

8.2.3 大数据技术在智能交通系统中的应用

随着手机网络、全球定位系统(GPS)/北斗车载导航、车联网、交通物联网的发展，交通要素的人、车、路等的信息都能够实时采集，城市交通大数据来源日益丰富。在日益成熟的物联网和云计算平台技术支持下，通过城市交通大数据的采集、传输、存储、挖掘和分析等，有望实现城市交通一体化，即在一个平台上实现交通行政监管、交通企业运营、交通市民服务的集成和优化。下面重点列举了几种典型应用。

(1)真三维动态导航与智能预警服务

在智能交通导航中，将以真三维导航(高分辨率真实影像替代虚拟场景)替代传统二维虚拟导航。三维导航地图不是在二维导航地图上的3D显示，而是在获取三维空间数据后，利用信息通信技术处理三维空间数据，包容其他地理信息，可以突破常规二维表示对形式的束缚，更好地洞察和理解现实世界。真三维智能交通中，根据实地采集的实景资料，对色彩、材质、灯光等细节进行处理，逼真地在导航仪上动态地再现三维道路实景。针对交通事故多发区域,比如十字路口或者拐弯区域,通过高清影像与几何模型结合运算,计算出大车拐弯的死角范围,并搜集车身长度和性能进行评价,将评价结果及时反馈给驾驶员,将导航过程中经常发生危险的区域在真三维实景导航中显示并警示,有利于驾驶员安全驾驶,减少交通事故发生。

(2)交通基础设施数据提取及实时更新

利用快速更新的遥感影像来提取城市道路变化,并及时自动更新交通大数据中心的数据库,可实现路网数据的实时更新,为用户提供更准确的道路信息。过程如下:通过高分辨率影像提取道路的路面、绿化带、环岛、大车拐弯死角带等要素,通过航空影像和斜视影像,可以提取道路的路灯、井盖、路牌等信息;利用道路两旁行道树、植被指数、形状指数和数学形态学知识来自动、半自动地提取道路线,并通过 GIS 进行道路面积的快速计算;采用面向对象的遥感影像的分类方法,对遥感影像进行分割,降低噪声干扰,并得到同质对象;通过尺度选择及转换,构建影像对象层次,充分认识不同道路特征,建立道路知识库,进行道路信息提取。

(3)基于行车大数据的驾驶行为分析与预警

将收到的数据分组分类处理,可实现对移动车辆的全天候的实时监控、报警、指挥与调度功能。通过电子地图匹配 GPS/中国北斗卫星导航系统采集的车辆经纬度、时间等信息,实时监测车辆的运行位置和状态,并在 GIS 上显示车辆轨迹,进行车辆的跟踪;通过自动记录、统计、分析车辆的历史运行数据,辅助管理人员制定管理决策。对海量行车数据及驾驶行为数据导入一些统计分析手段,可以有效对驾驶行为进行数据建模,通过驾驶员的出行习惯,从路线到行为,为该驾驶员提供一套评估,而此人的评估会被送往交通管理部门以及运输企业等地方,从而应用到各类行业中,如新车车主驾驶行为纠正系统、车主行车行为自诊断系统等。

(4)预测群体出行行为

结合大数据,可以预测出群体出行的态势,对其可能出行的时间、出行路线、出行方式等进行预测,从而为城市车辆调度提供决策帮助。反过来看,这些预测的群体出行行为数据也将为个人出行提供更加精确的服务,帮助个人决策,让个人出行尽量以最短的时间、最短的路线抵达目的地。

8.3 云计算技术

8.3.1 云计算技术简介

云计算(cloud computing)是基于互联网的相关服务的增加、使用和交付模式,通常涉及通过互联网来提供动态易扩展且经常是虚拟化的资源。

美国国家标准与技术研究院(NIST)定义:云计算是一种按使用量付费的模式,这种模式提供可用的、便捷的、按需的网络访问,进入可配置的计算资源共享池(资源包括:网络、服务器、存储、应用软件、服务),这些资源能够被快速提供,只需投入很少的管理工作,或与服务供应商进行很少的交互。[217]

8.3.2 云计算技术特点

云计算是通过使计算分布在大量的分布式计算机上,而非本地计算机或远程服务器中,企业数据中心的运行将与互联网更相似。这使得企业能够将资源切换到需要的应用上,根据需求访问计算机和存储系统。

被普遍接受的云计算特点如下:

(1)超大规模

"云"具有相当的规模,Google 云计算已经拥有 100 多万台服务器,Amazon、IBM、微软、Yahoo 等的"云"均拥有几十万台服务器。企业私有云一般拥有数百上千台服务器。

(2)虚拟化

云计算支持用户在任意位置、使用各种终端获取应用服务。所请求的资源来自"云",而不是固定的有形的实体。应用在"云"中某处运行,但实际上用户无需了解、也不用担心应用运行的具体位置。只需要一台便携式计算机或者一个手机,就可以通过网络服务来实现我们需要的一切,甚至包括超级计算这样的任务。

(3)高可靠性

"云"使用了数据多副本容错、计算节点同构可互换等措施来保障服务的高可靠性,使用云计算比使用本地计算机可靠。云端提供了最可靠、安全的数据存储中心,有最专业的团队来管理信息。因此,用户不必担心数据丢失、病毒入侵等麻烦。同时,严格的权限管理策略可以确保用户信息的保密性和与指定其他用户的数据共享。

(4)通用性

云计算不针对特定的应用,在"云"的支撑下可以构造出千变万化的应用,同一个"云"可以同时支撑不同的应用运行。

(5)高可扩展性

"云"的规模可以动态伸缩,满足应用和用户规模增长的需要。

(6)按需服务

"云"是一个庞大的资源池,涵盖了除硬件基础设置外的所有计算机资源。用户可以在任何时间、任何地点继续自己的工作或查找所需要的信息。

(7)极其廉价

由于“云”的特殊容错措施可以采用极其廉价的节点来构成云,“云”的自动化集中式管理使大量企业无需负担日益高昂的数据中心管理成本,“云”的通用性使资源的利用率较之传统系统大幅提升。

(8)潜在的危险性

云计算服务除了提供计算服务外,还必然提供了存储服务。但是云计算服务当前垄断在私人机构(企业)手中。对于政府机构、商业机构(特别像银行这样持有敏感数据的商业机构)选择云计算服务应保持足够的警惕,避免数据被盗用和泄露[218]。

8.3.3 云计算技术在智能交通系统中的应用

近年来,随着经济的快速发展,工业化进程的加快和汽车数量的急剧增长,道路里程的增加速度和汽车数量的增长速度严重失衡,交通问题日益严峻[219]。智能交通系统(ITS)是交通行业发展的新趋势,而实时交通信息处理是智能交通系统研究的核心内容之一。如何对海量的交通信息的采集、处理、分析、挖掘和利用,将是未来智能交通信息服务的关键问题。如何充分发挥现代高速信息网络和强大的计算机信息处理能力,实施高效的交通系统控制和物流运输,实现车辆的最优路线诱导,有效缓解城市交通拥堵问题,是交通工程领域和计算机信息处理领域所共同面临的重大课题。

云计算是近年来发展起来的一种新的计算形态,体现了一种全新概念的信息服务模式,以其自动化IT资源调度和高速信息部署以及优异的扩展性,成为解决上述问题的关键技术手段。它作为一种新兴的计算和商业模式,正在加速信息产业和交通信息的服务化进程。加快发展云计算技术在智能交通领域的发展应用,对于提升城市综合交通信息化处理、推动产业优化结构升级、促进经济发展方式转变具有积极性意义,市场应用前景广阔。

1.基于GPS的浮动车交通信息云

浮动车通常是指具有无线通信装置和定位系统的车辆。浮动车系统一般由3个部分组成:车载设备、无线通信网络和数据处理中心。浮动车将采集到的时间和行车位置等具体信息通过无线通信网络上传给数据处理中心进行存储以及预处理,然后根据相关的算法模型将数据匹配到地图上,计算或预测出车辆的里程数、行驶时间以及行车速度等道路参数[220]。

传统的交通数据信息采集技术,如固定型交通检测设备检测技术,主要包括红外线检测、磁感应线圈、超声波测量技术、微波检测等固定检测技术。它不仅在信息采集方面存在检测范围小、实时性差、检测准确率低等缺点,而且检测设备昂贵且不易维修。

基于 GPS 的浮动车交通信息采集技术是一种新的低成本的交通信息采集方式。通过记录车辆在路网上运行的时间、速度、坐标等状态信息，得到路段的区间运行速度和行程时间信息，改善了传统交通检测设备的实时性差、投入高、数据精确率低等缺点。它既可以有效显示车辆的现行速度，保证数据采集的准确率和精度，更可以降低成本，对传统交通信息采集技术进行有益补充。

高速信息网络将计算机、服务器、虚拟机和车载 GPS 装置连接起来构建成云计算的基础设施。它特有的信息交易体制可以吸引更多的车辆成为交通信息采集的提供者，使获取的 GPS 信息能够更加全面地反映道路交通状况，而车载 GPS 的定位精度和计算能力可以为数据处理中心提供更高质量的定位信息，减轻数据中心的计算压力和复杂程度。云计算机制和强大的计算能力能够使其深度的感知交通状况，通过对采集的数据信息的处理和反馈，为海量个体提供个性动态导航服务。[221]

2.基于云模型的短时交通流预测

交通流预测是指在时刻 t，通过对云计算数据中心的数据的分析，再由云计算服务平台通过对交通的拥堵情况、路面的行驶状态以及车辆的实时行驶速度进行统一的综合处理，预测出下一个决策时刻 $t+\Delta t$ 以至以后的若干时刻的交通流[222]。一般将时刻 t 到下一个决策时刻 $t+\Delta t$ 之间的时间间隔不超过 15min 的交通流预测称为短时交通流预测。[223]

云模型是用自然语言值表示的某个定性概念与其定量表示之间的不确定性转换模型。云的数字特征可以用期望值、熵和超熵这 3 个数值来表示，即采用基于正态分布的数字特征，它把模糊性和随机性结合在一起，构成定性与定量之间的映射。以当前采集的交通量为例，给定推理机制中云模型的各项参数。例如下班高峰期的交通量与平时的历史数据集中的数据的平均量差异较大，但下班高峰期的交通量受之前交通量的影响，因此预测下班高峰期的交通量应该以下午以前的交通量作为当前云，然后根据云模型的推理机制，循环处理若干次，直到得到足够的云滴，最终以所有云滴的平均值输出。

若要实现连续时间差的短时交通流预测，可以运用直接预测法和迭代预测法实现。直接预测法用当前云作为当前预测的趋势，结合历史云和当前云来生成预测云，对未来值进行预测；迭代预测法通过迭代当前的交通数据生成预测值，然后根据预测值迭代生成当前云。

3.最优路径诱导服务

交通诱导服务是云计算技术在智能交通中的另一个重要应用。该服务以交通数据为基础,云计算数据中心在对人、车、路等综合交通影响因素的处理分析和融合,快速判断出路况后,通过广播、电子地图、实时手机短信、车载终端等媒介将信息发布给广大的道路使用者,为其提供最优路径引导信息和各类实时交通信息帮助服务,便于驾驶员提前改变行车路线,避开交通拥堵、事故路段,提高通行效率和安全。由于交通行为的诱导高度依赖于交通信息数据,因此对发布的交通信息具有高效性、准确性和及时性的要求,交通信息云计算将信息采集与信息服务结合在一起,以其高效的数据处理能力和准确的交通预测,为交通行为的诱导提供了信息计算的基础。

4.基于交通云计算的物流监控与跟踪系统

随着互联网贸易的日渐普及,跨地区的物品配送量急剧上升,导致物流运输成为这一贸易趋势的主要运输方式之一。对于每一个快件或包裹,都有一个唯一的条码与之对应,在整个运输过程中主要通过条码来识别和管理快件。基于交通云计算的物流监控与跟踪系统可以对原有的系统层次进行改进,改进后的系统由标签数据采集、通信系统和管理中心系统组成,通过射频标签技术对快件或包裹的条码信息进行标签读写器识别、读取解码得到数据后,经由通信系统传输至管理中心系统,管理中心系统对采集到的信息进行存储和控制,从而使用户可以可视化的监控和管理物流过程。如图 8-1 所示,将四层系统优化为两层。

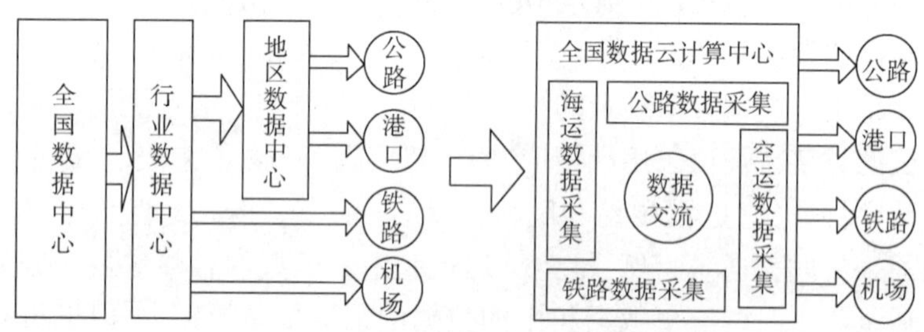

图 8-1　系统优化框图

采用了云计算的集中模式后,途经各个地区的公路、铁路、海运及空运数据通过相应数据采集中心都被集中整合到统一的云计算数据中心下,可以让多个系统共享云计算数据中心的数据,实现信息的共享、传递和融合,从而进行统一的物流规划、组织、管理和调配[224]。

基于云计算技术的 ITS 应用系统具有数据处理效率高、资源利用率高、计算能力强等诸多优势,因此,推广云计算技术在智能交通系统中的应用,可以为城市交通决策提供全面准确的信息支持,使交通基础设施发挥最大的效能,交通拥堵和车辆堵塞状况得到有效缓解,大大改善道路交通的运行。

8.4　群智感知技术

8.4.1　群智感知技术简介

群智感知(PCW,Perception of Collective Wisdom),是指以普通用户的手机、平板计算机、GPS 等移动设备作为基本感知单元,通过移动互联网进行有意识或无意识的协作,实现感知任务分发与感知数据收集,完成大规模的、复杂的社会感知任务[225]。

群智感知主要来源于众包(Crowd Sourcing)的思想,所以又称之为"众包感知"(Crowd Sourced Sensing)。近年来,人们将众包的思想与移动感知相结合,将普通用户的移动设备作为基本感知单元,通过移动互联网进行有意识或无意识的协作,形成群智感知网络,实现感知任务分发与感知数据收集,完成大规模的、复杂的社会感知任务。

8.4.2　群智感知技术特点

群智感知网络一个最突出的特点是人将参与数据感知、传输、分析、应用等整个系统的每个过程,既是感知数据的"消费者",也是感知数据的"生产者"。这种以人为中心的基本特征为物联网感知和传输手段带来了前所未有的机会。群智感知技术主要特点如下:

(1)网络部署成本更低

首先,城市中已有大量的移动设备或车辆,无需专门部署;其次,人的移动性可以促进感知覆盖与数据传输。一方面,随着移动设备的持有者随机地到达各个地方,这些节点即可随时随地进行感知;另一方面,由于移动节点之间的相互接触,这些节点可以使用"存储—携带—转发"的机会传输模式在间歇性连通的网络环境中传输感知数据。

(2)网络维护更容易

首先,网络中的节点通常具有更好的能量供给,更强的计算、存储和通信能力;其次,这些节点通常由其持有者进行管理和维护,从而处于比较好的工作状态。

(3)系统更具有可扩展性

我们只需要招募更多的用户参与即可满足系统应用规模的扩大。

由于上述优点,群智感知网络将成为物联网新型的重要感知手段,可利用普适的移动感知设备,完成那些仅仅依靠个体很难实现的大规模、复杂的社会感知任务[226]。

8.4.3 群智感知技术在智能交通系统中的应用

群智感知技术利用普适的移动感知设备对路况信息进行收集、处理后反馈给用户，向用户提供更智能的出行路线和驾驶辅助。在智能交通方面的应用包括：交通拥堵情况的检测、道路状况的检测、寻找停车位、估计交通拥堵状况、交通延迟、交通信号灯等交通设施报修和实时交通监测与导航等。例如：使用 GPS 和安装在右侧车门的超声波传感器检测空停车位，并共享检测结果；CMS 系统收集由公交车乘客的手机采集的数据，对公交车舒适程度做出评级，并通过网站发布；Android 平台下的公交车到站时刻预测系统；个人使用移动设备收集公交车站点信息，包括站点名称、图片和描述；使用安装有地图的智能手机，从 GPS 轨迹中提取高密度点获取公交站点，并采集各站点公交到站时刻，计算公交站点间运行时间，从而预测公交到站时刻[227]。

1.判别交通拥堵情况

其基本方法是使用驾驶员集群的智能手机与车载诊断系统连接，来获取实时和非实时的车辆速度和地理位置等数据信息。这种技术无需部署精细的路侧传感器单元和复杂的车载通信装置。通过对获取的大量数据信息进行处理就可以获得公路路段的拥堵程度，为交通管理部门迅速作出交通疏导决策，提高交通管理效率，并且分发的信息可以使驾驶员避开拥堵路段，提高驾驶员的舒适度[228]。

2.道路坑槽检测

将群智感知应用于道路坑槽检测其实便是通过诸多驾驶员在自己的手机上安装数据采集软件作为群智感知客户端，此软件在手机的后台运行后，将自动感知并捕获路面数据，实时上传到远程中心服务器。在远程中心服务器上对上传的所有数据预处理，提取相关特征，获得目标数据及其位置，并将检测结果展示在中心服务器的 Web 页面上，此结果可以推送给注册用户，也可以供相关人员查询查看。此种方法的最大好处是路面数据的采集几乎没有成本，并且数据在时间和空间上实现了泛在采集。目标数据的提取工作大部分都在远程服务器端进行，编程实现数据预处理与特征提取及其算法操作，自动实现路面坑槽检测和定位，并且进行自动更新，操作简单，运行速度快，能够迅速得到检测结果[229]。

3.基于众包地图的智能交通诱导方案

采用 UGC(一种网络信息资源创造及组织的模式：用户产生内容在网络上发布由用户创作产生的文字、图片、视频等内容）的方法，利用移动群智感知的理念和技术，通过用户手中的移动设备来进行交通数据的采集，并与传感器数据结合，经过平台的分析处理和融合之后，得到准确性较高、实时性较强的交通信息。然后平台再通过统一的接口把动态交通信息下发到各个移动设备，将其以一定的方式叠加覆盖到电子地图上,形成一幅实时更新的众包地图,呈现在用户所持的移动终端界面上,从而对用户起到智能诱导的作用[230]。此方案的流程图如图 8-2 所示。

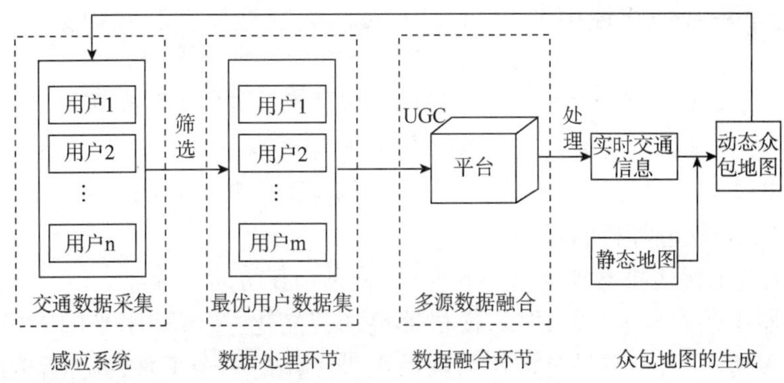

图 8-2 智能交通诱导方案图

此方案包含四个环节:感应系统,主要进行交通数据的采集工作,由用户及其移动终端(多数情况下为手机)组成;数据处理环节,主要负责最优用户数据集的筛选工作;数据融合环节,主要进行多源交通数据的融合处理工作;众包地图的生成,主要负责众包地图的生成工作。

8.5 人工智能技术

8.5.1 人工智能技术简介

人工智能(Artificial Intelligence,AI)是研究、开发用于模拟、延伸和扩展人的智能的理论、方法、技术及应用系统的一门新的技术科学。

人工智能是计算机科学的一个分支,它企图了解智能的实质,并生产出一种新的能以人类智能相似的方式做出反应的智能机器,该领域的研究包括机器人、语言识别、图像识别、自然语言处理和专家系统等。在当前,人工智能被人们称为世界三大尖端技术之一。人工智能从诞生以来,理论和技术日益成熟,应用领域也不断扩大。近年来,人工智能技术已经渗透进了交通行业,为智能交通的发展做出了重要贡献[231,232]。

8.5.2 人工智能技术特点

人工智能的发展已经有几十年的历史,随着大数据时代的到来,传统的人工智能发生了巨大的变化,呈现出深度学习、跨界融合、人机协同、群智开放和自主智能的特点。新一代人工智能的主要特点如下:

(1)从传统知识表达技术到大数据驱动知识学习

传统的知识表达技术,系统大都依靠人类的先验知识。随着大数据时代的到来,数据总量呈现爆炸性增加,人工智能转向大数据驱动和知识指导相结合的方式。

(2)从分类型处理的多媒体数据转向跨媒体的认知、学习、推理

文本、图像、语音、视频及其交互属性将紧密混合一体,即“跨媒体”。跨媒体智能是机器认知外界环境的基础,对语言、视觉、图形和听觉的语义贯通是实现联想、设计、概括、创造等智能行为的关键。

(3)从追求智能机器到高水平的人机、脑机相互协同和融合

在机器里融入人工智能技术,使机器更加智能化,实现高水平的人机、脑机协作。在很多情况下,机器只是被作为辅助人类工作的一个工具,高水平的人机、脑机协作是指机器能自主地根据人类的需求,与人类进行密切配合,完成工作。

(4)从聚焦个体智能到基于互联网和大数据的群体智能

人工智能已经迈入了新的发展阶段,从强调专家的个人智能模拟走向群体智能,智能的构造方法从逻辑和单调走向开放和涌现,智能计算模式从“以机器为中心”的模式走向“群体计算回路”。

(5)从拟人化的机器人转向更加广阔的智能自主系统

研究表明,对原有机械装备进行智能化和自主化升级,要比类人机器人更高效。因此,自主智能系统将成为新一代 AI 的重要特点[233]。

8.5.3 人工智能技术在智能交通系统中的应用

计算机的出现和广泛应用促成了人工智能研究热潮的掀起,针对传统交通控制系统的固有缺陷和局限性,许多学者把人工智能的实用技术相继推出并应用到交通控制领域。人工智能技术的应用,无疑为智能交通系统打开了一扇新的大门。下面介绍人工智能技术在智能交通领域中的一些相关应用。

1.基于深度学习的车牌识别

车牌识别在车辆管理中得到了广泛应用,在电子收费(ETC)系统中,车牌识别也是结合 DSRC 技术识别车辆身份的主要手段,准确可靠的车牌识别是智能交通发展的一个重要环节。

在传统的图像处理和机器学习算法研发中,很多特征都是人为制定的,特别是 hog、sift 特征在目标检测和特征匹配中起着重要的作用。按照以往的发展经验来看,纯粹地依靠人来设计特征和机器学习算法,会出现理论分析的难度大,训练方法又需要很多经验和技巧的问题,一般需要很长一段时间才会有一次突破性的发展,而且对算法工程师的要求也在不断提高。深度学习的出现,可以比较好的解决

这个问题。在进行图像检测和识别时,无需人为设定具体的特征,只需要准备好足够多的图进行训练即可,通过逐层的迭代就可以获得较好的结果。从目前的应用情况来看,只要往系统里面增加新的数据,并且有充足的时间和计算资源,随着深度学习网络层次的增加,识别率就会相应提升,比传统方法表现更好[234]。由于深度学习的应用,突破了传统车牌识别率低的壁障,能够有效提高车辆通行效率,增强车辆识别度,减少人工管理及刷卡停车场系统的管理难度,减少系统误判,为智能交通的发展做出不可估量的贡献[235]。

2.自动驾驶

传统的车辆驾驶都是依靠人的操作,由于操作失误或者违法操作,往往容易发生事故,不利于智能交通的发展。随着人工智能技术在汽车行业的逐渐渗透,自动驾驶强势兴起,并迅速发展,已然成为智能交通的一个研究重点,未来必将成为智能交通的重要组成部分。

自动驾驶汽车,是一种通过计算机系统实现无人驾驶的智能汽车。自动驾驶汽车依靠人工智能、视觉计算、雷达、监控装置和全球定位系统协同合作,自动安全地操作机动车辆[236]。自动驾驶汽车使用视频摄像头、雷达传感器以及激光测距器来了解周围的交通状况,并通过一个事先采集的地图对前方的道路进行导航。这将改变汽车的基本使用方式,使计算机代替人类成为汽车驾驶员,协助预防交通事故,并将人们从大量的驾车时间中解放出来。

自动驾驶对实际的交通情况,可以作出实时的、最佳的判断,获取路面的阻塞情况,车辆流量、车速、车距等路面实际交通信息,从而综合各方面因素做出最佳决策,以最短的时间,安全地到达目的地[237]。自动驾驶在减少交通事故、提高出行安全、降低人员伤亡和财产损失以及减少道路基础设施的建设等方面,都将作出重大贡献。现今的无人驾驶尚处于初级阶段,还没有投入实际使用。

随着人工智能的进一步发展,无人驾驶的研究也愈发成熟,相信在不久的未来,无人驾驶能在智能交通中绽放异彩。

8.6　移动支付技术

随着移动互联网的加速发展,相关行业正经历着深刻变革,各商家争先进入移动互联领域,争夺市场份额。移动支付涉及众多应用场景,掌握着众多用户支付数据,是移动互联网的重要入口。

近年来,在政策和市场的双驱动下,移动支付产业迎来了爆发式的增长。目前,移动支付按照技术形态可分为三类:

第一类是移动互联网支付。阿里巴巴、腾讯、百度、京东等互联网支付企业利用其在传统互联网电子商务领域的支付经验,借助移动互联网和移动智能终端的新特性,将原来传统互联网的模式拓展到移动互联网上,实现手机端的支付消费功能。

第二类是O2O电子商务支付。主导这一类支付方式的依然是互联网支付企业,其基于移动互联网的交互技术,使用二维码、基于位置的低功耗蓝牙(BLE)、手机刷卡器等支付技术实现支付功能。

第三类是近场支付。这一类支付方式的主导方是具有国家背景的银联、银行和移动运营商[238]。包括了支付机构通过技术手段模拟实现近场支付功能的形式,指的是消费者在现场购买商品或服务时,使用NFC(Near Field Communication,近场通信)、二维码(或条码)、红外、蓝牙、Felica、声波、手机刷卡器等技术,通过手机或其他随身智能设备与商家完成信息传递,进行现场即时支付的过程[239]。

8.6.1 NFC 技术

NFC由非接触式射频识别(RFID)及互联互通技术整合演变而来的,在单一芯片上结合了感应式读卡器、感应式卡片和点对点的功能,能在短距离内与兼容设备进行识别和数据交换。

NFC支付就是根据NFC的技术原理,能在短距离内与兼容设备进行识别和数据交换,NFC手机能够使用NFC技术与兼容NFC支付设备进行数字支付。使带NFC芯片的手机同时使用专用的SIM卡,你就可以把手机当成公交卡、银行卡或者网上银行终端来使用[240]。

目前,除了NFC和RFID这两类无线通信技术外,还有多种短距离无线通信技术,如Bluetooth(蓝牙技术)、IrDA(红外技术)、Wifi以及ZigBee等。相较于其他无线通信技术而言,NFC有着明显的竞争优势,如NFC操作更加简洁,NFC的启动速度快、数据传输速率大,NFC的数据交互更加安全,是其他无线通信技术优势的结合体。具体的比较如表8-1所示,从表中可以更加直观的了解NFC各种优势[241]。

NFC与Wifi、蓝牙、红外对比 表8-1

技术规范/对比项	蓝牙	红外	Wifi	NFC/RFID
无线频率	2.4GHz	38kHz	2.4GHz/5GHz	13.56MHz
传输距离	100m	<1m	300m	<0.1m
速度	1~3Mbit/s	115.2kbit/s	300Mbit/s	106,212,424kbit/s
启动速度	1~6s	0.5s	5s	<0.1s
安全性	软件实现	不具备	安全性低	硬件实现
匹配难度	较难	较难	复杂	无需匹配
通信模式	主-主	主-主	—	主-主/被

在互联网技术蓬勃发展的今天,NFC 手机支付应用被寄予厚望,但在手机 NFC 技术的实际应用当中,除了 HTC 与中国银联开展了 NFC 手机支付之外,现实生活中的应用似乎显得非常少。事实上,手机 NFC 技术正在悄然走来,近来在手机支付、手机与多媒体无线连接、手机与手机之间的互通应用等方面已经开始崭露头角。

8.6.2　HCE 技术

HCE 全称是 Host-based Card Emulation,即基于主机的卡模拟。在一部配备 NFC 功能的手机实现卡模拟,目前有两种方式:一种是基于硬件的,称为虚拟卡模式;一种是基于软件的,被称为主机卡模式。

在虚拟卡模式下,需要提供安全模块 SE(Secure Element),SE 提供对敏感信息的安全存储和对交易事务提供一个安全的执行环境。NFC 芯片作为非接触通信前端,将从外部读写器接收到的命令转发到 SE,然后由 SE 处理,并通过 NFC 控制器回复[242]。

在主机卡模式下,不需要提供 SE,而是由在手机中运行的一个应用或云端的服务器完成 SE 的功能,此时 NFC 芯片接收到的数据由操作系统或发送至手机中的应用,或通过移动网络发送至云端的服务器来完成交互。两种方式的特点都是绕过了手机内置的 SE 的限制[243]。使用基于主机的卡模拟时(HCE),NFC 控制器从外部读写终端接收到的数据将直接被发送到主机系统上,而不是安全模块。主机卡模拟技术使 NFC 从软件层面摆脱了硬件的限制[244-246]。

HCE 技术具有兼容性和扩展性特点。

(1)兼容性

从通信频率到交易流程、交易指令流和交易结果反馈,完全兼容普通的 UIM 卡和支持 NFC 功能的 Android 手机(包括 NFC 定制机和标准机型),兼容既有的交易处理流程。兼容既有的受理终端设备,不需要做任何技术开发即可直接支持"刷手机"交易。

(2)扩展性

由于 HCE 应用技术通过智能手机上的应用(APP)来实现卡模拟的功能,因此天然就存在一个手机应用(APP)的平台,可以为持卡人提供更多的配套服务功能,也为发行方带来更多业务拓展的可能性[247]。

HCE 技术主要是辅助 NFC 技术完成功能。而 NFC 在智能交通中的应用则主要体现在便捷的交通出行方面,有以下三个主要应用场景。

场景 1:需要实体公交卡

在这种场景中,手机只能利用内置的 NFC 模块向同样支持 NFC 的公交卡充值,充值之后手机还是手机,坐公交和地铁还是需要公交卡。除了需要手机和一卡通之外,还需要下载与某个城市一卡通匹配的 App,例如上海的“上海交通卡”App,和北京的“e 乐充公交卡”App 等,具体要下载哪款 App 可以在各自城市的公交系统网站查询。

下载安装好 App 之后,按照提示充值即可。需要注意的地方是,通常这种充值都需要一个“回写”的过程,切不可急于分离手机和一卡通。所谓“回写”是指,在 App 调用手机 NFC 硬件读取了一卡通里存储的信息之后,用户借用手机充值,改写了这一数据,此时一般会有充值成功的提示,但其实改写的数据还没有写入一卡通里,此时还需要等待 App 的一个“回写”过程,因此不要急于分离一卡通。

场景 2:需要虚拟公交卡

这种场景非常方便,只要一部手机就可以实现乘坐公交和地铁,完全不需要实体卡的介入。“刷手机”坐车已经不是新鲜事。在广州,中国移动曾经搞过手机地铁票,中国电信则跟羊城通公司合作发行“天翼羊城通”业务。

要实现这种虚拟的公交一卡通,需要用户在特定的 App 里,比如小米公交 App,申请一张虚拟的一卡通,然后将一卡通卡号写入手机 NFC 模块,进行虚拟一卡通与手机 NFC 模块的绑定,此后通过手机向该虚拟一卡通充值,即改写 NFC 模块中绑定的信息,即可使用。

在这种场景中需要注意,虚拟一卡通并不是与该 App 的登录账号绑定,例如小米账号,而是与手机的 NFC 模块硬件绑定,假设用户更换了手机,即使在新手机上登录了同一个小米账号,也不能正常使用该虚拟一卡通。

场景 3:需要支持 NFC 的 SIM 卡

这种方式不需要虚拟的一卡通,也不需要实体的一卡通,唯一需要用户做的就是去移动或者联通的营业厅,重新申请一张内置 NFC 的新 SIM 卡。然后下载运营商规定的 App,比如中国移动手机钱包,通过 App 给 SIM 卡内置的公交一卡通充值,即可使用。

2015 年 6 月,为了促进旗下“和包”(即中国移动手机钱包)在线支付的发展,中国移动进一步推出了 NFC USIM 卡,除了正常的上网打电话之外,该卡内部集成了完整的 NFC 模块,可以让不具备 NFC 功能的手机也实现 NFC 功能。

以上两种内置 NFC 的 SIM 卡,除了作为公交一卡通之外,也可以通过 App 实现类似 Apple Pay 的近场支付功能[248]。

8.6.3 二维码技术

二维码(Two-dimensional code)又称 QR Code(QR:Quick Response),二维码是用某种特定的几何图形按一定规律在平面(二维方向上)分布的黑白相间的图形记录数据符号信息的；在代码编制上巧妙地利用构成计算机内部逻辑基础的“0”、“1”比特流的概念，使用若干个与二进制相对应的几何形体来表示文字数值信息，通过图像输入设备或光电扫描设备自动识读以实现信息自动处理[249]。

二维码具有条码技术的一些共性：每种码制有其特定的字符集；每个字符占有一定的宽度；具有一定的校验功能等。同时还具有对不同行的信息自动识别功能、及处理图形旋转变化点。

二维码支付是以二维码为交互介质的一种基于账户体系搭起来的新一代无线支付方案。在该支付方案下，商家可把账号、商品价格等交易信息汇编成一个二维码，并印刷在各种报纸、杂志、广告、图书等载体上发布，也可以直接在 APP 上发布。支付宝和微信支付的二维码付款码实际上就是用户的账户信息经一定的处理而成的，其支付过程是一个在线闭环验证过程。

二维码具有如下特点：

(1)高密度编码，信息容量大

可容纳多达 1850 个大写字母或 2710 个数字或 1108 个字节，或 500 多个汉字，比普通条码信息容量约高几十倍。可以把图片、声音、文字、签字、指纹等可以数字化的信息进行编码，用条码表示出来，可以表示多种语言文字，也可表示图像数据。

(2)容错能力强，具有纠错功能

这使得二维条码因穿孔、污损等引起局部损坏时，照样可以正确得到识读，损毁面积达 50%仍可恢复信息[250]。

(3)译码可靠性高

比普通条码译码错误率百万分之二要低得多，误码率不超过千万分之一。

近年来，随着智能手机及移动互联网技术的发展，涌现了很多新的技术应用，如手机支付、手机购物、二维码支付等。其中，二维码支付技术逐渐成熟，且其具有成本低、易推广的特点，近年得到了飞速发展；二维码支付已经渗透到日常生活的各种支付场景。其所涉及的各类付款码(二维码，支付宝、微信支付等)支付均采用了在线验证方式，这种在线验证方式在对交易时间不是非常敏感的线下支付应用场景是可行的。

在公交事业和技术的不断发展的同时，公交支付方式也不断升级和丰富，由最初的现金、月票发展到了电子支付公交卡；公交卡的出现，极大地便利了人们公交乘车出行，无需忧虑现金的零钱问题。公交卡支付本身也经历了多个发展阶段，最初是逻辑加密卡，而后是芯片卡；最新的发展是基于 NFC 的手机支付，包括基于 SIM 卡的实现方式、基于 HCE 技术的终端实现机制。相比现金支付，公交卡支付有了质的提升，但其仍有一定局限，即携带不便和先充值后刷卡；公交卡的手机支付解决了携带不便的问题，但其要求手机具备 NFC 功能，有一定门槛。

而基于二维码技术的公交乘车支付系统恰恰利用二维码技术解决了搭乘公交出行时,持公交卡刷卡可能会遇到余额不足的问题。而对于外地游客或本地低频用户来说,其搭乘公交次数很少,不太愿意额外购买一张公交卡。二维码支付的出现,使得这些场景下公交支付方式有了更好的选择:刷二维码乘车。

然而,公交支付应用场景中,特别是高峰时段,其对交易时间的要求非常高,需要在 300ms 内完成交易并通行,否则容易引起堵塞而造成严重后果。正是这种特殊的应用场景,公交卡的支付采用的是离线交易的方式。因此,此前的二维码支付不能简单移植到公交支付应用场景。针对公交特殊应用场景,提出来一种采用了离线验证的公交二维码支付方案,并构建了相应的二维码支付系统。

广州羊城通有限公司与腾讯等公司合作,研发出来羊城通二维码支付服务系统,支持以羊城通 APP 和微信小程序为入口,生成羊城通乘车二维码,支持在广州快速公交及普通公交线路扫码乘车[251]。

附录 A　城市智能交通集成系统解决方案

1　智能港口系统

智能港口的起源是智慧地球。2009 年 10 月，我国政府提出智慧地球的发展理念，接着引出智慧城市的概念。交通作为城市的重要组成部分之一，随着运输成本的增加、交通拥堵的加剧，智能交通的概念应运而生。智能港口（也称为物联网港口等）作为智能交通在港口领域的延伸，目前尚无标准的概念定义。它具体是指充分借助物联网、传感网、云计算及决策分析优化等技术手段进行透彻感知、广泛连接、深度计算港口生产、物流运行核心系统的各项关键信息，使物与物、物与人、人与人以及港口物流的各种资源和各参与点能够广泛地互联互通，以形成技术集成、综合应用、高端化、网络化、信息化的现代港口。

"一带一路"重点布局的 15 个港口都把智能型的信息技术逐步引入到港口建设中。上海港的亿通网和 O2O 物流管理平台通过一站式的物流信息服务，贯穿交易、监管、物流和支付等 4 大作业环节，覆盖电子政务、电子商务及电子物流等 3 大应用领域。大连港的 TOP+系统和智能化集装箱码头操作系统等将互联网技术融入码头生产作业流程中。日照港的散货 GPS 智能管理系统实现港口散货作业的智能化管理。

结合智能港口的发展经验，应更加注重 4 个层面的建设：一是港口信息的全面感知，二是信息内外部的广泛互联，三是数据的高度共享，四是应用的智能化。

1.1　智能港口技术框架

通过对智能港口的调查和研究，结合政府的指导方向，初步提出智能港口的建设思路：一是注重顶层设计、科学规划，研究制定"智能港口"建设方案；二是注重标准，打造智能港口标准体系；三是构建港口大数据中心，开放共享公共数据，完善智能港口的数据支撑；四是建立健全港口全面感知体系，推动智能港口基础设施建设；五是发展智能口岸，提升政府监管和服务；六是发展智能物流，打通港口物流产业链；七是发展智能港区，促进港口智能化运营；八是发展智能商务，构建港口金融生态圈；九是港口危险货物管理智能化，推动危险货物安全管理体系建设。

对应这几点建设思路，提出智能港口总体技术框架，如图 1.1 所示。

最底层是以各种感知设备和技术、网络传输设备为核心的智能基础平台。向

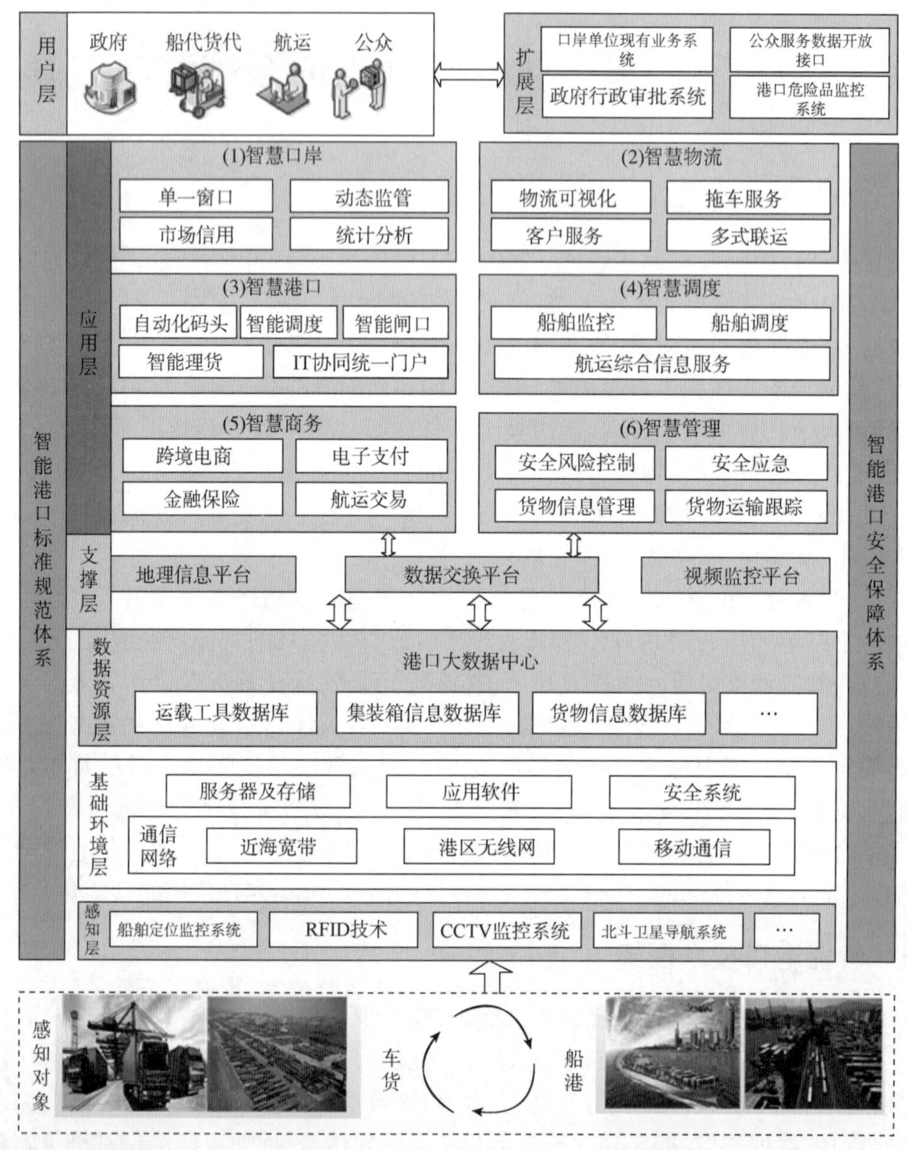

图 1.1　智能港口总体技术框架

上是融合政府监管信息、载运工具信息、货物信息和生产信息等的港口大数据中心。结合地理信息平台、数据交换平台和视频监控平台等，形成智能支撑平台。再向上是智能的应用平台和扩展平台，为港航企业、物流参与者、政府和公众等多元主体提供丰富、便捷、透明的应用[252]。

1.2 智能港口关键技术

1.物联网技术

物联网是通过射频识别技术(RFID)、红外感应器、全球定位系统(GPS)、激光扫描器等信息传感设备,按约定的协议,将任何物品与通信网络相连接,进行信息交换和通信,以实现智能化识别、定位、追踪、监控和管理的一种网络技术。在港口生产作业及运营管理方面较为典型的物联网应用包括:集装箱电子标签、港口设备运行状态监控、工程设备资产管理、智能能源管理系统等。物联网技术可以为智能港口数据收集提供有力支持。

2.大数据技术

大数据的核心价值是通过对海量数据进行数据分析,实现数据可视化,利用分析结果进行资源优化配置。换言之,如果把大数据比作一种产业,那么这种产业实现盈利的关键,在于提高对数据的"加工能力",通过"加工"实现数据的"增值"。

3.人工智能技术

人工智能应用领域广泛,涉及问题求解、机器学习、专家系统、模式识别、机器人学等领域。人工智能在港口智能设备调度、智能场地计划、智能泊位计划等港口生产作业系统中可有广泛的应用。

4.自动化港口装卸设备

将先进的传感器、自动定位、机器视觉、远程控制、设备智能诊断与评估等技术应用于港口大型装卸设备(如散货码头的堆料机、取料机、集装箱码头的堆场轨道吊、无人驾驶自动导引运输车等)使装卸设备自动化和无人化。自动化设备发展可大幅提升码头效率,自动化解决方案降低了总体运营成本,提高了安全性,并带来了更佳的设备可用性。

5.电子信息化平台

港口电子信息化平台建设是现代化港口发展的过程中,货主、港口企业、监管部门、港口行政管理部门以及社会其他部门之间大量、及时交流信息、互动的综合体系。有助于更精确、高效地完成船舶进出港、装卸、集疏运、交易、支付等生产活动;可以协调港口的信息资源,利用海关、检验检疫、海事、边检、港政、引航、企业等部门的信息,建立港口公共信息服务平台和依托港口的重点品种大宗商品电子交易平台;推出信息服务、管理服务、技术服务和交易服务[253]。

1.3 智能港口的技术应用

1.智能基础平台

通过应用 RFID、GPS 定位、温湿度传感器等技术,港口已经能够实现基础信息的采集,例如天津港在集装箱陆运流程中应用 RFID 技术,实现集装箱信息、车辆信息的实时采集,提高车辆通过卡口的效率。随着传感器和网络技术的不断进步,新形式的物联网应用不断涌现,基于信息采集技术的基础平台正逐渐转变为全面、深度的智能感知平台。

由于传感器技术不断成熟,智能感知平台更加注重不同类型原始信息的融合提取,实现现场环境的全面感知。例如在汉堡港的示范性港口智能道路上同时部署压力、温度、风力、光线及视频等传感器和控制器,从而可以对港口的实时天气、靠泊条件及作业流量等做出综合的分析判断,为生产业务决策提供支撑,同时可以实现灯光的自动调节和作业机械的智能控制。此外,结合智能云计算等技术,可以实现信息的深度感知。例如利用实时图像识别技术,港口监控系统可以从大量的视频数据中提取人物、运载工具和货物等关键信息,转变为结构化数据进行存储和传输,从而有效提高信息的质量,节省网络传输带宽资源。

2.智能支撑平台

在层次化的港口应用系统中,EDI(电子数据交换)平台、GIS 地理信息平台及 CCTV 视频监控平台等技术已比较成熟,系统建设重心逐渐转移到基础数据采集和上层应用设计上。在智能支撑平台层面,则要求港口企业更注重自身数据的治理、海量数据的智能分析和多元化数据的开放共享等,即港口大数据中心的建设。港口大数据中心的建设包含两个层面:数据中心云计算化和港口各业务应用系统数据的充分融合。

3.智能应用平台

智能应用平台包含的内容非常丰富,可分为:面向商务服务的统一化物流客户服务系统、营运管理系统、电子商务系统等,面向生产服务的生产业务管理系统、综合运输管理系统、资源管理系统等,面向政务服务的智能口岸管理系统等。对于港口企业来说,需要根据自身的需求进行模块化的组合、选取,打造符合自身特点的智能港口。在应用平台技术层面,新技术的应用能提升港口的智能化程度。移动互联网技术也能提高港口操作的便捷性。通过手机 App,驾驶员使用二维码即可打印箱单,提高提箱作业的效率;业务人员可以实时了解港内作业动态,远程传递单证信息;船代、货主及代理等可以随时随地查询船舶到港情况、跟踪货物状态。

新的应用平台技术革新也对港口信息化体系的发展起着促进作用。目前,新兴技术(虚拟现实技术、机器人技术等)由于成熟性以及配套设施的限制,在港口中的应用并不多,但可以预见,随着这些技术的不断成熟和推广,一定可以有效地融入港口的生产及服务中。

4.智能扩展平台

港口作为物流链的关键节点,需要与外部实体频繁地交换数据。目前我国各主要港口已通过EDI平台的建设,为港口码头、场站、船公司、船代、货主及代理等提供高效便利的物流信息服务。但伴随着港口服务的多样化发展,新的数据交换及服务的需求在不断产生,例如港口与政府主管部门之间的监管及审批数据的交互、港口面向公众的服务数据发布以及港口与合作单位之间的深度数据交互等。因此,建议注重智能扩展平台的建设,增强数据或服务的可扩展性。对于标准化数据,可以使用基于Http的Web Service接口技术,对于非标准化数据,可以制定并发布API接口规范,从而打造开放式的数据服务平台,提升信息化系统的互联互通能力。

2 智能站场系统

2.1 概述

城市轨道交通建设是一项投资巨大,工程复杂的项目,城市轨道交通线路网络的运营、服务和管理更是一个纷繁浩大的系统工程。面对如此庞大的建设规模和运营线路,如何保障城市轨道交通的建设、管理、运营能够高效、有序的运转,如何满足乘客对城市轨道交通快速、安全、舒适、便捷、经济等特性不断提高的服务需求,已经成为城市轨道交通发展中面临的主要课题。其中,加快城市轨道交通信息化的发展应用,迅速改变信息化管理技术的相对落后现状,已经成为国家相关政府部门、企业、科研教学机构的重要职责,也是社会公众的迫切需求。目前,城市轨道交通信息化发展建设的重点,应是从旅客服务、运营维护等各方面考虑,建立并推广应用的一整套安全可靠、高度智能化、集成化的综合管理信息系统[254]。

2.2 建设智能车站综合管理信息平台

1.建设目的

实现跨系统的互联互通以及资源共享,建设一个基于可视化操作界面,面向车站安全生产的业务集中管理、安全集中管理、辅助决策管理的综合管理信息平台,实现车站各专业、各系统的有机结合,进而实现车站信息的业务集成和整合,对推动车站日常生产的高效安全、有序运营、对事故的预防和紧急处置工作,都具有重要的意义。同时具有整套的系统解决方案将减少各系统融合和维护的成本,集成各系统形成完整的管理平台，将会有更多的市场和技术竞争优势，及时跟上国际城市轨道交通运输行业的发展趋势。

2.建设目标

以保障城市轨道交通绝对的安全运营和优质的良好服务为核心，以计算机通信网络和信息技术为支撑，建设系统集成、功能最优、经济高效的城市轨道交通智能车站综合管理信息平台，打破现有各专业、体系的纵向管理系统，满足地铁和轻轨车站快速响应、应急管理的需要，实现轨道交通体系高度集成、信息流畅、指挥有力、应对有序的生产运营新局面，加强车站和上级控制中心的联动管理，实现车站和公交、重大事件、天气情况、甚至和铁路、民航等其他运输方式的信息交流和资源共享，建成数字化智能车站，充分提高现代化城市轨道交通运营的科技管理水平。

3.系统架构

为了达到系统集成功能最优化和经济高效，智能车站综合管理信息平台的系统架构如图2.1所示。系统架构有5个层面。

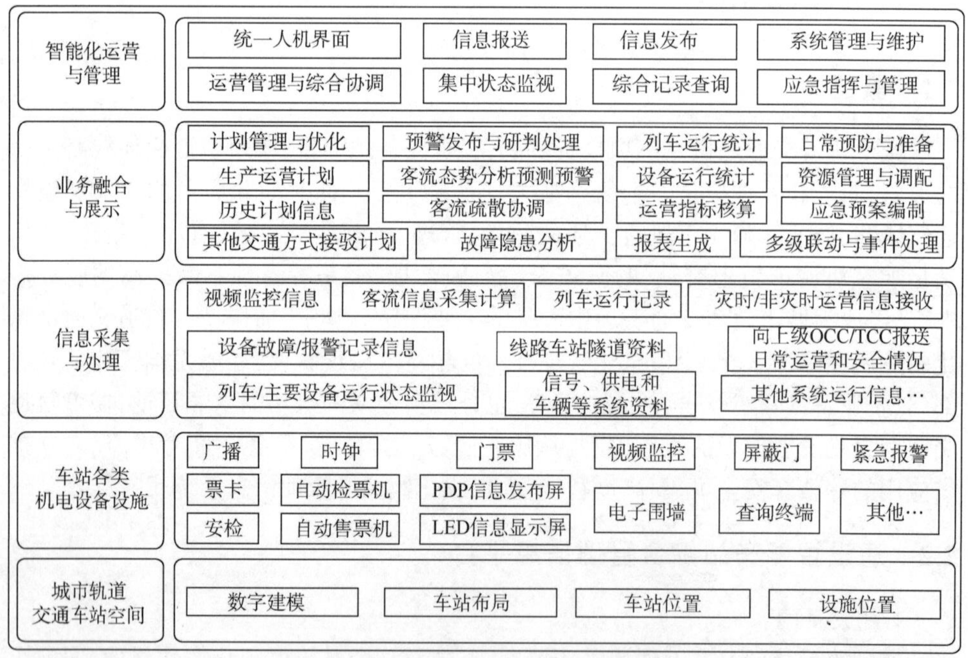

图2.1 智能车站综合管理信息图

第一层是车站空间。通过数字建模技术，对车站布局、车站位置、设施位置等空间信息进行详尽的建模，为车站上层管理建立电子沙盘，提供可视化操作界面基础。

第二层是车站各类终端管理机电设施，如与旅客出行紧密相关的自动售检票设备、信息发布显示设备等，其他如信号系统设备、火灾报警系统设备、电力设备等。这些设备均受综合管理平台管控。这一层面的实现对车站设施管理和设备状态采集，对车站的运营分析、旅客疏导、信息处理与发布、站务管理至关重要。

第三层是各车站的信息采集与集成处理。综合管理平台需要处理不仅包括各车站本身各类信息，还需要处理从其他外部系统获得的信息（如线路运营计划信息、上级控制中心（OCC）下达的信息，综合监控信息等）。需要非常复杂的接口体系（各类信息系统的紧密集成），通过智能综合管理平台打破现有纵向系统和不同网络的信息隔离，实现横向信息共享和交流，为上层的指挥及决策奠定基础。

第四层是业务融合层。业务融合层是对管理业务的整合，将运营计划、客流预测、设备运行、应急处理等各项业务有机融合，实现面向轨道交通业务的集中管理，通过对车站管理各功能业务的全新整合应用，改变信息不全、消息封闭、决策不明的运营状态。

第五层是智能化运营与管理。通过统一可视化人机界面展现对信息和业务的融合，加快信息流动，进行高效决策指挥，实现“信息共享、业务自动、管理智能、服务优质”的最终目标。因此，城市轨道交通智能车站综合管理信息平台，是一种通过信息系统集成优化技术，将车站各相关的设备设施、车站现有各系统和车站各管理业务，紧密集成为一体的全新智能化管理业务平台。

4.系统组成

智能车站综合管理信息平台的硬件设备包括应用服务器、数据库服务器、接口服务器及磁盘阵列、各操作员工作站、打印机、大屏幕显示、网络交换机和终端控制设备等（图2.2），分别部署在控制中心和各车站、车辆段。智能车站综合管理信息平台软件，主要由平台软件、应用软件、接口软件等构成。平台软件主要完成数据的采集、处理与管理等功能；应用软件主要完成系统运营管理与协调、信息报送、信息查询、应急指挥以及系统管理和维护等功能；接口软件主要实现综合管理信息平台与各子系统、上下级设备间的通信处理功能。轨道交通智能车站综合管理平台，通过对上述空间、设备、业务的有机融合，通过信息和资源共享，对车站的日常运营进行综合监视，对突发事件应急联动和统一指挥，为旅客提供信息服务，实现与其他单位的联系和协调，包括向上级进行信息报送和接收上级的指令，与公安、消防部门的联系与协调等。在综合管理平台上，业务管理具有可视化、智能化和立体化的特点，为车站的安全运营保驾护航，实现车站、出行者、社会的和谐管理和发展。

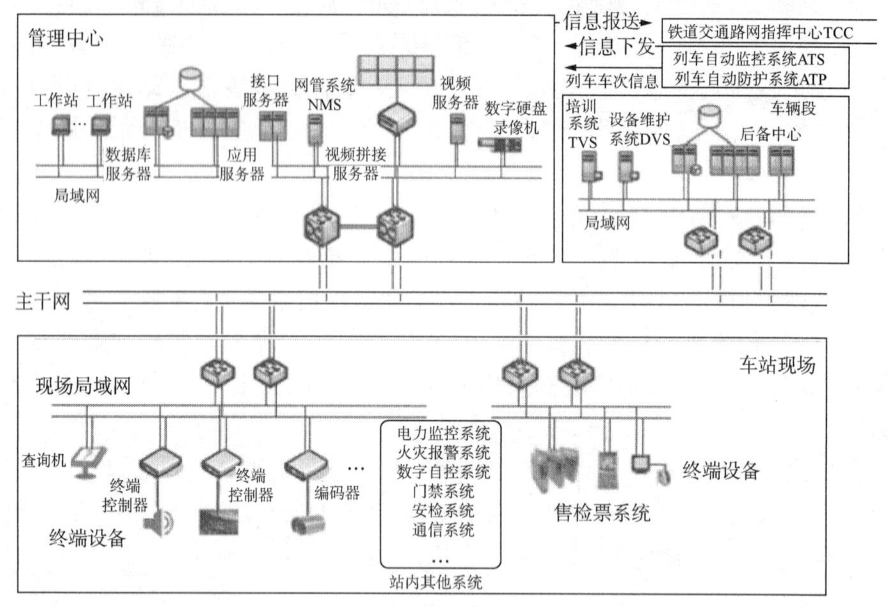

图 2.2　智能综合管理平台设备连接图

5.智能车站综合管理平台技术特点

智能车站综合管理平台是一个创新、模块化的智能系统,具有以下技术特点。

引入了 SOA 软件框架,为系统提供优良的延伸性和使用性,可以自由和任意地嵌入新的子系统,也可方便地改造现有系统,与现有系统和新系统都有良好的兼容性。

统一风格的人机界面,所有子系统信息汇聚于统一的人机界面,操作员可以对所有设备状态、报警以及资源分配一目了然。

良好的决策辅助和联动功能,可以大大提高运营效率,运营流程的自动化可以大大缩短危机处理时间。

可进行多源数据融合处理,综合管理信息平台,通过对不同子系统的异构信息进行综合分析与处理,为日常运营、应急处理、信息报送等各项业务提供决策信息。

系统可靠性有保障,综合管理平台自身一旦发生故障对整个系统影响较大,因此其服务器、交换机等均应采用冗余方式,并在车辆段设置后备中心。当控制中心网络中断或发生故障时,车辆段的综合管理平台工作站以中央级用户登录使用,可监控全线车站常规设备,提供与中心级系统同样的功能,直至原控制中心恢复正常后,转交控制权。

6.平台系统中需要重点解决的技术课题

数据处理与协议转换要适应互联和大集成的要求。在智能车站综合管理平台中,所有集成与互联的系统数据都统一接入综合管理平台的接口处理器。由于有些系统需要数据库的二次开发,或建立独立的数据库,还要考虑数据结构的统一规划。接口处理器负责综合管理平台与各相连系统的接口管理,完成规约转换、数据初始处理、周期访问和协议转换,并将不同格式的实时数据转换为综合管理平台统一的内部数据对象格式,提交到系统应用服务器。

接口服务器具有支持多种协议转换、支持多种通信接口的模块;具有足够多的网络口、串口,以接入相应系统。每个接口服务器通过千兆以太网接口与综合管理平台交换机相联。冗余配置,单点故障不应影响系统功能,以保证数据流的处理与传输。

智能车站综合管理信息平台涉及的子系统众多,集成范围大,实现软件人机界面图形层次多,整合的方式也有所不同。有的系统通过管理平台可直接取代被集成子系统的软件,并实现被集成子系统的全部功能,例如广播、信息等系统,极大地提高了集成系统的性能,这类系统人机界面可利用成熟的软件稍加改造。有的子系统,由于所特有的功能,无法利用成熟的软件,需要在新平台上进行二次开发。而对于像信号系统(ATC)的集成,由于是涉及行车安全的设备,并有专用的软件和通信协议,如果通信协议的开放条件许可,则可在综合管理平台的人机界面中嵌入其系统的图形人机界面,实现复视管理功能,方便运营人员在统一的平台上操作人机界面。

为了增强系统结构的动态可扩展性,智能车站综合管理平台的服务器、交换机等关键设备应预留20%~40%的容量,软件采用无限点可扩展软件,为今后系统扩展打下基础。综合管理平台的体系结构应适合系统动态扩展,可在线修改、扩充子系统而不干扰已经运作的其他子系统。新加入的子系统调试通过后,可以和原有的系统无缝集成,共同实现整个交通系统的各项任务[263]。

3 智能铁路系统

3.1 InteGRail 新概念的提出

欧美和日本等发达国家在铁路智能化方面进行了相当广泛和深入的研究,产生了一批具有代表性的系统,如欧洲的 ERTMS,日本的 CyberRail,美国的 IRS 等。近年来,欧盟提出的 InteGRail,IBM 提出的 Smarter Railroad,CISCO 提出的 Smart+Connected Railway,SIMENSE 提出的 Intelligent Train 等都推动了智能铁路的发展。

InteGRail 有如下特点：

(1)可使铁路信息在铁路沿线共享,得到最优运营决策。

(2)能成功识别所需共享信息,并确保信息的正确性。

(3)维修流程优化中,能有效地确保信息使用;需求管理中,能有效地整合有用信息。

(4)能确保信息高效传递给决策者。

(5)建立正确信息并进行信息分享,改善列车运营性能。

3.2 RITS 定义及特征

1.RITS 的定义

RITS 是集成了先进的信息处理技术、通信技术、控制与系统技术、计算智能与决策支持技术等,以信息采集、传输、处理和共享为基础,通过高效利用与铁路运输相关的所有移动、固定、空间、时间和人力资源,以较低的成本达到保障安全、提高运输效率、改善经营管理和提高服务质量目的的新一代铁路运输系统(图 3.1)。

RITS 实质是将智能运输系统技术与铁路运输系统充分结合,形成一个完整的集智能化的控制、管理、决策于一体的且能够与国际接轨的新一代铁路运输系统。

2.RITS 的特征

RITS 应是一个安全、高效、低碳、和谐,按需求驱动的自主化系统。作为一个集成了多因素的复杂系统,RITS 的特点主要体现在以下 4 个方面:

(1)互联互通、信息共享:RITS 功能的集成必然要求系统中子系统及子系统各部分间实现有机的互联互通,以保证顺畅高速的通信和及时高度的信息共享。

(2)智能处理:RITS 应实现行车控制、综合调度、资源管理、营运管理等的智能处理,以形成一个高度智能化自主化的铁路生产经营体系。

(3)协同工作:RITS 应使固定设施、移动设施和维修设施有机地协调成一个整体,实现各子系统的协同工作,以提高运输效率和加强安全保障。

(4)按需配置:基于系统信息共享机制,RITS 应完成系统内外的实时需求分析,并按需动态配置各种资源,以达到高效、低碳、按需驱动的目的。

3.RITS 的目标

RITS 的系统目标是实现轨道交通运输全过程的可测、可视、可控与可响应。

(1)可测:轨道交通系统不同层次、粒度状态的可感知性;

(2)可视:轨道交通系统运行过程可观测性、可表达性与可理解性;

(3)可控:轨道交通系统业务过程可控性与可管理性;

(4)可响应:轨道交通系统对服务需求的可满足性与服务品质[264]。

3.3 RITS 体系框架

RITS 体系框架用于确定和描述提供全部铁路智能运输系统用户服务所必须具备的功能以及实现这些功能的子系统、各子系统之间及其与外部环境之间的接口和信息流。RITS 分层次的体系框架自底向上共分为 5 层如图 3.1 所示。感知层利用先进的传感技术和设备,实时采集和存储铁路移动装备、固定设施及环境中的各种数据和信息。传输层通过各种大容量通信等技术将感知层所采集到的数据信息进行车上、车地和地面间的传输,为融合层提供数据资源。融合层基于元数据模型和互操作技术,集合了分布式并行计算、数据融合及数据可视化的功能,将传输层传输的数据进行有效融合、存储、处理、显示和挖掘,为实现层的管理及决策提供

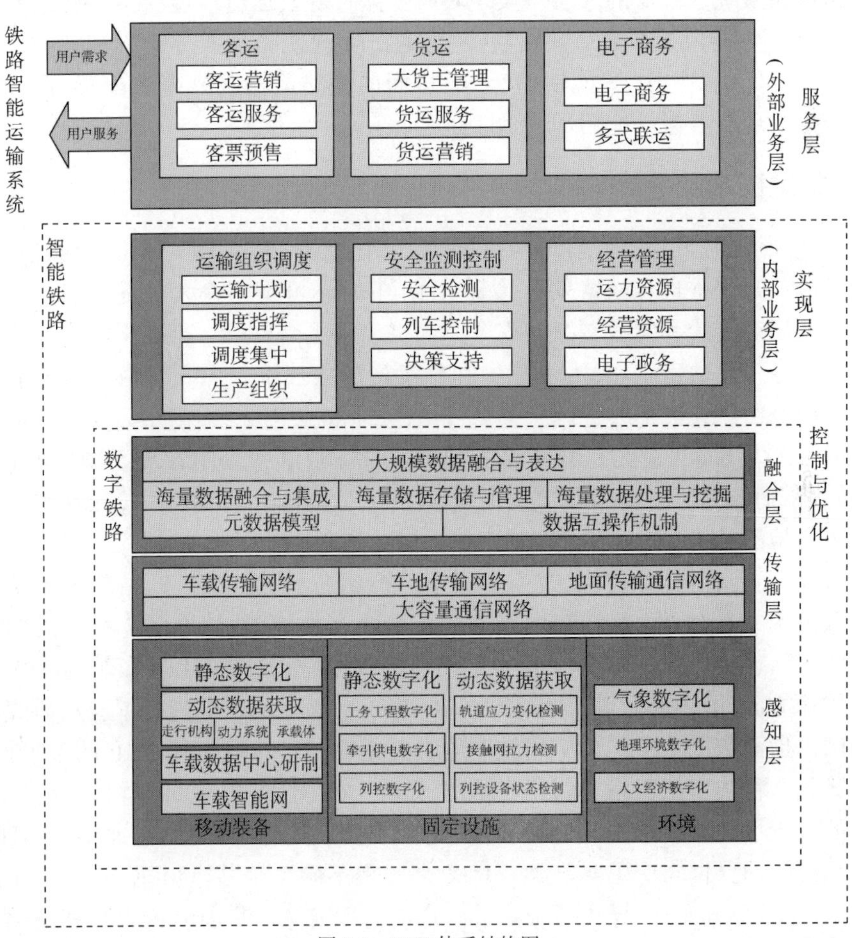

图 3.1 RITS 体系结构图

支持。实现层与铁路的内部业务组织与管理功能相对应,又称为内部业务层;利用融合层提供的系统信息,完成铁路系统的运输组织、状态监控及设施维护,进而对服务层功能的实现提供最大限度支持。服务层与铁路的对外服务功能相对应,又称为外部业务层;主要功能在于根据用户提出的需求,综合考虑实现层的当前铁路运营管理及运输资源实际情况,提供相应的客运、货运、电子商务相关服务。在RITS体系框架中,层与层之间具有高层对低层提出需求、低层为高层提供支持的关系。此层次框架可有效降低铁路系统中各子系统的耦合性,各层可分别通过相关的先进技术提升该层性能;各层次间的接口相对固定,便于整体系统的优化和升级。基于各层之间的动态交互,可对感知层、传输层、融合层及实现层进行控制和优化,使得系统提供的服务不断满足用户需求。RITS的体系框架覆盖了不同水平的铁路运输系统。较低的3层可实现具有铁路资源及运行环境时空变化的数字化功能的"数字铁路"。在数字铁路基础上,通过实现铁路各业务流程和各类资源的协调控制与优化,形成"智能铁路"。通过面向铁路运输服务需求配置各类资源,最终全面实现服务层功能后即为RITS[265]。

3.4 关键技术及发展模式

为达到可测、可控、可视、可响应的目标,物联网(传感网)、大容量通信、互操作、云计算、知识推理和网络安全等是RITS中必不可少的六大关键技术。铁路智能化的发展对有线和无线网络的安全方面提出了更高要求。有线网络安全主要研究防火墙、密码、数字水印、入侵检测和病毒检测等技术。无线网络安全的研究集中在安全路由、安全聚合、密钥管理、身份认证和异构无线网络安全等方向。在RITS中,这些技术可分别应用于数据获取、网络通信和应用管理。物联网(传感网)技术的研究内容主要涉及射频识别(Radio Frequency Identification,RFID)、传感器网络与检测技术等。一般将RFID技术用于列车、乘客、车站、固定设备等的静态信息采集,而传感器网络技术则用于列车运行状态、轨道状态、铁路防灾系统等动态信息采集。专有大容量信息网络可简单分为车载、车地和地面3种。国内外车载设备网络连接研究和应用主要集中在基于TCN相关网络上。在车地间大容量无线传输方面,国内外对WLAN、GSM-R、WiMax、Wifi网络等进行了应用研究和实地测试。地面数据汇接传输应用较多的主要是MSTP网络和基于IP的数据网络。云计算是一种共享的网络交付信息服务模式。在RITS中,云计算可以提供动态、灵活的基础设施相关服务,可以实现铁路资源和应用的虚拟化,进而实现RITS不同子系统间的数据与应用共享。互操作是实现不同系统共享信息、协调工作的核心技术,是解决分布式、异构系统集成应用的有效方法。目前欧美等国和我国其他交通相关领域也进行了初步研究。在RITS中,互操作技术主要用于满足资源管理、运输组织调度、安全监测与控制、客货服务、综合运输等多个模块间大量信息交互的需求。知识推理包含了推理系统、知识发现、数据挖掘等内容，其核心是复杂动态环境下的建模、基于本体论的知识表达和基于智能 Agent 的动态协作等方面。在 RITS 中，知识推理技术的应用主要集中在基础设施运用维护、综合安全监控、运输组织优化、智能化旅客信息服务等方面[264]。

4 智能出租车系统

4.1 智能出租车提出的背景

在城市交通的发展中，出租车以快速、方便、舒适、安全和服务面广的特点使其迅速成为城市交通运输体系的重要组成部分。大多数城市出租车都提供 24 小时服务，乘客大多是通过路边招揽的方式搭乘出租车，但是这种方式存在很多弊端，等车时间普遍比较长，而且出租车的空驶率高。在现今城市出租车行业中，普遍存在着“人没车坐，车没人坐”的现象，资源没有得到充足的利用，导致了交通拥堵以及环境污染的问题。而且目前出租车调度方式主要是电话联系方式的人工调度，调度接口单一。所以，需要一个可以解决上述问题的智能出租车系统。

4.2 智能出租车系统的构成及工作原理

1.智能出租车系统

智能出租车系统主要包括以下几个部分：综合信息服务中心、出租车车载智能终端、各信息分控中心、乘降站点信息采集处。具体如图 4.1 所示。

综合信息服务中心及各信息分控中心，主要硬件应包括：主服务器或分控服务器、信息存储器、通信网络终端、电子地图显示屏及各类转接线。综合信息服务中心及各信息分控中心服务器均需要安装智能管理系统软件。

图示虚线内部分为出租车车载智能终端，其主要硬件应包括：通信网络终端、防盗报警器、GPS 天线、LED 显示屏、摄像和录音设备（摄像头、监听 MIC、话筒、扬声器）及各类转接线。

乘降站点信息采集处应有专用的数据采集器，应包括：通信网络终端、摄像设备及各类转接线。可真实反映站点乘客数量等情况。

2.智能出租车系统的工作原理

该系统是运用 GPS（或 BDS）定位技术、GIS 地理信息系统及地图匹配技术、公共交通运营优化及评价技术、计算机网络及数据库技术、电子通信技术等集成为先进的交通信息管理系统。通过 GPRS、GSM 移动通信技术进行数据和信息采集，结合居民出行调查、街路状况、驾驶员档案等静态信息，以GIS地理信息系统为操作平台，对信息进行智能整合和优化，实现出租车的智能调度和指挥等功能。智能管理系统中的信息应包括三部分内容。其一是对车辆和驾驶员的监控调度、路况信息报告等实时信息；其二是驾驶员信息及考核记录，供业主及乘客利用分控中心查询；其三是信息系统锁止功能信息，对发生重大交通事故或严重违章的驾驶员档案进行锁定，在隐患未消除之前不得被聘用上岗。

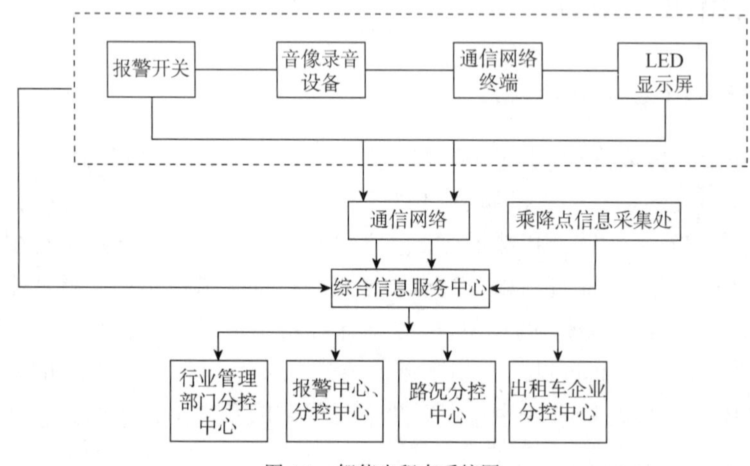

图4.1　智能出租车系统图

4.3　城市智能出租车系统实现的功能

智能出租车系统的构建，是为了实现一些特定且实用的功能，比如车辆监控、车辆导航、车辆调度等。下面详细介绍各部分功能。

1.车辆实时监控

系统可以任意选择车辆，并通过车辆上的设备，获取到车辆的运行状态，包括车辆的行驶速度、车辆当前所在的位置、车辆上乘载的人数以及驾驶员是否有违规违法行为等。通过获取这些信息，得以实时监控车上的情况，可以实现有效的调度指挥以及减少交通事故的发生。同时，系统记录驾驶员的驾驶情况，可以作为考核的依据，达到时刻警戒驾驶员的效果。

2.车辆导航及调度

系统根据实时路况信息及乘降站点反馈乘客密度信息，利用现今的技术进行数据分析，然后对出租车实现最佳路径导航，避免出现拥堵情况。同时，在乘客需要乘车的时候，系统可以对周围出租车进行有效调度，减少资源浪费。同时实施电话约车，实时信息通报，提高运营效率。

3.智能防劫

驾驶员在紧急情况下,可启动安装在暗处的报警开关,可实现自动报警。信息中心通过实时图像确认真实性后,可锁定车辆位置,远程控制车辆,必要时可强制切断油路、电路等,迫使车辆停驶,配合公安部门查截罪犯嫌疑人[268]。

5 城市一卡通(以广东岭南通为例)

进入移动互联网时代,国家在提倡“大众创业、万众创新”“互联网+”“大数据”等新的时代思维和政策理念,岭南通公司也在积极主动关注外界环境的变化和自身行业的变革,在一卡通 2.0 时代背景下,岭南通公司一直在寻求适合自身发展的战略转型之路。岭南通在新的时代环境下,努力从不同的维度来探索 2.0 版的发展之路。

5.1 产品创新成果

1.一卡通+网上充值

网上充值系统是岭南通发展电子商务等线上业务的接入口,也是岭南通 2.0 战略架构基础。所研发的“网上充值终端”,通过 USB 接口与计算机相连接,该终端具有刷卡感应区,如图 5.1 所示。

图 5.1 网上充值系统图

用户将卡片贴近 USB 充值终端后,使用连接读卡器的计算机登录一卡通网站即可实现对普通的公共交通一卡通实现刷卡充值、圈存和查询等网上操作。网上充值终端作为互联网充值系统的前置设备,可将交通卡与网络账户进行关联,从而为网上消费提供基础入口。岭南通网充平台突破了所有城市一卡通线下充值的传统局面,采用联机交易的安全连接方式,让用户足不出户体验网上充值服务。目前,岭南通互联网充值平台正不断拓宽平台的应用领域,包括开发集团用户、合作商户、第三方支付等商户版界面,研究通过网银及第三方支付平台对一卡通进行网上充值以及生活缴费、网上购物等丰富功能。网上充值系统不仅可以解决传统服务网点受时间、地点和技术限制的矛盾，面且多种渠道的服务途径大大保障了用户的利益，网上充值系统还能加速资金流转，解决网点拥堵的矛盾。同时，解决了大量交通卡休眠问题，并及时了解用户需求，提高服务质量，又能掘金电子商务，发展低碳经济，大大提高竞争力，成为一卡通发展的一个重要趋势和方向[277]。

2.一卡通+微信充值

岭南通的微信充值系统是基于微信接口开发的，具有岭南通充值、余额查询、交易记录查询等功能。微信充值服务是基于手机 NFC 终端与岭南通卡之间的交互，通过微信充值界面操作，利用手机 NFC 功能对岭南通卡进行读写，完成线上转账、线下写卡过程，如图 5.2 所示。

图 5.2　手机 NFC 充值图

3.一卡通+移动支付

随着“互联网+”技术的快速发展及移动智能终端的广泛普及，一卡通与移动支付技术的快速结合和产品演进，一卡通行业内纷纷涌现出了多种基于 NFC 手机的一卡通移动支付创新产品，这是对一卡通网上充值模式的又一次升级，将在线服务升级为移动服务，很好地解决了一卡通用户随时随地充值、消费与业务查询的需求，进一步加强了一卡通服务与用户的连接关系，提升了用户的支付体验，如图 5.3 所示。

随着一卡通移动支付服务的成熟推广，一卡通运营企业将思考进一步利用互联网技术提升一卡通的服务承载能力，基于庞大的用户规模进行一卡通增值服务应用,例如一卡通金融服务、功能定制化服务等,满足用户个性化产品服务需求。在移动支付和 NFC 智能手机终端的技术支持下,使得研究全终端模式的智能交通支付载体成为可能,研究实现与智能终端手机的合作,发行于虚拟形式的交通卡服务,手机内涵虚拟岭南通卡,突破传统卡片介质的载体形式,提升用户体验。

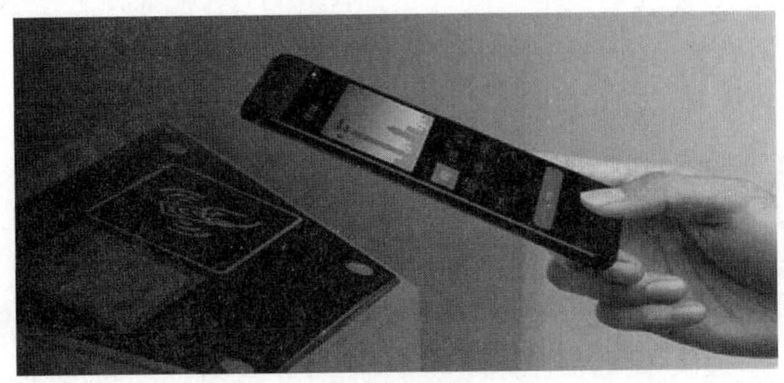

图 5.3 手机模拟岭南通刷卡图

4.一卡通+空中发卡

岭南通为实现空中发卡,已搭建可信服务管理平台,该平台定位于为岭南通公司提供岭南通卡的移动支付服务,带来新的增值业务收益。在基于 SE 和 NFC 技术手机实现岭南通 TSM 平台业务,如图 5.4 所示。

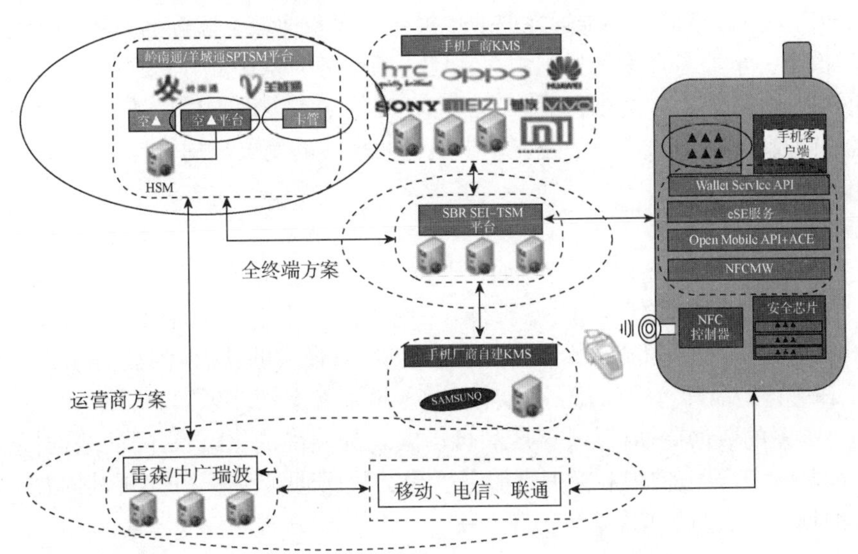

图 5.4 岭南通 TSM 平台业务图

岭南通实现 TSM 功能的应用平台,包括空中发行系统、库存管理系统和业务管理系统。库存管理系统承载制卡数据包出入库管理功能,库存监控和库存统计。空中发行系统主要实现发行授权、终端身份认证、制卡数据选取、SSD 密钥替换、应用个人化与订购功能。业务管理系统主要职责包括合作方管理、应用方管理、应用方额度管理、报表统计等[79]。岭南通完成虚拟卡发行后,为满足手机一卡通跨区域漫游支付功能,需实现与其他城市一卡通公司的空中发卡平台对接,这就需要对方提供消费与充值接口,以完成异地一卡通系统间消费接口的调用,进一步实现一卡通钱包余额的移资,不同城市一卡通钱包的充值、消费账户间进行切换。基于 NFC 手机的一卡通移动支付突破了交通一卡通领域线下互联互通技术兼容难、改造成本大、改造工期长、区域保护等瓶颈约束,解决各个城市多卡不存、多卡不通的尴尬局面,通过一个手机一卡通行漫游多个城市,实现城市交通卡资源共享,降低一卡通互联互通系统改造成本及运营维护成本,以 NFC 手机应用代替传统实体卡,降低传统一卡通线下渠道铺设成本及制卡成本。另一方面,手机一卡通漫游支付通过各城市间开发消费接口,实现交通卡移资,单点业务模式可完成单点清算,改变传统城市一卡通跨区域清结算的多级架构和结构冗余。异地出行可通过 NFC 智能手机实现一卡通的空中发卡(切换)、空中移动充值、移动互通消费、空中客户服务,轻松跨地域享受到公交一卡通的完整应用服务。并将移动支付应用领域拓展至交通出行、小额消费、公共生活、电子商务等,创新性地将一卡通面向公众用户的线下发行、充值、支付、售后客服的完整业务链延伸至线上。以“移动互联网+”技术创新性地打破了区域一卡通在产业规模化发展和地域互联互通过程中的技术壁垒,解决了一卡通行业发展过程中存在已久的服务时空限制难题[86]。逐步完善一卡通线上服务格局,并与银行、移动运营商、支付宝等多种支付渠道融合,实现城市一卡通的统一清结算,将成为公交一卡通行业全新的发展方向,带动整个产业实现新的转型升级。

5.一卡通+智能穿戴

通过和各类穿戴设备厂商合作(如拉卡拉、敏狐科技、华为手表等),重点实现穿戴产品中叠加交通卡的应用功能,已研制出一些可穿戴设备产品(主要是手环手表);该类产品除了具备普通可穿戴设备产品功能之外,其最大的特点就是具备交通卡应用功能,佩戴该产品即可实现公交搭乘和众多小额消费支付,如图 5.5 所示。

通过内置的数据传输模块,该产品可以实现与岭南通 APP 之间的数据传输,从而借助 APP 为通道实现和交通卡服务后台的数据通信传输,并实现其内置交通卡钱包的查询和充值等功能。

一卡通 APP 应用软件将传统一卡通的服务体系转移至线上,为用户提供便捷的一卡通综合服务。基于一卡通 APP 应用,可为用户提供移动充值、余额查询、网点查询、在线客服等服务;随着一卡通在线系统的成熟应用,进一步结合用户的需

图 5.5 穿戴设备图

求,一卡通 APP 未来将接入客运联网售票系统,为广大的用户群体提供客票查询和购买服务。

6.一卡通+信用支付

岭南通公交信用支付是在空中发卡的基础上,通过绑定银行信用卡获取信用额度以实现信用支付的一种全新产品,打破"先付款,后消费"的传统模式,与普通卡一样,支持公共交通支付、小额消费等,为市民选择公共交通出行提供全新的体验方式,如图 5.6 所示。

图 5.6 岭南通公交信用支付图

7.一卡通+微 POS

2016 年,岭南通公司自主研发具有充消一体化功能的微 POS 产品。未来产品上线后将配置到相关的合作商户,辅助商户支持岭南通卡的充值和消费,方便商户对二级商户的管理和授值。微 POS 还将打通岭南通宝在线电子账户,提供多种在线支付方式,为用户充值、商户消费提供便捷的在线化接口服务。未来,岭南通将研发推出包括电子客票产品服务、综合联乘、一票到家服务、交通电子支付平台服务、类金融服务等在内的互联网新产业和服务。

8.一卡通+综合出行

依托公共交通全覆盖和城乡交通一体化,以交通一卡通互联互联为基础平台推动包括城市公共交通、停车场、城际轨道、道路客运等出行链的全覆盖,打造卡通行、一票到家"的全程出行链服务。

9.一卡通+电子客票

传统行业的纸质票证,如优惠券、车票、门票等应用十分广泛,为解决人们基于消费的服务凭证和信息确认起到一定的作用。随着技术进步,特别是智能IC卡广泛应用,可通过电子化方式将相关票证信息下载至IC中,利用IC卡的便捷、安全的交易特点实现票证支付方式的变革,降低了票证交易成本和企业运营成本,为人们提供了便捷的交易载体和身份识别方式。一卡通+电子票证模式将突破了传统票证单一功能,一卡通电子票证可通过承载多个服务凭证,可非常方便用户对多个服务凭证进行集中管理,为用户提供购买、查询、业务请求和身份验证等多样化功能。

10.一卡通+开放平台

构建开放式交通一卡通电子支付平台,通过接入各种支付系统、资金渠道、产品终端等聚集相关交通一卡通资源,将一卡通支付功能下沉为一种支付渠道,打通不同支付方式间的节点,打造成极具兼容性的聚合平台模式。移动互联网发展到今天,平台开放的商业模式已经成为主流,各个垂直领域都出现了平台型服务商,作为一卡通支付平台也可以根据类似的发展模式建设一卡通领域的平台型服务[164]。交通一卡通开放式支付平台就是为产业链合作参与者(银行、通信运营商、设备制造商等)和客户(商户、社区或个人用户等)提供一个合作和交易的软硬件相结合的平台环境。平台商业模式是通过双边市场效应和平台的集群效应,形成符合融合共享共赢定位的平台分工。作为搭建平台的一卡通运营商,它负责聚集产业链资源和合作伙伴,为用户提供多样化的产品和服务,通过平台聚集人气,扩大用户规模,使参与各方受益,实现平台价值、客户价值和服务最大化[167]。

5.2 平台创新成果

1.互联网充值平台

广东省交通一卡通充值系统可以支持交通卡在线充值、余额查询以及交易记录查询等功能,用户可以在网上交易终端进行充值,充值终端生成充值请求后以在线方式发送到广东省交通一卡通充值系统后台账户进行校验,成功后由清算中心下达应答,充值设备收到后即充值成功。并且该系统未来还会进一步拓展至网上消费、第三方支付等电子商务领域和公共事业费支付等公共管理领域[169]。岭南通网充系统以先进的计算机软硬件技术、信息化管理手段、网络通信技术以及IC卡技术为基础，结合城市公共交通系统的具体特点，提供方便快捷安全的网上充值服务系统。本系统从统一网络平台、统一数据库、统一的身份认证体系以及数据传输安全等技术实现的角度出发，以广东省交通一卡通平台为基础，构建新一代的全省充值网络系统，对网络架构、功能模块和安全认证等关键技术进行研发。

岭南通网充平台目前已优先搭建基础平台，建设充值环境，通过PC机和网充终端，为持卡人提供便捷充值渠道，进而扩大和优化服务环境。为加强便利性，项目还延伸至移动互联网应用，通过手机充值客户端和NFC手机的读写卡功能，为持卡人提供随身移动充值服务。系统功能包含账户管理、充值服务、查询服务三大功能。

2.地市运营平台

为适应城市交通卡跨地区多领域应用的发展趋势，便于管理和不同厂商设备的无缝接人，促进各个地市交通一卡通的兼容互通，必须提供更多厂家消费设备(车载终端、小额消费POS机等)在同一个地市的无缝接入，在满足各地市多领域业务日常处理基础上，方便各互通地市基础资料的统一管理，实现消费数据的清分结算以及消费和充值跨区数据的统计，有利于地市管理卡二次发卡、特种卡二次发卡、年审及相应数据的管理、黑名单数据的统一管理和公共交通运营管理等功能。地市管理平台正是在此背景下提出的，其目的是统一全省一卡通互联互通运营管理，以全省互联互通资源为整合纽带，服务全省交通一卡通互联互通运营企业；纵向发展公共交通支付服务，以客户群的城际交通、跨域公交及其他的公共交通支付需求为导向，发展区域内交通支付服务，实现各类数据、信息、资料的整合和共享。

3.信息服务平台

随着岭南通业务的不断发展和互通城市的不断增加，岭南通的票卡发行量日益增加，充值量、刷卡量以及跨区交易量也在不断增长。岭南通持卡用户都是交通卡通信息服务平台的潜在用户，由于移动互联网用户的带动效应，将会影响更多非岭南通持卡用户使用移动信息平台，不仅能为持卡用户提供在公共交通、公共服务以及小额支付等领域的消费记录，而且还能为持卡用户和非持卡用户提供各类出行信息、消费信息以及在线讨论等功能。研发城市一卡通APP、微信公众号等多个服务线上渠道，为用户提供信息查询、客服管理等服务功能，并作为移动互联网充值、消费的重要接入口，推进一卡通服务的线上化、远程化、虚拟化转型，进一步提升基于移动互联网的一卡通信息服务水平。

信息服务平台面向移动互联网，开展在岭南通基本服务的基础上整合各类城市信息研发移动APP终端，实现各种资源的再融合和优化配置，并将推广到电子商务领域，使持卡用户和非持卡用户都能通过移动终端实现在线即时的享受各类服务和分享各类信息，如图 5.7 所示。

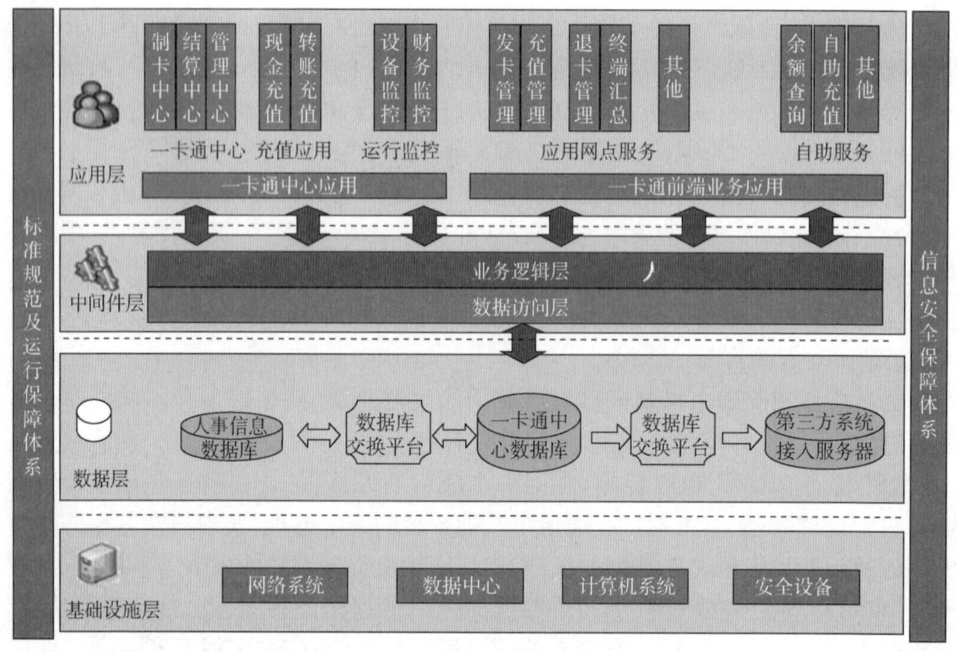

图 5.7　信息服务平台

4.大数据平台

2013 年启动广东省交通一卡通大数据云平台建设。该系统平台是从广东省智能交通、政府公共决策管理、公众便捷出行等需求出发，以广东省交通卡互联互通平台为基础，通过连接全省各地市一卡通数据系统，建立数据获取与运行机制，整合现有基础公共交通、道路客运、城际轨道等领域业务系统数据，实现公共交通大数据的融合与共享，优化交通资源配置。面向政府、行业、合作伙伴公众提供交通大数据服务，为交通管理和决策提供智力支撑，提升公共交通一体化的服务内涵。

通过一卡通大数据平台的建设，为一卡通企业运营管理提供可视化决策服务，如卡的充资、移资分析，退卡、坏卡分析，卡管理分析，消费利用分析，车辆管理分析，终端管理分析及成本分析等，为未来一卡通的建设、应用做出科学合理的分析规划，同时也为交通主管部门及时掌握公共交通运行态势，为发放燃油补贴、优惠政策制定提供客观的依据。本项目所建设的岭南通大数据云平台是基于一卡通大数据的分析基础，主要包括三大分析功能：面向企业经营管理分析、面向交通态势分析及面向管理部门的决策分析。

附录B 缩略语

缩略语	英文全称	中文
ATC	Automatic Train Control	列车自动控制系统
AI	Artificial Intelligence	人工智能
API	Application Programming Interface	应用程序编程接口
AAA	Authentication、Authorization、Accounting	认证、授权、计费
BDS	BeiDou Navigation Satellite System	北斗卫星导航系统
BWAN	Broadband Wireless Access Net work	宽带无线接入网
BAS	Broadband Access Server	宽带接入服务器
CISCO	Cisco Systems, Inc	思科系统公司
CMS	Content Management System	内容管理系统
CNNIC	China Internet Network Information Center	中国互联网络信息中心
CDMA	Code Division Multiple Access	码分多址
DPM	Dynamic Power Management	动态功率管理
DVS	Digital Video Server	网络视频服务器
DSRC	Dedicated Short Range Communications	专用短程通信技术
Dos	Denial of Service	拒绝服务攻击
ETC	Electronic Toll Collection	电子不停车收费系统
EDI	Electronic Data Interchange	电子数据交换
FMCW	Frequency Modulated Continuous Wave	连续频率制式调制波
FIFO	First Input First Output	先进先出队列
FDMA	Frequency Division Multiple Access	频分多址
GLONASS	Global Navigation Satellite System	俄罗斯格洛纳斯卫星导航系统
GALILEO	Galileo Satellite Navigation System	欧盟伽利略全球卫星定位系统
GSM	Global System for Mobile Communication	全球移动通信系统
GIS	Geographic Information System	地理信息系统
GSM-R	Global System for Mobile Communications - Railway	专门为铁路通信设计的综合专用数字移动通信系统

续上表

缩略语	英文全称	中　文
GPRS	General Packet Radio Service	通用分组无线服务
HF	High Frequency	高频
HWSN	Heterogeneous Wireless Sensor Networks	异构无线传感器网络
HCE	Host-based Card Emulation	基于主机的卡模拟
IDC	Internet Data Center	互联网数据中心
ITS	Intelligent Transport System	智能交通系统
IEEE	Institute of Electrical and Electronics Engineers	电气和电子工程师协会
ISO	International Organization for Standardization	国际标准化组织
LF	Low Frequency	低频
LMA	Local Mean Algorithm	本地平均算法
LMN	Local Mean of Neighbors algorithm	本地邻居平均算法
LOD	Level of Detail	细节层次
LTE 网络	Long Term Evolution	通用移动通信技术的长期演进
LED	Light Emitting Diode	发光二极管
LR-WPAN	Low-Rate Wireless Personal Area Networks	低速率无线个域网
LLC	Logical Link Control	逻辑链路控制子层
LSS	Location Service Server	基于位置服务器
MTD	Microwave Traffic Detector	微波交通检测器
MCU	Micro Control Unit	微控制器
MEMS	Micro Electro Mechanism System	微机电系统
MAC	Media Access Control	媒体访问控制
MW	Micro Wave	微波
NB-IOT	Narrow BandInternetof Things	基于蜂窝的窄带物联网
NIST	National Institute of Standards and Technology	美国国家标准与技术研究院
NMS	Network Management System	网络管理系统
NFC	Near Field Communication	近距离无线通信技术
NLOS	Not Line of Sight	无可视信道
O2O	Online To Offline	线上到线下
OSI	Open System Interconnection	开放系统互连模型

续上表

缩略语	英 文 全 称	中 文
POS	Point of Sale	销售终端
PCW	Perception of Collective Wisdom	群智感知
PDA	Personal Digital Assistant	个人数字助手
PHY	physical layer	物理层
PSK	Pre-Shared key	预共享的密钥
QoS	Quality of Service	服务质量
RF	Radio Frequency	射频
RFID	Radio Frequency Identification	无线射频识别
RITS	Railway Intelligent Transportation System	铁路智能运输系统
RSS	Received Signal Strength	接收信号强度
SOA	Service-Oriented Architecture	面向服务的体系结构
SE	Software Engineering	软件工程
SSD	Solid State Disk	固态硬盘
SIM	Subscriber Identification Module	用户身份识别卡
SoC	System on Chip	片上系统
SSID	Service Set Identifier	服务集标识符
TDMA	Time Division Multiple Access	时分多址
TVS	Training of Video System	视频培训系统
TSM	Tivoli Storage Manager	全面维护系统
TKIP	Temporal Key Integrity Protocol	暂时密钥集成协议
UHF	Ultra High Frequency	超高频
UGC	User Generated Content	用户产生内容
UIM	User Identify Module	用户识别模块
USIM	Universal Subscriber Identity Module	全球用户识别卡
UMTS	Universal Mobile Telecommunications System	通用移动通信系统
WSN	Wireless Sensor Network	无线传感器网络
WLAN	Wireless Local Area Networks	无线局域网
WiMax	Worldwide Interoperability for Microwave Access	全球微波互联接入
WiFi	Wireless-Fidelity	无线保真

续上表

缩略语	英文全称	中　文
WAVE	Wireless Access in the Vehicular Environment	车载环境下的无线接入
AP	Wireless Access Point	无线访问接入点
WPA	WiFi Protected Access	无线保护访问
WEP	Wired Equivalent Privacy	有线等效保密

参考文献

[1] 百度百科.智能交通[EB/OL].https://baike.baidu.com/item/智能交通.

[2] 中国智能交通协会.中国智能交通行业发展年鉴(2016)[M].北京:电子工业出版社,2017.

[3] 夏劲,郭红卫.国内外城市智能交通系统的发展概况与趋势及其启示[J].科技进步与对策,2013,(1):176-179.

[4] 路桥技术网.欧盟完成首版智能交通系统新标准制定[EB/OL].[2014-2-25].http://www.cnluqiao.com/thread-44486-1-1.html.

[5] 中国交通技术网.欧盟智能交通发展历程与基本概[EB/OL].[2015-06-04].http://www.tranbbs.com/news/Worldnews/news_164599.shtml.

[6] 百度文库.对欧洲智能交通的考察和思考[EB/OL].[2013-08-23].https://wenku.baidu.com/view/cb64c6d67c1cfad6195fa7a8.html.

[7] 上海行业情报服务网.国外物联网应用案例(一)——瑞典智慧交通解决方[EB/OL].[2012-11-28].http://www.hyqb.sh.cn/ruanjian/tabid/236/InfoID/8704/frtid/823/Default.aspx.

[8] 陆化普,李瑞敏.城市智能交通系统的发展现状与趋势[J].工程研究跨学科视野中的工程,2014,6(1):6-19.

[9] 孙胜阳.地方智能交通系统体系框架研究[D].北京:北京工业大学,2004.

[10] 万俊希.成都智能交通系统体系框架研究[D].成都:西南交通大学,2009.

[11] 李亮.公路运输行业碳排放水平评价研[D].西安:长安大学,2014.

[12] 刘冬梅.智能交通系统(ITS)体系框架开发方法研[D].北京:北京工业大学,2004.

[13] 刘大学.基于ITS的道路危险货物运输管理信息系统设计与开发[D].西安:长安大学,2006.

[14] 许焱.奥运智能交通系统规划研究[D].北京:北京工业大学,2006.

[15] 张智文.中国智能运输系统体系框架[J].ITS通讯,2000(3).

[16] 王印海,魏恒.美国智能交通系统架构体系简介[J].ITS通讯,2002.

[17] 贺大胜.智能交通发展现状及在我国的应用研究[D].长安大学,2013.

[18] 赵建有,刘大学.基于ITS体系框架的货运信息交流系统设计[C].第一届中国智能交通年会,2005:348-355.

[19] 陈慧,李伟.智能交通中物联网技术的应用[J].江西通信科技,2015(04):42-45.

[20] 王笑京.智能运输系统体系框架研究[J].交通与计算机,2001(04):4-7.

[21] 贺大胜.智能交通发展现状及在我国的应用研究[D].西安:长安大学,2013.

[22] 李野,王晶波,董利波,等.物联网在智能交通中的应用研究[J].移动通信,2010,34(15):30-34.

[23] 夏宇敬.城市智能公共交通系统框架研究[D].济南:山东大学,2010.

[24] 刘大学.货运信息交流系统设计[J].浙江交通职业技术学院学报,2007(03):37-40.

[25] 管浩.面向开放的中国物流标准体系结构研究[D].天津:天津大学,2005.

[26] 袁振洲,刘梦涵,于雷.各国ITS标准化研究的分析与比较[J].交通标准化,2002(06):41-43.

[27] 李庆印.基于信息技术的交通管理创新机制研究[D].北京:中国矿业大学(北京),2011.

[28] 陶志祥,马永锋.省域公路出行者信息系统的构建研究[J].公路交通科技(应用技术版),2012,8(10):203-206.

[29] 胡尚武,赵丽,张利.基于云计算技术的广东省普通公路网管理与应急处置平台顶层框架研究[J].广东公路交通,2014(05):51-55.

[30] 姚佼.车路协调环境下城市道路交叉口控制研究框架探索;中国智能交通协会:第六届中国智能交通年会暨第七届国际节能与新能源汽车创新发展论坛优秀论文集(上册)——智能交通[C].中国智能交通协会:,2011:8.

[31] 张涛.城市混合交通仿真中交通路网建模研究[D].杭州:浙江大学,2004.

[32] 潘琪.智能交通:促进城市交通可持续发展的最佳途径——吉林大学智能交通系统研发中心主任杨兆升教授访谈录[J].综合运输,2010(07):85-89.

[33] 杨兆生,于德新.智能运输系统概论(第三版)[M].北京:人民交通出版社,2015.

[34] 张可,刘冬梅,等.中国智能交通系统(ITS)体系框架研究进展[J].交通运输系统工程与信息,2005,5(5):5-11.

[35] 李红旗.中小城市 ITS 实时交通数据的质量控制方法研究[D].西安:长安大学,2014.

[36] 李佳祎.基于 GPS 的浮动车系统中数据传输方式相关问题的研究[D].北京:北京交通大学,2008.

[37] 赵楠.RFID 技术在高速公路收费管理中的应用[J].科技资讯,2009(29):54.

[38] 余峻彦.关于无线射频识别技术在智能交通管理中的应用探讨[J].中国公共安全(综合版),2009(01):194-196.

[39] 陈旭梅.城市智能交通系统[M].北京:北京交通大学出版社,2013.

[40] 宋黎娟,慕悦.RFID 技术在智能交通中的应用[J].科技创新与应用,2012(21):77.

[41] 赵勋.RFID 技术在智能交通管理中应用[J].计算机光盘软件与应用,2012(03):3+11.

[42] 百度百科.卫星定位技术[EB/OL].https://baike.baidu.com/item/%E5%8D%AB%E6%98%9F%E5%AE%9A%E4%BD%8D%E6%8A%80%E6%9C%AF/16337033? fr=aladdin.

[43] 邓庆鹏.GPS L2 信号 USB 中频数据采集实验平台设计[D].南京:南京航空航天大学,2006.

[44] 史其信.GPS 技术在智能交通系统中的应用[J].中国安防产品信息,2004(03):139-144.

[45] 文道平.GPS 相位观测值周跳探测与修复方法在工程中的应用研究[D].昆明:昆明理工大学,2006.

[46] 徐新.基于 MapX 的便携式定位系统中远程监控平台的设计与实现[D].武汉:武汉科技大学,2006.

[47] 李建军.基于 GPS/GIS 城市公共汽车实时调度系统的研究[D].成都:西南交通大学,2004.

[48] 施闯,赵齐乐,李敏,等.北斗卫星导航系统的精密定轨与定位研究[J].中国科学:地球科学.2012(06).

[49] 魏秀启,郑维广,隋绍勇.北斗导航定位接收机的原理及硬件实现[J].电子元器件应用.2009(04).

[50] 于源,雷利军,景泽涛,等.北斗卫星导航在国内智能交通等领域的应用分析[J].工程研究—跨学科视野中的工程,2014,6(1):86-91.

[51] 王世进,秘金钟,李得海,等.GPS/BDS的RTK定位算法研究[J].武汉大学学报(信息科学版).2014(05).

[52] 百度百科.北斗导航系统[EB/OL].https://baike.baidu.com/item/%E5%8C%97%E6%.96%97%E5%8D%AB%E6%98%9F%E5%AF%BC%E8%88%AA%E7%B3%BB%E7%BB%9F/10390403? fromtitle=%E5%8C%97%E6%96%97%E5%AF%BC%E8%88%AA%E7%B3%BB%E7%BB%9F&fromid=10560690&fr=aladdin.

[53] 刘仲波.基于北斗的交通信息服务关键技术研究[D].长春:吉林大学,2016.

[54] 袁世鹏.基于北斗卫星导航系统支撑下的配电网自动化系统设计[J].科技视界,2014(02):274-275.

[55] 人民网.北斗系统最大的特色在于有源定位和短报文特色服务[EB/OL].(2014-01-06)[2011-12-27].http:// scitech.people.com.cn/GB/16729032.html.

[56] 徐志刚.北斗卫星导航系统在智能交通系统中的应用;第三届中国卫星导航学术年会电子文集——S01北斗/GNSS导航应用[C].广州:2012:4.

[57] 胡伟.山地城市交通干道绿波联动控制研究[D].重庆:重庆交通大学,2012.

[58] 马英,王昱,江昆,等.环型线圈车辆检测器在电子警察系统中的应用[J].现代电子技术,2008(01):184-186+193.

[59] 何最红.基于视频的交通流参数检测方法研究[D].广州:广东工业大学,2006.

[60] 刘涛,潘福全,董云鹏,等.智能交通在信号交叉口应用研究综述[J].青岛理工大学学报,2015,36(03):90-94.

[61] 李慧.城市道路单交叉口不停车通行路侧诱导系统研究[D].淄博:山东理工大学,2012.

[62] 蒋伟.电子警察系统中环形线圈车辆检测器的设计与改进[D].南昌:南昌大学,2009.

[63] 崔作鹰.环形线检测器及其应用[EB/OL].https://wenku.baidu.com/view/b6da5376f242336c1eb95ef2.html.

[64] 邵春福,赵熠,吴戈.道路交通数据采集技术研究展望[J].现代交通技术,2006(06):66-70.

[65] 肖尧.智能交通信息采集与融合技术的应用研究[D].南昌:华东交通大学,2011.

[66] 刘邹.基于DSP的测速雷达数据采集和处理[D].无锡:江南大学,2008.

[67] 贾文超,白昱,任利晔,等.基于DSP处理器的多普勒雷达系统设计[J].长春工业大学学报(自然科学版).2007(01).

[68] 田智韬.基于浮动车与固定检测器的交通流数据融合技术研究[D].北京:北京交通大学,2011.

[69] 陈潇江,闻欣.微波检测器在交通噪声车流量监测中的应用[J].环境监控与预警,2010,2(05):12-14.

[70] 裴玉龙,王富,李宏萍.现代检测技术在城市快速路交通流特性研究中的应用[C].2004海峡两岸智能运输系统学术会议,2004:17-22.

[71] 张晓燕.基于交通波理论的典型交通事件下拥堵蔓延消散模型[D].北京:北京交通大学,2014.

[72] 颜李.城市道路车流量检测技术及其应用研究[D].长沙:湖南大学,2010.

[73] 刘玉新.常用车辆检测器性能比较与应用前景分析[J].公路交通科技(应用技术版),2007(10):26-27+30.
[74] 李春杰.高速公路车辆检测器的综合比选[J].中国交通信息产业,2006(02):98-104.
[75] 蒋程,张凯,刘权富.微波检测技术在交通管理中的应用[J].交通标准化,2012(07):144-148.
[76] 北斗导航系统网站.冉承其在北斗系统正式区域服务一周年新闻发布会上的发言[EB/OL].http://www.beidou.gov.cn/2013/12/27/201312276aab8 1a115ba4d03a9a7075d0c4075e1.html.
[77] 无线传感网络节点操作系统调度策略研究与改进[EB/OL].http://www.docin.com/p-173143280.html.
[78] 翟月.无线传感网络节点操作系统调度策略研究与改进[D].合肥:合肥工业大学,2009.
[79] 李鹏飞.通讯世界[J].通信设计与应用,2017(5):60-61.
[80] 刘金娟.无线传感器网络协议及操作系统研究[D].淮南:安徽理工大学,2009.
[81] 赵露.面向环境监测无线传感器网络节点的设计[D].合肥:合肥工业大学,2009.
[82] 王荣花.基于无线传感网络的目标跟踪技术研究[D].济南:山东大学,2010.
[83] 王英.基于 TinyOS 的无线传感器网络数据采集系统设计与实现[D].沈阳:东北大学,2011.
[84] 丁翔翔.无线传感器网络安全协议的研究[D].南京:南京航空航天大学,2008.
[85] 罗江凡,保鲁昆.驾驶行为研究中的车辆信息采集方法[J].交通标准化,2007(9):178-180.
[86] 梁卓宇.高速公路智能交通发展探索[J].信息通信,2017(5):130-132.
[87] 聂丽.无线传感器网络能量均衡的分簇路由算法研究[D].武汉:中南民族大学,2008.
[88] 文档投稿赚钱网.基于 ZigBee 技术的温湿度数据采集系统设计[EB/OL].doc.http://max.book118.com.
[89] 黄磊.基于 IEEE 802.15.4/ZigBee 技术的智能家居方案研究[D].武汉:武汉科技大学,2009.
[90] 殷兴.基于无线传感器网络的室内环境监测系统[D].沈阳:沈阳工业大学,2009.
[91] 丁一鸣.无线传感器网络节能路由算法的研究[D].北京:北京交通大学,2008.
[92] 李耀曾.面向主动健康监测的高速无线传感器节点的设计[D].南京:南京航空航天大学,2008.
[93] 孔卫.事件驱动型无线传感器网络技术研究[D].重庆:重庆大学,2007.
[94] 刘全娟.无线传感器网络协议及操作系统研究[D].淮南:安徽理工大学,2011.
[95] 谢鸣.无线传感网络节点操作系统网络协议栈研究及实现[D].杭州:浙江大学,2008.
[96] 周贤娟,韩树人,等.无线传感器网络节点操作系统_TinyOS 综述[J].矿山机械,2007(9):112-114.
[97] 韦宁.无线传感器网络节点动态部署研究[D].大连:大连理工大学,2013.
[98] 马飒飒,张磊,夏明飞,等.无线传感器网络概论[M].北京:人民邮电出版社,2015.
[99] 王一楠.水下无线传感器网络的节点部署策略和算法的研究[D].南京:南京邮电大学,2013.
[100] 王力立.无线传感器网络节点部署及拓扑重构问题研究[D].南京:南京理工大学,2014.
[101] 李强懿.无线传感器网络节点部署算法的研究[D].洛阳:河南科技大学,2013.
[102] 王瑛辉.无线传感器网络定位技术的研究[D].兰州:兰州理工大学,2008.

[103] 佚名.无线传感器网络技术及应用研究[D].学术论文联合比对库,2016.
[104] 刘彬,许屏,裴大刚,等.无线传感器网络的节点部署方法的研究进展[EB/OL].http://wenku.baidu.com/view/7487522ced630b1c59eeb56b.html.
[105] 刘彬,许屏,裴大刚,等.无线传感器网络的节点部署方法的研究进展[J].传感器世界,2009(08).
[106] 康振华.基于贝叶斯估计的增量式无线传感器网络节点部署策略[D].太原:太原理工大学,2010.
[107] 陈琼.演化多目标优化多样性保持策略及其应用研究[D].武汉:武汉理工大学,2010.
[108] 贾利民.铁路智能运输系统及其应用;中国自动化学会智能自动化专业委员会,2011年中国智能自动化学术会议论文集(第一分册)[C].中国自动化学会智能自动化专业委员会,2011.
[109] 王举.基于功率控制的无线传感器网络拓扑控制算法的研究[D].北京:北京交通大学,2010 .
[110] 马娅婕,赵大胜,王玉明,等.基于功率控制的传感器网络寿命延长算法[J].计算机工程与应用.2005(07).
[111] 刘苏敏.无线传感器网络节点管理技术研究[D].武汉:武汉理工大学,2010.
[112] 通信世界网.同方微电子城市一卡通系统走进线上支付“芯”时代[EB/OL].http://www.cww.net.cn.
[113] 凡高娟.无线传感器网络覆盖控制技术研究[D].南京:南京邮电大学,2010.
[114] 吕艳坤.面向远程抄表的无线传感器网络技术研究[D].保定:华北电力大学,2008.
[115] 李明.异构传感器网络覆盖算法研究[D].重庆:重庆大学,2011.
[116] 无线传感器网络第4章传感器网络的支撑技术讲义[EB/OL]. ppt. http://max.book118.com.
[117] 凡高娟,郭拯危.无线传感器网络节点部署研究进展[J].传感器与微系统,2012(04).
[118] 向敏.无线传感器网络节点数据管理与能耗研究[D].重庆:重庆大学,2009.
[119] 白飞.基于 ZigBee 技术的无线传感器网络节能技术研究[D.] 长沙:国防科学技术大学,2008.
[120] 巴云军,王兴阁.城市出租汽车智能管理系统及其运用浅析[J].河南科技,2014(13):230-231.
[121] 郭成.基于能量均衡的 Ad hoc 网络拓扑控制研究[D].武汉:华中师范大学,2012 .
[122] 黄帅.低冗余率的中高速传感器网络覆盖算法研究[D].广州:广东工业大学,2011.
[123] 雷雨能.无线传感器网络资源管理与调度[D].成都:电子科技大学,2009.
[124] 黄超.无线自组织网络路由与低功耗节点关键技术研究[D].重庆:重庆大学,2008.
[125] 赵小芳.无线传感器网络覆盖优化算法的研究[D].太原:太原理工大学,2010.
[126] 罗卿.无线传感器网络中的栅栏覆盖研究[D].长沙:湖南大学,2012.
[127] 梁樱馨.WSN 粒子群覆盖优化算法研究[D].兰州:兰州交通大学,2017.
[128] 陶丹.视频传感器网络覆盖控制及协作处理方法研究[D].北京:北京邮电大学,2007.
[129] 向敏,石为人.基于数据关联性的无线传感器网络簇内数据管理算法[J].自动化学报,

2010(09).
[130] 岳青山.无线传感器网络能量高效通信协议的研究[D].西安:西安电子科技大学,2016 .
[131] 袁久银.无线传感器网络节点能量均衡策略及控制算法研究[D].重庆:重庆大学,2009.
[132] 张卿.无线自组网中节能相关若干关键问题研究[D].上海:复旦大学,2005.
[133] 牟强.无线自组网高性能路由协议研究[D].长沙:国防科学技术大学,2010.
[134] 李鹏.传感器网络中基于位置信息的节能算法研究[D].青岛:中国海洋大学,2006.
[135] 王振东.无线传感器网络中基于 VBLAST 的虚拟 MIMO 通信研究[EB/OL].http://www.docin.com/p-137910872.html.
[136] 向敏,王平,罗志勇.基于综合支持度的 WSN 节点分类方法[J].计算机工程,2010 .
[137] 牛刚.Ad Hoc 网络关键技术研究[D].兰州:西北师范大学,2012.
[138] 刘伟.无线传感器网络数据管理综述[EB/OL].http://www.docin.com.
[139] 纪德文,王晓东.传感器网络中的数据管理[J].中国教育网络,2007(02).
[140] 李明.异构传感器网络覆盖算法研究[D].重庆:重庆大学,2011.
[141] 肖艳.无线传感器网络应用分析[J].中国公共安全,2014(10):01.
[142] 佚名.基于无线传感器网络的建筑室内环境监测技术研究[D].学术论文联合比对库,2013.
[143] 无线传感器网络[EB/OL].http://wenku.baidu.com.
[144] 崔莉,鞠海玲,苗勇,等.无线传感器网络研究进展[J].计算机研究与发展,2005(01):163-174.
[145] 陈丹,郑增威,李际军.无线传感器网络研究综述[J].计算机测量与控制,2004,12(8):701-704.
[146] 田忠.基于 IEEE802.15.4 的无线传感器网络验证系统的设计与实现[D].南京:东南大学,2006.
[147] 俞黎阳,王能,张卫.异构无线传感器网络中异构节点的部署与优化[J].计算机科学,2008.
[148] 熊昊翔.无线传感器网络中基于节能的路由协议研究[EB/OL].http://www.docin.com/p-1304630136.html.
[149] 曹纪磊.无线传感器网络应用的研究与分析[J].数码世界,2017.
[150] 敖邦乾.无线传感器网络数据融合算法的研究[EB/OL].http://www.docin.com/p-1794489902.html.
[151] 传感器网络中的路由协议及其安全性研究[EB/OL].http://www.docin.com.
[152] 传感器网络的数据管理的研究[EB/OL].http://www.docin.com.
[153] 于海斌,曾鹏.智能无线传感器网络系统[M].北京:科学出版社,2006.
[154] 张治国.建筑物理环境与 BIM 信息模型关联交互体验系统的研究[D].学术论文联合比对库,2016.
[155] 付民强.带状无线传感器网络若干关键技术研究[D].学术论文联合比对库,2011.
[156] 孙红.基于无线传感器网络的海洋水环境监测系统的设计[D].学术论文联合比对库,2012.
[157] 刘海.无线传感器网络基于 RSSI 测距的室内定位算法的研究[D].学术论文联合比对库,2012.

[158] 潘巨龙,闻育.无线传感器网络的异构性研究[J].航空计算技术,2007.
[159] 任文龙.移动互联网技术特点浅析[J].中小企业管理与科技(上旬刊),2013.
[160] 胡波,闫国俊,付为娥,等.移动互联网时代网络舆情传播特点研究[J].价值工程,2014.
[161] 梁俊华.传统媒体求变之殇新媒体演进之路[J].中国传媒科技,2013.
[162] 周博,李照华.移动互联网接入网络技术[J].科技资讯,2013.
[163] 陈慧,李伟.智能交通中物联网技术的应用[J].江西通信科技,2015(12):15.
[164] 姜竹胜,汤新宁,陈效华.车联网架构分析及其在智能交通系统中的应用[J].物联网技术,2012(11):39-41.
[165] 阿米特网.智能生活的神经系统——无线传感器的应用 在交通管理中的应用[EB/OL].http://www.amate.com.cn/html/xwdt/218.html.
[166] 李野,王晶波,董利波,等.物联网在智能交通中的应用研究[J].移动通信,2010.
[167] 于艳华,宋美娜.中兴通讯技术[J].大数据系列讲座,2013(19):2-8.
[168] 吴功宜.智慧的物联网[M].北京:机械工业出版社.2010:95.
[169] 熊刚,董西松,朱凤华等.城市交通大数据技术及智能应用系统[J].大数据,2015(4):81-96.
[170] 张晏铭.基于宽带移动互联网的智慧交通应用研究[D].武汉:湖北工业大学,2017.
[171] 百度文库.城市交通诱导系统是智能交通系统(ITS)的重要组成部分.http://wenku.baidu.com/view/189fcqbd333d4b14e85246870.html.
[172] 杨勇,邝宇锋,魏骞.移动互联网终端应用开发技术[J].中兴通讯技术,2013(06).
[173] 任丰原,黄海宁,林闯.无线传感器网络[J].软件学报,2003(07):1282-1291.
[174] 个人图书馆网.移动互联网.http://www.360doc.com.
[175] 钱辉兵.移动互联网环境下运营商增值业务系统的设计与实现[D].南京:南京邮电大学,2014.
[176] 邓媛园.重庆高速公路物联网技术方案设计[D].重庆:重庆交通大学,2014.
[177] 陈令梅.物联网实现智能交通关键技术的突破[J].道路交通与安全,2011-02-15.
[178] 王皓,谭国真,杨际祥.基于物联网的城市交通突发事件的检测研究[J].计算机科学,2012(02):15.
[179] 白俊彦.城市交通专用无线传感网络协议研究[D].杭州:浙江大学,2016.
[180] 李维.车联网异构无线接口软硬件设计与开发[D].广州:广东工业大学,2015.
[181] 王朝炜,王卫东,张英海,等.物联网无线传输技术与应用[M].北京:北京邮电大学出版社有限公司,2012.
[182] 匡欢欢.基于RFID技术的物流管理系统的设计与实现[D].成都:电子科技大学,2014.
[183] 蔡圻钊.基于智能公交信息服务的网络安全接入与数据分析研究[D].广州:广东工业大学,2016.
[184] 黄鹏.高速公路ETC电子收费系统的技术研究[J].甘肃科技纵横,2018.
[185] 崔国治.基于ZigBee的煤矿监测系统设计[D].上海:上海交通大学,2009.
[186] 白俊彦.城市交通专用无线传感网络协议研究[D].浙江大学,2016.
[187] 李维.车联网异构无线接口软硬件设计与开发[D].广东工业大学,2015.

[188] 伍仁广.车载异构网络MAC层切换算法研究[D].华南理工大学,2015.
[189] 蔡圻钊.基于智能公交信息服务的网络安全接入与数据分析研究[D].广东工业大学,2016.
[190] 王健.面向车路协同的路侧节点部署与异构网络切换方法[D].长安大学,2015.
[191] 周然.异构无线网络的垂直切换算法研究[D].湖北:湖北工业大学,2013.
[192] 徐立民.异构无限网络中的多业务垂直切换算法研究[D].安徽:中国科技大学,2014.
[193] 贺锋.异构无线网络中切换技术研究[D].武汉:华中科技大学,2009.
[194] 唐德军,赵宜升,李云.基于多目标最优化方法的垂直切换判决[J].计算机工程,2010,36(6):58-62.
[195] 郗远浩.智能交通中的无线传感器网络MAC协议设计[D].辽宁大学,2014.
[196] 黄宗慧.车载异构网络的垂直切换判决算法研究[D].华南理工大学,2016.
[197] 张晏铭.基于宽带移动互联网的智慧交通应用研究[D].湖北工业大学,2017.
[198] 周力,李炜.我国智能交通控制系统的发展及展望[J].自动化与仪器仪表,2009(02):1-2+25.
[199] 张海锋,李玮.基于物联网的海上油田集中管控系统的研究与应用[J].资源节约与环保,2018(07):128-131.
[200] 段颖超.城市交通大数据的地图可视化研究[D].北京:北京建筑大学,2016.
[201] 邓晨晨.城市居民公交出行数据分析研究及可视化[D].重庆:重庆大学,2016.
[202] 曹娅琪,丁维龙.面向海量公交刷卡数据的站点客流分析方法[J].计算机与数字工程,2017,45(02):247-253.
[203] 董亮.基于出租车数据的交通数据可视化研究[D].兰州:兰州交通大学,2016.
[204] 乔亲旺.物联网应用层关键技术研究[J].电信科学,2011,27(S1):59-62.
[205] 何雯.基于位置服务的智能交通应用关键技术研究[D].北京:清华大学,2015.
[206] 刘锟,戴博,杨维维.NB-Iot系统物理随机接入信道设计[J].中兴通讯技术,2017,(1):6-9,20.
[207] 百度百科.NB-IoT[EB/OL].https://baike.baidu.com/item/NB-IoT/19420464? fr=aladdin.
[208] 方东旭,周徐,王丽秋.移动/电信/联通4G三网路测深度对比和分析[J].互联网天地,2016,(8):33-37.
[209] 参考网.NB-Iot优势及前景[EB/OL].http://www.fx361.com/page/2016/1219/406637.shtml.
[210] 智家网.多灵科技携手中国电信推动NB-Iot智能锁快速发展[EB/OL].http://www.znjj.tv/tag/8786.html.
[211] 新浪教育.联手华为背后:ofo的智能锁黑科技是怎样炼成的[EB/OL].http://edu.sina.com.cn/bschool/2017-09-20/doc-ifykywuc8163410.shtml.
[212] 36Kr网.Ofo以AI为基础打造物联网闭环[EB/OL].https://36kr.com/p/5080702.html.
[213] 搜狐网.物联网时代企业如何抓住Iot新商机?[EB/OL].http://www.sohu.com/a/111281129_114822.
[214] 华为新闻中心.华为携手上海联通发布NB-Iot智能停车解决方案[EB/OL].https://www.huawei.com/cn/press-events/news/2016/7/NB-IoT-based-Smart-Parking-Solution.
[215] 成长以南.未来已来!物联网技术助力创新城市管理[EB/OL].https://baijiahao.baidu.

com/s? id=1572886321910728&wfr=spider&for=pc.

[216] 徐瑞.驾驭大数据(上)[J].企业研究,2014(11).

[217] 百度百科.云计算[EB/OL].https://baike.baidu.com/item/%E4%BA%91%E8%AE%A1%E7%AE%97/9969353? fr= aladdin.

[218] 云计算世界.云计算的概念和内涵[EB/OL].http://www.chinacloud.cn/show.aspx? id=14668&cid=17.

[219] 倪秦,许丽.云计算技术在智能交通系统中的应用研究[J].交通与运输,2012(H7):106-109.

[220] 郭继孚,温慧敏,陈锋.浮动车系统功能分析与应用设计研究[J].交通运输系统工程与信息,2007(03):39-44.

[221] 张永强,林丽.浮动车交通信息采集系统[J].交通科技与经济,2008(06):80-82.

[222] 秦玲,张剑飞,郭鹏,等.浮动车交通信息采集与处理关键技术及其应用研究[J].交通运输系统工程与信息,2007(01):39-42.

[223] 李婷,李晓龙.云计算的资源管理方法研究[J].电脑与电信,2010(01):62-64.

[224] Wang L, Lu Q, Chen X. Application and Analysis of Time Domamel'OSS Correlation for Traffic Flow Speed Measurement[C].2007.

[225] 谢树云,冉婕,杨雪松.基于群智感知的智慧城市交通系统研究[J].电子设计工程,2014(20):49-51.

[226] 赵东,马华东.群智感知网络的发展及挑战[J].信息通信技术,2014(5):66-70.

[227] 陈荟慧,郭斌,於志文.移动群智感知应用[J].中兴通讯技术,2014(1):35-37.

[228] 李树.基于群智感知判别交通拥堵的研究[J].无线互联科技,2016(4):128-128.

[229] 莫艳云.基于群智感知的道路坑槽检测研究[D].桂林:桂林电子科技大学,2015.

[230] 崔倩倩.一种基于众包地图的智能交通诱导数据模型及方案研究[D].北京:北京邮电大学,2015.

[231] 百度百科.人工智能[EB/OL].https://baike.baidu.com/item/%E4%BA%BA%E5%B7%A5%E6%99%BA%E8%83%BD/9180? fr=aladdin.

[232] 邹蕾,张先锋.人工智能及其发展应用[J].信息网络安全,2012(2):11-13.

[233] 佚名.新一代人工智能发展规划[J].科技创新与生产力,2017(8):52-66.

[234] 百度文库.人工智能深度学习在智能交通领域的应用[EB/OL].https://wenku.baidu.com/view/3f29298282d049649b6648d7c1c708a1284a0a11.html.

[235] 杨珏吉.基于深度学习的车牌识别系统[D].浙江大学,2017.

[236] 百度百科.自动驾驶[EB/OL].https://baike.baidu.com/item/%E8%87%AA%E5%8A%A8%E9%A9%BE%E9%A9%B6%E6%B1%BD%E8%BD%A6/4881925? fr=aladdin.

[237] 余阿东,陈睿炜.汽车自动驾驶技术研究[J].汽车实用技术,2017(2):124-125.

[238] 陈家健,邹大毕,冯智锐,等.移动支付技术简介及在一卡通行业的应用现状分析[J].金卡工程,2015(12):21-23.

[239] 范文婧.常用近场移动支付技术浅析[J].电子世界,2017(15):199.

[240] 黄梅珍.Android NFC 手机支付的实现与应用[D].广州:华南理工大学,2012.

[241] 刘超超.基于 Android 和 NFC 技术的交通一卡通研究与实现[D].杭州:杭州电子科技大学,2017.

[242] 栾建胜.HCE——移动支付里程碑[J].金融电子化,2015(8):35-36.

[243] 百度百科.HCE.[EB/OL].https://baike.baidu.com/item/HCE/19708635? fr=aladdin.

[244] 张博.HCE 技术在移动支付中的应用研究[D].西安电子科技大学,2014.

[245] 李硕.基于 HCE 的移动支付系统研究与设计[D].东南大学,2016.

[246] 钱帮全,焦良葆,陈瑞.基于 HCE 的云支付系统实现[J].信息化研究,2016(5):75-78.

[247] 曹懿军,王颖,洪一帆,等.基于普通 UIM 卡的 HCE 应用解决方案[J].计算机光盘软件与应用,2014,17(23):293-294.

[248] 一卡通世界.关于 NFC 和公交一卡通,你需要知道这些[EB/OL].http://news.yktworld.com/201607/ 201607110959287459.html.

[249] 任彦东."二维码"激活微课在教学过程中的运用[J].电脑知识与技术,2017,13(34):171-172.

[250] 百度百科.二维码.[EB/OL].https://baike.baidu.com/item/%E4%BA%8C%E7%BB%B4%E7%A0 %81/2385673? fr= aladdin.

[251] 苏浩伟,邹大毕,袁勇,等.二维码技术在公交支付领域的研究[J].信息技术与信息化,2017(12):139-142.

[252] 高虹桥,邵文渊,刘婷,等.智慧港口的技术框架[J].港口科技,2017(2):1-5.

[253] 张文杰,邢军.智慧港口发展趋势研究[J].港工技术,2017(2):86-88.

[254] 曹宏,何凤娟.铁路通信信号工程技术[J].城轨交通,2013(2):41-44.

[255] 贾利民,秦勇,张媛.中国铁路[J].经营与管理,2012(3):16-20.

[256] 巴云军,王兴阁.城市出租汽车智能管理系统及其运用浅析[J].河南科技,2014(13):230-231.

[257] 谢振东,方秋水,李之明,等.交通一卡通从 1.0 到 2.0 的转型与升级[M].北京:人民交通出版社有限公司,2017.

[258] 曹宏,何凤娟.城市轨道交通智能车站综合管理平台研究[J].铁路通信信号工程技术,2013,10(02):41-44.

[259] 曹宏,何凤娟.深化城市轨道交通智能化综合管理研究[J].城市轨道交通研究,2014,17(01):74-77.

[260] 贾利民,秦勇,张媛.数字铁路、智能铁路与铁路智能运输系统[J].中国铁路,2012(03):16-20.

[261] 何建兵,徐锋,张浩然,等.公共交通一卡通 TSM 平台研究[J].中国交通信息化,2016.

[262] 余红玲,艾璐,吴嘉茵.手机一卡通漫游支付模式研究[J].信息技术与信息化,2016,(8):90-92.

[263] 胡世良.移动互联网软硬一体化商业模式探析[J].移动通信,2013,(9):56-59.

[264] 爱学网.大数据时代智慧交通构想.http://www.xue63.com/toutiaojy/20180515G0FELM00.html.

[265] 许志龙,徐锋,张慧源.基于互联网的广东省交通一卡通充值系统研究[J].物联网技术,2014,(2):8.